KB097518

정상 인간

정상 인간
© 김영선

초판 1쇄 펴낸날 2016년 11월 30일

지은이 김영선
펴낸이 박재영
편집 강혜란, 임세현
교정교열 이정미
디자인 스튜디오 모브
제작 제이오

펴낸곳 도서출판 오월의봄
주소 04032 서울시 마포구 양화로 133, 1605호
등록 제406-2010-000111호
전화 070-7704-5809
팩스 0505-300-0518

이메일 maybook05@naver.com
트위터 @oohbom
블로그 blog.naver.com/maybook05
페이스북 facebook.com/maybook05

ISBN 979-11-87373-04-9 03300

이 도서의 국립중앙도서관 출판시도서목록(CIP)은 e-CIP홈페이지(http://nl.go.kr/ecip)와
국가자료공동목록시스템(http://www.nl.go.kr/kolisnet)에서 이용하실 수 있습니다.
(CIP 제어번호 : CIP2016028264)

• 책값은 뒤표지에 있습니다. 잘못된 책은 바꾸어 드립니다.
• 이 책은 한국출판문화산업진흥원 2016년 우수출판콘텐츠 제작 지원 사업 선정작입니다.

정상인간

시대의 인간형은 어떻게 만들어지는가

김영선 지음

오월의봄

차례

서문

정상 인간 만들기 프로젝트

매너와 비매너, 그 경계는 고정된 것인가?

"남자가 남자다워야 남자지"라는 말에서 '남자답다'는 '남자가 남자로서 갖춰야 하는 성질이나 특성'을 일컫는다. '남자다운' 특징으로는 단단한 근육, 굵고 낮은 목소리, 넓은 어깨는 물론 거칠고 자기 주장이 강하고, 호탕하고 모험적인 기질, 절도 있는 태도 같은 외형적·성격적 특징들을 비롯한 사회문화적 특징을 가리킨다. 반대로 남자답지 못하다는 것은 남자로서 갖춰야 할 그 무엇이 부족하다는 의미로, 그럴 경우 "남자가 말야" "남자란 자고로" "사내자식이 겨우 그거밖에 안 되냐"며 핀잔을 듣기 일쑤다.

'남자답다'는 형상은 어느 사회에나 있다. 거기에는 규범과 규칙이 뒤따른다. 그 규범과 규칙은 남자다움과 그렇지 못함을 나누는 기준이 되고 사람들의 행동을 특정한 방향으로 유도 또는 강제한다. 예전에는 '남자다운' 자질로 여겨졌던 행동이 지금은 그렇지 못한 짓으로 또는 마초 같은 행동으로 취급되기도 하는데, 이처럼 '~다운' 품행의 경계나 하위 항목들은 고정된 것이 아니라 임의적이고 논쟁적이다.

이 책은 '~다운' 품행과 '~답지 못한' 품행의 차이가 여가 장면에서 어떻게 드러나는지를 분석한다. 그 차이와 경계는 시대마다 사회마다 다를뿐더러 역사 세력들의 힘 관계에 따라 다르게 구성되는 권력관계의 산물이다. 역사 세력들은 오락·레저·스포츠 프로그램을 매개로 개인과 집단을 개조·치료·최적화 또는 배제해 특정한 주체(정상 인간형)를 만들기 위한 프로젝트를 대대적으로 전개해왔다. 특정한 국민, 특정한 시민, 특정한 노동자, 특정한 가족을 생산하기 위한 프로그램들의 배치! 우리는 이를 여가(의) 통치라고 말한다. 이 책은 여가를 매개로 한 주체 만들기 프로젝트의 면면들과 오락·레저·스포츠의 형식 속으로 침투하는 품행 개조의 논리들을 구체화하는 작업이다. 이를테면 산업자본주의 체제에 부합하는 인간형을 우리는 '근면 신체'라고 말하는데, 그 인간형을 구축하는 데 동원됐던 오락·레저·스포츠 프로그램은 무엇이었는지, 산업자본은 어떠한 여가를 정상적인 것으로 선택하고 나머지를 배제했는지를 질문하고 답한다.

"매너가 사람을 만든다manners maketh man." 이는 영화 〈킹스맨〉의 대사다. "사람이면 다 사람이냐, 사람이 사람다워야 사람이지ㅅㅅㅅㅅㅅ"의 〈킹스맨〉식 표현이 아닐까 싶다. 사람이라고 해서 다 사람이 아니란 얘기며, 요는 예의와 품격을 갖추는 게

'사람다운' 사람의 기본이란 의미다. 동시에 매너를 갖추지 못하면 사람으로 취급받지 못할 수 있음을 전제하고 있다. 영화 흥행만큼이나 매너를 강조하는 갖가지 방법들이 때맞춰 쏟아져 나왔고 그 매뉴얼들은 '신사다운' '품격 있는' '남자다운' '중년다운' '학생다운' '신입다운' '군인다운' '사람다운' 사람을 만들기 위한 방법론으로 제시됐다.

'~다움'을 설파하는 매뉴얼들을 이곳저곳에서 듣다보니 의문도 줄을 이었다. 여기서 매너는 어떤 매너를 말하는가? 매너와 비매너의 차이는 무엇인가? 또한 '사람다운' 사람은 어떤 사람을 말하는가? 사람과 사람 아닌 것의 차이는 무엇인가? 더욱 의문인 것은 매너와 비매너의 구분 또는 사람과 비사람의 구분은 과연 누가 어떻게 결정하는가? 그 경계는 명쾌하게 구분되는 것인가? 그 경계는 모든 시대나 사회에 보편적인 것인가?

시대나 사회가 변동하면서 '사회적으로 허용되던 것'이 한순간 금기시되기도 하고 반대로 '풍기문란이라 취급되던 것'이 인기 있는 오락·레저 활동으로 자리 잡은 경우도 있다. 구체적인 사례를 보자. 현대 일본 사회에서 훈도시 차림의 외출은 해괴망측한 행동으로 여겨지고 일본 전통 축제인 마츠리에서나 볼 수 있는 희귀한 풍경이지만, 에도 시대에는 문제시되지 않던 일상적인 의복 습관이었다. 19세기 후반까지도 무덥고 습한 여름철에는 훈도시만 걸친 모습을 어렵지 않게 볼 수 있었다.

또 오늘날 동물을 대상으로 한 오락 대부분은 금지됐다. 하지만 19세기까지만 하더라도 그것은 장날에 벌어졌던 스펙터클한 오락이자 의례 행사 가운데 하나였다. 지금은 법적 처벌의 대상이 되는 길거리 권투는 장날 축제에서 상시적으로 열렸던 경기였다. 한편, 알코올 도수 100도에 육박하는 스피리터스는 지금은 국내에서 마실 수 없다. 국내에 공식적으로 수입 가능한 독주는 바카디151(75.5도)까지만 가능하다. 공공장소에서의 음주는 어떤가? 대다수 도시에서는 범법 행위는 아니지만 청주에서만큼은 다르다. 2015년 9월 공공장소에서 음주를 제한하는 조례('청주시 건전한 음주문화 환경조성 및 지원'에 관한 조례)가 시의회를 통과했다. 도시공원(257곳), 어린이 놀이터(637곳), 어린이 보호구역(257곳), 시내버스 승강장(1,641곳)에서의 음주는 과태료 대상이다. 서울의 성북구(2008. 11.), 강북구(2010. 11.), 관악구(2011. 11.), 송파구(2013. 9.)에서도 마찬가지다. 언젠가는 한강공원에서 맥주를 마시는 것도 금지되지 않을까 싶다. 서울시의회에서도 공원을 포함한 공공장소에서의 음주를 제한하는 조례를 준비 중이다. 반면 압생트 음주는 어떠한가? 꽤 성행하던 압생트는 20세기 초반 악마의 술로 금지됐다가 지금은 다시 가능해졌다.

왜 어떤 오락은 가능하고 어떤 것은 불가능할까? 어떤 스포츠는 신사적인 것이고 어떤 것은 비신사적인가? 어떤 여가는 정상이고 어떤 것은 비정상 취급을 받을까? 무엇이 매너이고 무엇이 비매너인가? 도덕과 비도덕의 구분은 어떤가? 그 구분과 경계들은 과연 보편적이고 고정되어 있는 것인가?

앞서 말했지만, 정상적인 것과 그렇지 않은 것의 경계는 시대나 사회마다 달랐다. 그것은 시대나 사회마다 목표로 한 정상 인간의 상이 달랐기 때문이다. 또한 권력의 역학관계에 따라 정상 인간의 경계는 달라진다. 정상 인간을 만들어내기 위한 프로젝트들이 어떻게 작동했느냐에 따라 그 경계는 변화하기 때문이다. 먹고 마시고 노는 모든 것이 가능한 것은 아니다. 그 시대나 사회의 질서에 부합하는 것만이 정상적인 것으로 승인받는다. 그렇지 않은 것은 비정상, 야만, 비신사, 비도덕, 비인간, 비합리, 죄악으로 처리되고 배제되기 마련이다. 특정한 품행을 정상이라고 이름 짓는 것은 일련의 배제를 포함한 권력 작용의 산물이기 때문이다. 무엇무엇의 정상화는 비정상적인 것의 개조·절멸을 내포하는 과정으로 배제의 정치와 직접적으로 연결된다.

정상 품행 만들기 프로젝트

정상 품행의 산업시대 버전은 '근면 신체'인데, 이에 대한 기존 논의들은 작업장의 규율에 초점을 뒀다. 노동자의 '게으르고 방탕한 기질'을 교정하려 했던 규율 장치들을 보면, 폭력을 수반하는 형태의 억압적 관리 장치부터 인센티브나 작업 매뉴얼 같은 과학적 관리 장치까지 그간 다양한 것들이 있었다. 그런데 이러한 작업장 중심의 규율 장치는 근면 신체를 생산하는 데 동원됐던 다양한 요소들 가운데 하나에 불과하다. 기존의 작업장

규율 논의는 근면 신체를 생산하는 데 결합됐던 전방위적인 오락 형태들의 배치, 이를테면 독주 대신 맥주, 신체를 상해하는 형태의 게임 대신 규칙에 기반을 둔 체력 단력식의 운동, 선술집의 방탕한 음주 습관 대신 교양 있는 레크리에이션 활동이 동원된 맥락들을 포착하지 못한다.

반대로 오락·레저·스포츠를 소재로 다룬 기존 논의들은 활동 그 자체만을 설명하는 데 그치는 경우가 많다. 활동 중심의 논의는 오락·레저·스포츠가 사회적 맥락 속에서 어떻게 분할과 배제 또는 통합의 도구로 활용되는지, 특정한 인간형의 생산과 어떻게 맞물리는지 그 동학을 드러내는 데 소홀하다. 특히 오락·레저·스포츠의 변화가 자본과 노동 관계의 변동에 얽힌 계기들과 어떻게 맞물리는지 또한 거기에 담긴 권력 작용을 읽어내는 데 부족하다.

이 책은 작업장 안팎에서 전개됐던 인간형 만들기 프로젝트들에 주목한다. 작업장 규율 논의의 '억압-통제' 관점만이 아니라 '생산-배치' 관점에 기초해 근면 신체 만들기와 교양 시민 만들기가 서로 긴밀하게 결합돼 '품행을 지도하는 방식'으로 작동했다는 점을 구체화한다. 이를테면 근대 산업 질서에 부합하는 인간형을 만들기 위해 일상의 여가 장면에서 벌어졌던 프로젝트들은 무엇인지를 질문하고 답한다.

영국의 역사학자 에드워드 톰슨은 시간 규율의 형성에 있어서 작업장 요소뿐만 아니라 작업장 밖 요소(학교 교육, 도덕주의 팸플릿, 종교 교리 등)의 중요성을 함께 언급한다. 또한 규율의 형성이 억압적인 방식이 아닌 작업장 안팎에서 작용한 사회문화적인 방식(아래로부터의 문화)의 함의를 강조하고 있다.

톰슨의 논의는 시사하는 바가 크지만, 오락·레저·스포츠 프로그램들이 근면 신체 만들기 프로젝트와 어떻게 맞물려 특정한 인간형의 (재)생산을 가능하게 하는지를 구체적으로 보여주지는 못하고 있어 아쉬움이 남는다. 이 책은 근면 신체 만들기와 교양 시민 만들기가 어떻게 결합했는지 그 구체적인 연계 지점들을 분석하는데, 이를테면 근면 신체 만들기는 건전 오락, 매너 있는 행동, 문명적인 습관, 교양 프로그램들과 어떻게 결합됐는지, 그 일련의 과정들을 꿰고자 한다. 곧 특정 사회 맥락에서 새로운 인간형을 구축하기 위한 프로젝트들이 어떻게 출현하고 작동했는지 아래의 사례를 통해서 살펴볼 수 있다.

첫째, 산업자본이 동물싸움이 아닌 건전 오락을 장려하고, 몹 풋볼이 아닌 축구를 조직하고, 독주가 아닌 맥주를 권장했던 이유는 무엇인가? 신체를 훼손하는 식의 '유혈' 스포츠 대신 신체 단련식의 스포츠나 교양 시민의 양성을 목표로 한 오락 프로그램은 산업자본주의의 이해와 어떻게 결합된 것인지를 분석한다.

둘째, 메이지 정권이 육고기 금지 전통을 깨고 육식 장려를 내세운 맥락은 무엇인가? 남녀혼욕을 금지한 배경은 무엇인가? 에도 시대의 무사적인 것이 아닌 서구적 시선에 부합하는 인간형 만들기를 목표로 한 메이지 시대의 기획들은 무엇을 정상으로 내세웠으며 동시에 무엇을 비정상으로 배제했는지 분석한다.

셋째, 나치 시기 국민체육, 국민차, 국민도로 같이 민족 정체성을 목표로 한 대량의 오락·레저·스포츠 프로그램들이 만들어진 배경은 무엇인가? 이것들이 게르만족이 아리안의 순수 혈통을 이어가는 단 하나의 민족임을 내세우는 인종주의적 분할과 어떻게 맞물렸는지를 분석한다.

넷째, 일제 식민지 시기 조선총독부는 전통 장날이 아닌 근대 시장을 세우고, 내기 놀이가 아닌 건전 오락을 강조했던 이유는 무엇인가? 이것이 식민 당국의 품행 개조 프로젝트와 어떻게 맞닿아 있는지를 분석한다.

다섯째, 박정희 정권 시기 미풍양속 이데올로기나 정신 개조 및 사회 정화 프레임 아래에서 풍기문란, 사회 부적응이라는 이름으로 배제됐던 것들은 무엇인가? 사회정화 프로젝트가 근면·자조·협동을 기치로 한 새마을운동과 어떻게 상통하는지를 분석한다.

마지막으로 지금 우리 시대에 횡행하는 주식투자 교육, 스피치 학원, 성격 개조 학원, 인생 2모작, "잘 쉬는 게 경쟁력"류의 경쟁력 담론, 문화센터의 오락·레저·스포츠 프로그램들은 어떠한 인간형을 정상으로 내세우는가? 자기분석, 자기개발, 자기평가, 자기책임을 더욱 경쟁적으로 수행할 것을 요구하는 신자유주의 시대의 인간형, 일명 자기계발하는 주체에 요구되는 오락이나 여가는 무엇인지를 분석한다.

사람들은 왜 한계를 추구하려 할까?

이 책이 강조하고 싶은 또 하나의 문제의식은 한계 추구 행동이다. 한계 추구 행동은 위험한데도 한계를 넘어서려 하는 행동을 의미한다. 고층 난간에 매달려 스릴을 즐기는 사람을 볼 때 우리는 놀라며 "재네, 미친 거 아냐" "미친놈이지"라고 내뱉는다. 그런데 우리 주변에는 그런 '미친놈' 사례가 상당히 많다. 이를테면 달리는 기차 위에 서핑 타듯 매달리거나 수십 미터 높이의 절벽 위에서 강 아래로 다이빙하기, 목숨 걸고 고층 난간에서 턱걸이하기 등등은 인터넷상에서 어렵지 않게 찾을 수 있는 사례들이다. 영화 〈하늘을 걷는 남자〉(2015)에서 빌딩과 빌딩 사이 외줄을 연결해 어떠한 안전장치도 없이 건너려 했던 주인공의 행동 또한 한계 추구 행동이라 할 만하다. 이러한 행동들, 에피소드들을 어떻게 이해해야 할까?

이 책에서는 이 행동들을 '별종'의 기이한 짓이라고만 제쳐두는 것이 아니라 사회구조적 특징과의 상관성을 포착하고 구체화하려 한다. 단순히 그런 행동을 정상이라고 말하려는 게 아니다. 그런 행동을 왜 비정상이라고 말하는지, 비정상 범주는 어떻게 출현하고 권력 작용과 어떻게 맞닿아 있는지를 질문하기 위함이다.

사람들은 종종 다치거나 죽을 수 있는 위험을 무릅쓰고라도 물리적 한계, 법적 경계, 도덕적 경계, 신체적 한계를 넘어서려 한다. 한계 추구 행동의 동인을 분석하는 논의를 보면, 재미나 스릴 추구 그 자체부터 '내가 살아 있다'는 존재감 확인까지 다양하다. 한계 추구 행동은 기성 질서, 기성 언어, 기성 문법, 기성 감각과는 다른 세계에 대한 열망을 포함하기도 한다.

그런데 한계 추구 행동들이 종종 자신을 파괴하거나 사회적 약자를 상해하는 형태로 나타날 때가 있다. 이런 행동들은 우리 일상에서도 자주 발견된다. 이를테면 장난 삼아 동물을 멀리 내던지기, 화살로 고양이를 과녁 삼아 맞히기, 중학생이 격투기 선수처럼 초등학생에게 로우킥 날리기, 재미 삼아 바카디 원샷하기, 화주 마시기, 주먹 매칭 앱을 이용해 길거리 권투 참여하기, 인터넷에 성관계 장면 올리기, 경기 관람 중의 폭력적인 행동, 상품 소비의 형식으로 벌이는 각종 유사 성행위 등이 여기에 해당한다. 재미와 오락의 방식으로 벌어지는 이른바 '비정상적인' 형태들이다. 사례들을 압축하면 세 가지 형태로 추릴 수 있다. 타자를 상해하는 형태, 자신을 파괴하는 형태, 폭력성을 집단적으로 표출하는 형태다. 이러한 '비정상적인' 오락 형태들을 어떻게 이해해야 할까?

이 책에서는 다양한 형태로 표출되는 한계 추구 행동을 단지 병리적이거나 불법적이거나 또는 비도덕적인 것으로 재단할 수만은 없다고 강조한다. 질병의 잣대나 법·제도적 기준, 도덕적인 시선만으로는 해석할 수 없는 한계 추구 행동의 의미를 포착하고 분석하고자 한다. 독일의 사회학자 노베르트 엘리아스에 따르면, 한계 추구 행동은 재미없는 사회의 이면으로 새로운 긴장을 추구하는 활동quest for excitement의 하나다. 다시 말해 삶이 재미없을수록, '지긋지긋하리만치 단조로울수록', 한계 추구 행동은 다양한 형태로 때로는 그 끝을 모를 정도로 극단화되는 것이 아닌가 싶다.

이 책에서 정상 인간과 한계 추구 행동을 다루는 핵심적인 이유는 한 사회에서 벌어지는 정상과 비정상, 도덕과 비도덕, 매너와 비매너, 문명과 야만, 신사적인 것과 비신사적인 것 사이에는 광범위한 회색지대가 존재하고 거기서 벌어지는 역사 세력들의 권력 작용이 치열하다는 점 때문이다. 이 책은 특정한 오락·레저·스포츠를 정상으로 내세우고 그렇지 않은 것을 비정상으로 내몰았던 일련의 프로젝트들을 역사화하는 작업이자 최종적으로는 지금 우리 시대에 전개되는 정상 품행 만들기 프로젝트들을 비판적으로 조망하는 작업이기도 하다. 지금까지의 문제의식과 함께 우리는 다음과 같은 질문을 던질 수 있다. 이 시대가 상정하는 '정상 인간'은 무엇인가? 그리고 이 시대의 '정상 인간'은 어떻게 만들어지는가?

1장

여가의 통치

1

먹고 마시고 노는 것을 문제 삼다

우리의 먹고 마시고 노는 모습은 왜 지금과 같은 형태가 되었을까? 왜 어떤 것은 가능하고 어떤 것은 가능하지 않게 되었을까? 왜 어떤 것은 정상으로 여겨지고 어떤 것은 비정상으로 취급될까? 그 구분은 어떻게 만들어졌을까?

결론부터 이야기하자면, 무엇이 가능하고 그렇지 않고는 온전히 역사 세력들의 투쟁에 따른다. 그 투쟁 결과에 따라 우리가 보고 듣고 느끼고 먹고 마시고 노는 것의 종류와 내용이 달라진다. 정상과 비정상의 경계 또한 마찬가지다. 모든 것이 가능한 게 아니다. 한 사회에서 무엇이 가능하고 불가능하고는 여가를 둘러싼 당대 국가, 자본, 노동, 지역, 개인들의 역학관계에 따라 달라진다.

먹고 마시고 노는 일을 둘러싼 투쟁은 근대사회 이후 더욱 치열해졌는데, 한 사례로 장날fair을 둘러싼 투쟁을 들 수 있다. 장날은 민중의 오랜 생활터전이자 놀이와 여흥이 벌어지던 장소였다. 물건을 사고파는 곳만은 아니었다. 광장이나 대로변에서 장날 축제가 벌어지면 아이들은 장터로 나가 뛰놀며 광대놀이를 구경했고 어른들은 술판을 벌이며 크고 작은 내기 형식의 게임에 열을 올렸다. 그날이면 으레 사람들은 한데 어울려 실컷 먹고 마시고 질펀하게 춤추며 자유분방함을 표출했다. 미하일 바흐친이 말하듯 장날은 '지긋지긋하리만큼 단조로운' 일상과는 다른 웃음과 오락의 시공간으로, 여기에서 노동자 민중은 금기의 경계 넘기를 통해 자유분방함을 잠시나마 맛볼 수 있었다. 장날의 장터는 일종의 놀이마당이자 카니발의 시공간이었다.*

물품 교역의 장소였을 뿐만 아니라 민중들의 삶의 터전이며 사교와 오락의 장이었던 장날은 근대사회에 들어서면서 다르게 규정됐다. 장날은 무질서, 폭력, 야바위, 매춘, 악취, 질병으로 가득 찬 뭔가 '위험하고 불결한' 장소로 여겨졌다. 근대 질서는 장날의 요소들을 솎아내고 배격하기 시작했다. 이를테면 산업화 초기 영국은 '수도경찰법Metropolitan Police Act'(1839)을 개정해 장날에 도로변에서의 영업이나 오락 기구 설치 및 천막 설치를 규제했다. 장터를 악의 소굴로 규정해나갔다. 일본 식민지 시기 조선총독부는 '시장규칙'(1914)을 발동해 5일장을 식민 당국과 경찰이 관리토록 하고 '원시적이고 낡고 비위생적인 조선의 유습'이라며 없애려고 했다. 풍속을 단속하던 경찰은 장날에 벌어졌던 동물싸움, 내기놀이, 공연오락 등을 풍속괴란의 이유로 통

---

* 미하일 바흐친, 《프랑수아 라블레의 작품과 중세 및 르네상스의 민중문화》, 이덕형·최건영 옮김, 아카넷, 2001, 33쪽.

제했다.* 당시 장터는 많은 사람들이 모여드는 장소였을 뿐만 아니라 만세운동이 벌어지던 공간이었다. 식민 당국은 이를 원천봉쇄하기 위해 장날을 통제하려 했다. 그것은 만세운동을 봉쇄하려는 정치적 의도와 목적 때문만이 아니라 장날에 벌어졌던 '풍기문란한' 오락과 놀이를 개조·절멸하기 위함이었다.

오랜 관습이자 생활터전인 장날이 사라지려 하자 사람들은 불만을 쏟아냈고 대대적으로 저항하기도 했다. 사람들은 전통적인 권리 침해, 민족 말살을 자행한다고 분노했다. 이렇게 장날은 근대성과 전통성, 식민성과 피식민성이 각축을 벌이는 격전지였다. 근대적 시선과 전통적 시선이 격돌하는 가운데, 장날에 벌이던 개싸움이나 닭싸움 또는 광대판놀음이나 쌍륙, 투전, 골패, 고누** 등의 내기 놀이 또는 가정에서 담근 술의 유통

---

* 허영란, 《일제시기 장시 연구: 5일장의 변동과 지역주민》, 역사비평사, 2009, 74~84쪽; 권명아, 《음란과 혁명》, 책세상, 2013, 99~100쪽.

** 쌍륙, 투전, 골패는 조선시대의 3대 내기 놀이에 속한다. 우선 쌍륙雙六은 가로 50센치미터, 세로 30센치미터 크기 말판에 각 팀의 말 16개씩을 진열해놓고 두 개의 주사위를 던져 나온 수만큼 말을 전진시켜 적진의 궁에 먼저 들어가면 이기는 놀이다. 투전鬪錢은 손가락 너비만 한 길고 두꺼운 종이에 인물·새·짐승·곤충·물고기 등의 그림과 끗수를 그려 넣어 만든 종이쪽지로 두 장의 끗수를 겨루는 놀이다. 투전은 계급 불문하고 가장 유행한 내기 놀이였다. 골패骨牌는 납작하고 네모난 모양의 상아나 짐승뼈에 숫자와 모양을 새겨 넣은 32개의 패로 그 숫자와 모양을 맞추는 놀이다. 〈골패타령〉이라는 민요가 있을 정도로 유행한 게임이다. "얼싸 오늘 하 심심하니 골패 짝패하여 보자. 쌍준륙에 삼륙을 지르고 쌍준오에 삼오를 지르니 삼십삼천 이십팔수 북두칠성이 앵돌아졌구나. …… 청부동 백부동 매화가 되고 소삼관이 사륙하고 소삼어사 오륙하니 옥당쌍수가 뒤집어지누나." 한편, 고누는 두 사람이 말판에 여러 개의 말을 벌여놓고, 상대방의 말을 잡거나 못 움직이게 가두거나 상대방의 집을 차지해 승부를

·소비 같은 '전통적인' 오락 항목들은 역사의 뒤안길로 하나둘씩 사라졌다.* 반면, 기차 소풍이나 학교 축구 같은 '근대적인' 여가 항목들은 새로 생겨나 눈 깜짝할 사이에 사람들의 관심을 불러일으켰다. 전통의 민중 오락이 근대의 대중여가로 대체되는 장면이다.

근대사회로의 이행은 사물의 질서, 행동 방식, 사회의 운영 질서를 기존과는 다르게 재편하는 과정으로 '전통적인' 것들의 쇠퇴를 수반했다. 새로운 권력관계에 부합하는 특정한 형태의 사회 재조직화를 의미한다. 장날은 자연 리듬, 농경 리듬, 종교 리듬에 기초한 것으로 시계 리듬, 공장 리듬, 기계 리듬에 기초한 근대 질서와 맞지 않는 옷이었다. 이에 전통적인 것들은 '원시적이고 낡고 비위생적인 유습'으로 처리됐고 개조 목록에 올랐다. 늘 있어왔던 대로 존재할 수는 없게 됐다.

독일과 이탈리아의 사례는 사회질서를 어떤 방향으로 이끌어갈 것인가라는 통치 방식과 오락·레저·스포츠를 어떻게 조직할 것인가라는 여가 프로젝트가 긴밀하게 맞닿는 지점임

겨루는 놀이다. 자세한 설명은 강명관의 《조선의 뒷골목 풍경》, 푸른역사, 2013을 참조하라.

* 식민지 시기 전통적인 것, 조선적인 것에 대한 통제는 상당히 구체화된 형태로 행해졌다. 처벌의 대상이 되는 행위로는 공연한 외설 행위(형법 174조), 사행적 행위(형법 185조), 동물 학대와 같은 잔혹한 행위(경찰범 처벌령 3조 14항), 추태 행위(경찰범 처벌령 2조 2항), 미성년자의 음주·끽연 행위(미성년자 음주·끽연 금지법) 등이다. 사상이나 치안에 대한 통제만큼이나 풍습에 대한 통제가 강했다. 자세한 내용은 권명아의 《음란과 혁명》, 96~98쪽을 참조하라.

을 잘 보여준다. 히틀러와 무솔리니는 오락·레저·스포츠를 초인과 같은 강건한 신체를 길러내는 것은 물론 정치적 충성심을 끌어내고 민족 정체성을 불러일으키는 탁월한 도구로 보았다. 새로운 독일(인), 새로운 이탈리아(인)를 건설하기 위한 수단으로 여가 프로젝트는 대대적으로 동원됐다.*

히틀러 정권의 '기쁨을 통한 힘Kraft durch Freude'과 무솔리니 정권의 '노동자여가조직Opera Nazionale Dopolavoro'은 전국 단위의 여가 프로그램을 조직했던 핵심 기구다. 두 기구는 콘서트, 놀이시설, 도서관, 공원, 리조트, 스타디움, 헬스클럽, 레저·스포츠, 오락·취미, 음악·영화, 휴가, 캠핑, 사냥, 산행, 소풍, 하이킹, 합창 등 다양한 여가 시설과 프로그램, 단체와 이벤트를 세우고 기획했다.《나치 시대의 일상사》를 쓴 데틀레프 포이케르트의 표현을 빌리자면, 기쁨을 통한 힘은 여가 산업 콘체른이라 불릴 만한 조직이었다. 노동자여가조직의 조직은 약 2만 2,000개, 회

---

* Shelley Baranowski, *Strength through Joy: Consumerism and Mass Tourism in the Third Reich*, Cambridge University Press, 2007; Victoria de Grazia, *The Culture of Consent: Mass Organisation of Leisure in Fascist Italy*, Cambridge University Press, 1981; James Anthony Mangan, *Shaping the Superman: Fascist Body as Political Icon: Aryan Fascism*, Routledge, 1999; Borden Painter, "Sports, education, and the new Italians", *Mussolini's Rome: Rebuilding the Eternal City*, Palgrave Macmillan, 2007, pp. 39~58: 조지 모스,《대중의 국민화》, 임지현 · 김지혜 옮김, 소나무, 2008; 콘라트 야라우슈,〈독재의 정당화〉,《대중독재》, 나인호 옮김, 책세상, 2004; 김용우,〈이탈리아 파시즘: 강제적 동의에서 문화적 동의로〉,《대중독재》, 임지현 · 김용욱 엮음, 책세상, 2004, 59~83쪽.

원수는 대략 500만 명에 달했다.*

> KdF의 인기가 굉장히 높아지고 있다. 단순 노동자들은 KdF 덕분에 여행에 참여할 수 있다. 그리고 비용 또한 사설 여행사보다 저렴하다. 인민 동지들 대부분은 KdF를 진정으로 인정할 만한 나치의 업적으로 평가한다. KdF가 주최하는 체육 행사의 인기는 나이 든 사람들에게도 갈수록 커지고 있다. 게다가 행사에는 누구나 참여할 수 있다. …… 이제 KdF는 시골 사람들에게 뮌헨의 연극을 관람하도록 하는 행사를 매주 연다. 1백 20킬로미터나 떨어진 곳에서도 연극 관람 기차가 뮌헨으로 달린다. 이로 인해 시골 사람들이 대도시 연극을 관람하는 것이 쉬워졌다. 호응도 대단하다. …… 나는 50명이 넘는 여성들이 참여하는 KdF의 수영교실에 가보았는데, 그곳의 일은 나치당 당적과는 별반 상관없이 진행되고 있었다. 참여자 대부분은 단순한 사람들이었다. '하일 히틀러' 인사도 별로 들리지 않았다. 그래서인지 과거에 노동자 스포츠클럽 회원이었던 우리가 마치 과거로 돌아가 있는 듯한 느낌을 가졌다. 처음에는 나도 KdF 행사에 참여하는 데 거부감을 가졌었다. 그러나 달리 기회가 없으므로 별수 없었다. 그 때문에 나는 수영교실의 구성과 운영이 나치적인 것과는 아무 상관없는 것에 더더욱 놀랐다. 운동을 하거나 여행을 가려 할 때 우리 대부분은 KdF를 피할 수 없다. 그래서 예컨대 과거에 노동자 자연애호클럽 회

---

* 자세한 내용은 김용우의 〈이탈리아 파시즘: 강제적 동의에서 문화적 동의로〉, 《대중독재》, 69~80쪽을 참조하라.

독일 '기쁨을 통한 힘'과 이탈리아 '노동자여가조직'의 포스터. '기쁨을 통한 힘'과 '노동자여가조직'은 새로운 독일(인), 새로운 이탈리아(인)을 건설하기 위한 수단으로 전국 단위의 오락·레저·스포츠 프로그램을 기획했다.

원이었던 우리의 많은 동지들이 오늘날에는 KdF가 주관하는 여행에 참여하고 있다.*

1936년 등장한 일명 딱정벌레라 불리는 폭스바겐의 첫 차

* 데틀레프 포이케르트, 《나치 시대의 일상사》, 299쪽 재인용.

도 정치적 선전을 위한 도구로 기획된 산물이다. 히틀러의 지시에 따라 시작된 '국민자동차' 프로젝트명은 여가 조직 부서의 이름인 '기쁨을 통한 힘'의 약자를 따서 '카데프바겐KdF-Wagen'으로 지어졌다. 우리가 흔히 알고 있는 비틀이란 이름은 미국으로 건너가면서 붙었다. 국민차는 '어른 두 명과 어린이 세 명을 태우고 시속 100킬로미터를 달릴 수 있으면서 1리터의 기름으로 14.5킬로미터를 갈 수 있어야 하고 조작과 정비는 쉬우면서도 가격은 1,000 마르크 이하'인 차를 목표로 했다. 국민차 프로젝트는 "일주일에 5마르크면 당신도 차를 몰 수 있다"고 선전하면서 국민차 구입 저축 프로그램을 내놓았는데 당시 35만 명가량이 가입했다고 한다. 물론 1년에 100만 대를 생산한다는 계획은 실현되지 못했다. 그렇지만 국민차는 국가의 힘을 상징했을 뿐만 아니라 '특권 계급의 독점물'이 아닌 국민이라면 '누구나 소유할 수 있다'는 민족 정체성을 창출하는 매개체였다.

물론 여기서 국민은 민족 공동체Volksgemeinschaft에 속하는 '민족 동지Volksgenossen'로 분류된 사람들이었으며, 유대인이나 집시를 포함한 외부 인종, 반사회적 인간, 열등 인간은 '공동체의 이방인Gemeinschaftfremde'으로 배제됐다.* 국민차(폭스바겐)를 비롯해 괴벨스의 코Goebbels-Schnauze라 불리며 계몽과 오락을 도맡은 국민라디오Volksempfänger나 게르만족의 우수성을 과시하려 개최한 국

* 데틀레프 포이케르트, 《나치 시대의 일상사》, 319~365쪽; 앤디 앤드루스 , 《1,100만 명을 어떻게 죽일까》, 이은정 옮김, 에이미팩토리, 2012.

민체전(베를린 올림픽), 드라이브를 하면서 자연 풍경을 즐기고 자연스럽게 애국심을 고취하게 만든 국민도로(아우토반)도 '대독일' 통합을 위한 이벤트였다.

> 라디오는 현재 우리가 통과하고 있는 시점의 엄중함을 고려해 아주 분명한 과제를 수행해야 한다. 우리는 인민의 극소수에게만 다가갈 수 있는 무겁고 진지한 방송이 아니라, 심각한 생존 투쟁을 벌이고 있는 대다수 인민들이 가능한 한 긴장을 풀고 오락을 즐기는 가운데 마음을 북돋우고 곧추세울 수 있는 방송을 내보내야 한다.*

히틀러 정권과 무솔리니 정권이 조직한 여가 이벤트와 프로그램들은 인종주의적 구분에 따라 계몽·선전과 오락·유흥, 정치 교화political indoctrination와 문화 촉진cultural uplift을 미묘하게 결합해 특정한 주체를 생산하는 것을 목적으로 했다. 여가 프로그램은 국민을 통제하는 동시에 참여케 하는 선별·배제의 도구였다. 국가의 통치 전략과 동의에 기초한 정체성 정치가 어떻게 맞물리는지를 살필 수 있는 지점이다. 여가를 매개로 한 지배권력의 권력 작용을 탐색해야 하는 이유가 여기에 있다. 전체주의 국가의 여가 조직화 방식은 무엇을 정상 인간으로 내세워 통합하려 했는지, 무엇을 비정상으로 내몰아 절멸하려 했는지 말이

* 데틀레프 포이케르트, 《나치 시대의 일상사》, 113쪽 재인용.

다.*

한편, 프랑스에서는 대공황에 따른 경제 위기가 더욱 심화되고 파시즘의 위협이 불어닥치는 상황에서 모든 좌우파가 힘을 합쳐 파시즘을 막아내자는 반파시즘의 기치 아래 사회당, 공산당, 급진사회당 연합의 형태로 인민전선(1936~1938) 정부가 들어섰다. 인민전선은 전체주의에 대항하는 일련의 사회개혁을 단행했는데, 여기에는 우리가 흔히 알고 있는 2주 바캉스 휴가도 포함돼 있다. 1936년 5~6월 수백만 노동자들의 공장 점거를 수반한 전례 없는 대규모 파업으로 체결해낸 마티뇽 협정 Accords de Matignon에 기초해 7~15퍼센트에 이르는 임금 인상은 물

---

* 히틀러 정권과 무솔리니 정권이 조직한 여가 프로그램들은 대중 동원에 얼마나 성공적이었을까? 여가 프로그램이 표상한 새로운 민족주의적 인간형은 사람들에게 얼마나 받아들여졌을까? 나치가 내세운 '민족 공동체'는 의도대로 실현되었는가? Luisa Passerini의 *Fascism in Popular Memory: The Cultural Experience of the Turin Working Class*, Cambridge University Press, 1987에서 보듯이, 파시즘에 대한 사람들에 태도는 동의와 저항이라는 단순한 이분법으로는 포착될 수 없는 복잡다단한 양상을 띤다. 일상에서 노동자들의 태도는 때로는 협상하고 때로는 공존하고 때로는 불만을 표출하고 때로는 거부하는 것으로 나타난다. 노동자들의 태도를 연구한 기존 논의에 따르면, 여가 프로그램들은 상당한 호소력을 발휘했다고 한다. 사람들은 특별한 자부심을 갖기도 했으며 유례없는 사회적 평등감을 느끼기도 했다. 한편 나치의 여가 규율에 대한 비틀기 또한 포착된다. 청소년들은 '에델바이스 해적'이나 '모히텐' '스윙 운동' 같은 방식으로 공원이나 길모퉁이, 주말 야영지나 야유회에서 노래 부르고 춤을 추고 토론을 하며 그들의 적들을 "물먹였다". 자세한 내용은 김용우의 〈이탈리아 파시즘: 강제적 동의에서 문화적 동의로〉, 《대중독재》, 79~80쪽과 콘라트 야라우슈의 〈독재의 정당화〉, 《대중독재》, 554~559쪽, 그리고 테틀레프 포이케르트의 《나치 시대의 일상사》, 229~262쪽을 참조하라.

론 '주 40시간제'와 '2주 유급 휴가제'가 실시됐다.*

여기서 눈여겨볼 점은 인민전선의 사회개혁은 이전과는 다른 것이었다는 사실이다. 인민전선은 '여가공동위원회'를 설립해 바캉스촌을 세우고 유스호스텔(국제적 숙박시설)을 만들고 할인열차를 제공했다. 또한 축구 클럽, 시네 클럽, 자전거 클럽, 랑도네 클럽(걷기 모임) 같은 지역 주도의 참여형 프로그램들을 내놓았다. 이전 정부가 오락·레저·스포츠를 유한계급의 부르주아적 활동이라고 반대했던 것에 비하면 획기적인 변화였다. 인민전선은 오락·레저·스포츠가 인간의 기본 권리이자 민주주의와 사회정의, 건강과 연대를 형성하기 위한 수단이라고 인식했다. 더 중요한 점은 파시스트적 통제에 대한 대안으로 여겼다는 사실이다. 이렇게 여가 프로그램들은 체제의 대결 속에서 대대적으로 조직됐고 또 한편으로는 다른 형태를 띠게 되었다.**

프랑스의 입체파 화가 페르낭 레제는 〈여가: 루이 다비드

---

* 김금수, 〈프랑스에서 전개된 인민전선운동〉, 《노동사회》 168호, 2013. 스탈린이 소련의 안보를 위해 독일과 불가침조약을 맺으면서 사회당, 공산당, 급진사회당의 연합은 더 이상 지속될 수 없어 인민전선은 깨졌다. 그사이 대규모 파업의 핵심 결과물이었던 주 40시간제는 폐지됐다. 하지만 2주 유급 휴가제는 이후 계속 늘어 1956년에는 3주, 1968년에는 4주, 1982년에는 5주까지 늘어났다.

** Gary Cross, *Time and Money: The Making of a Consumer Culture*, Routledge, 1993, pp. 99~114; 이학수, 〈프랑스 인민전선 정부의 여가정책 1936~1939〉, 한국프랑스학회 학술발표회, 2005, 74~75쪽.

페르낭 레제의 〈여가〉(위)와 〈시골 야유회〉. 페르낭 레제는 유급휴가와 주 40시간제로 새로 생겨난 노동자들의 여유를 담고 있다. 당시 오락·레저·스포츠는 전체주의에 대항하는 사회개혁의 수단으로 인간의 기본권이자 민주주의, 사회정의이자 건강을 상징했다.

에게 보내는 경의〉(1948)와 〈시골 야유회〉(1953)에서 여행과 피크닉을 소재로 유급휴가와 주 40시간제로 생겨난 노동자들의 여유를 담았다. 그는 꽃을 든 소녀, 활기찬 여성, 자전거, 비둘기, 식물 등 몇 개의 조형 요소로 형태를 단순화해 명쾌한 색채 속에 노동자들의 자전거 여행이나 피크닉의 즐거움을 강렬하게 전달했다. 역사학자 제프 일리는 유급휴가와 주 40시간제가 귀족과 부르주아지의 전유물이었던 휴가의 풍경을 바꿔놓았으며 나아가 사회적 특권 지형을 흔들었다고 평가했다. 물론 모든 노동자가 유급휴가의 혜택을 누릴 수는 없었지만, 특정 계층의 특권으로만 여겨졌던 휴가를 노동자들 또한 즐길 수 있다는 사실만으로도 큰 반향을 일으켰다.*

위 내용은 모두 체제의 대결 속에서 여가 프로그램들이 어떻게 동원되고 재조명됐는지를 보여주는 사례다. 또한 특정한 정치적 맥락에서 여가를 매개로 한 통치 전략을 엿볼 수 있는 사례다. 역사 세력들은 여가를 수단으로 개인과 집단을 개조·치료·최적화 또는 배제를 통해 일상의 품행 하나하나를 바꿔내고 '~다운' 특정한 국민, 특정한 시민, 특정한 노동자, 특정한 가족을 만들기 위한 전략과 기술을 구사하고 프로그램을 배치했다. 우리는 이를 여가(의) 통치라고 말할 수 있다. 자유시간과 여가시간을 얼마나 배분하고 그 시간을 어떤 프로그램들로 배치할 것인가라는 문제는 사회질서의 생산, 주체의 생산과 긴밀하게 맞물린 것으로 역사 세력들의 치열한 투쟁이 관통하는 지점이다.** 우리가 여가 패턴의 사회적 차이와 거기에 얽혀 있는

---

* 제프 일리, 《THE LEFT(1840~2000): 미완의 기획 유럽 좌파의 역사》, 유강은 옮김, 뿌리와이파리, 2008, 492~493쪽.

** 미셸 푸코, 《성의 역사: 앎의 의지》, 이규현 옮김, 나남, 1990; 미셸

권력 작용을 분석하려는 이유다.

한편, 여가는 통제와 금지의 원칙이 강력하게 가로지르는 지점이기도 하다. 박정희 정권 시기 국가는 우리가 무엇을 보고 들어야 할지, 어떻게 먹고 마시고 놀아야 할지까지 모든 것을 관장하려 했다. '국가가 나서서 국민성을 개조하는 것'만이 새로운 국가를 건설하는 유일한 길이라고 보았다. 사회정화운동이 대표적인 사례다. 이는 미풍양속을 저해하는 퇴폐풍조나 '망국적 유희'를 '근본적으로 뜯어고치는' 것을 목표로 했다. '풍기문란한 행위'는 정화와 개조의 대상에 올랐다. 풍기문란은 사행심, 방탕함, 음란함, 문란함, 파렴치함, 저속함을 조장하는 행위로 규정됐다. '국민정신을 좀먹는 저속하고 퇴폐적인 대중예술' '자기 분수에 맞지 않는 소비생활, 사치 또는 비생산적인 생활 태도' '외래 풍조를 무분별하게 모방한 것' 또한 정화와 개조의 대상이었다.*

정화와 개조의 논리는 지극히 개인적인 것, 일상적인 것에까지 직접적으로 파고들었다. 일례로 퇴폐 풍조를 조장한다는 이유로 치마 길이가 '무릎 위 20센티미터'보다 짧으면 단속했다. 뒷머리 길이가 옷깃에 닿거나 옆머리 길이가 귀에 닿는 것

푸코, 〈통치성〉, 《미셸 푸코의 권력이론》, 정일준 편역, 새물결, 1995, 34~37쪽; 콜린 고든 외, 《푸코 효과》, 심성보 외 옮김, 난장, 2014, 141~145쪽; 바바라 크룩생크, 《시민을 발명해야 한다》, 심성보 옮김, 갈무리, 2014, 22쪽.

* 강정인·정승현, 〈한국 현대정치의 근본언어〉, 《한국정치연구》 20집 3호, 2011, 11쪽.

도 단속 대상이었다. 미니스커트와 장발에 대한 강도 높은 단속은 1970년대 내내 볼 수 있던 진풍경이었다. 패션과 스타일을 비롯해 먹고 마시고 노는 모든 것들이 '사회정화' '품행 개조' '정신 개조'라는 프레임에 부합하도록 재편되어야 했다.

금지가요 또한 대표적인 사례다. 1975년 한국예술문화윤리위원회는 긴급조치 9호의 '가요정화대책'에 발맞춰 반말(송창식의 〈왜 불러〉), 책임 전가(이장희의 〈그건 너〉), 물고문 연상(한대수의 〈물 좀 주소〉), 대통령의 심기 불편(이금희의 〈키다리 미스터 킴〉), 통행 금지 위반(배호의 〈0시의 이별〉), 불신 조장(김추자의 〈거짓말이야〉), 퇴폐(송창식의 〈고래사냥〉) 등의 사유로 수십여 곡을 금지곡으로 묶었다.

한편으로는 금지곡 지정, 음력설 금지, '행락공해' 처벌, 야간통행 금지, 유언비어 금지 같이 통제와 금지의 방식을 통해서 다른 한편으로는 국민체조를 실시하고 모범근로자를 표창하고, 건전가요를 보급하고 새벽별 보기 캠페인을 펼치면서 특정한 인간형(산업 전사, 조국근대화의 기수, 모범 근로자, 새마을 지도자, 현모양처, 새마을 아가씨)을 만들기 위한 일련의 국민 개조 프로젝트를 전방위적으로 전개했다.*

---

* 김준, 〈1970년대 여성 노동자들의 일상생활과 의식〉, 《역사연구》 10호, 2002; 신병현, 〈1960,70년대 산업화 과정에서 노동자들의 사회적 정체성에 영향을 미친 주요 역사적 담론들: 근대화와 가부장적 가족주의 담론구성체를 중심으로〉, 《산업노동연구》 9권 2호, 2003; 김원, 《박정희 시대의 유령들: 기억, 사건 그리고 정치》, 현실문화연구, 2011.

> 새벽 5시 기상에 …… 애국가를 4절까지 합창하고 국민 체조를 한다. 이어서 새벽 구호 '뭉치자! 미치자! 실천하자!'를 외침과 동시에 요즘 무척 유행하고 있는 조깅에 나선다. …… 뛰는 도중엔 …… 중간중간 갖가지 훈련을 섞었다 …… '앉아!' '일어섯!'을 '복지!' '실천!'이라는 구호로 받아내는 이색 기합(?)까지 곁들여 …… '미스 리'가 '이 동지'로 변했으니 어쩌다 내가 독립군 나오는 영화 주인공이 아닌가 하는 착각 속에서 …… 교관 동지(?)가 신념 구호를 지적해주기도 전에 우리는 이미 '보튼' 누른 녹음기가 된다. '나의 조국은 공동 운명체임을 확신한다.' '나와 이웃은 공동 심정체임을 확신한다.' '나와 동지는 공동 생명체임을 확신한다.' …… 6일째 나는 나도 몰래 개조 인간이라도 된 듯한 느낌이었다. 수료식에서 많은 교육 선배들의 맹세가 적힌 '혈서전'이라는 게시판(?) 앞에 서니 새삼 비장한 각오를 갖지 않을 수 없었다.*

이외에도 시대마다 사회마다 특정한 여가를 규제하는 조치들이 있었는데, 이를테면 20세기 초반 프랑스, 스위스, 오스트리아, 네덜란드에서의 압생트 금지, 18세기 중반 영국에서의 진 금지를 비롯해 동물싸움 금지, 동성애 금지, 대마초 금지나 마약 금지, 도박 금지, 불온서적 금지, 통행 금지, 공공장소에서의 흡

---

* 황병주, 〈박정희 체제의 지배 담론과 대중의 국민화〉, 《대중독재》, 506~507쪽 재인용.

연 및 음주 금지, 청소년의 12시 이후 게임 금지 등이 그렇다.

이와 반대로 사회제도가 바뀌면서 새롭게 등장하는 여가를 볼 수 있다. 이를테면 통금 해제로 심야영화 관람이 가능해졌고, 해외여행 자유화로 배낭여행이 한결 수월해졌으며, 심야영업 규제 폐지로 밤 늦은 시간에도 먹고 마시고 노는 일이 가능해졌다. 전두환 정권기 3S정책의 일환으로 등장한 오락·레저·스포츠들 또한 여기에 해당할 것이다.

2

—

시대에 따라 달라지는 여가 풍경

기존의 여가 연구를 보면, 제일 먼저 눈에 띄는 것은 여가를 '자유' '해방' '탈출'이란 속성으로 규정하고, 이러한 여가의 특징이 어느 시대, 어느 사회에나 해당하는 보편적인 것이라고 가정한다는 점이다.

그러나 여가를 어떤 특정한 속성으로 가정하는 접근은 많은 한계가 있다. 시대나 사회 맥락에 따라 여가의 내용과 의미가 달라진다는 점을 포착하지 못하기 때문이다. 여가를 가로지르는 사회문화적 요소들, 이를테면 성차별적 시선, 인종주의적 편견, 계층별 태도, 지역적 갈등, 전형화된 패턴 등에 따른 차이를 설명하지 못한다.

사회 맥락과 규범에 따라 어떤 여가는 가능한 반면 어떤 여가는 하지 말아야 할 것으로 분류된다. 여가는 자유, 해방, 탈출 그 자체라기보다는 사회 맥락과 규범에 따라 다르게 구성되는 활동(시간)을 가리킨다. 더욱 중요한 점은 여가의 내용과 의미는 역사 세력들의 역학관계에 따라 달라진다는 사실이다. 여가를 사회역사적으로 상대화하는 관점이 요망되는 지점이다. 다음 사례들은 사회 맥락과 규범의 변화, 역사 세력들의 힘 관계, 체제의 변동, 기술과 제도의 변화에 따라 여가의 내용과 의미가 어떻게 달라지는지를 보여준다.

"쇠고기를 먹지 않는 자는 문명인이 아니다"

체제의 변화는 식습관을 바꿔놓기도 한다. 에도 막부 시대(1603~1867)의 음식은 육고기를 거의 쓰지 않았다. 남방에서 넘어온 기름을 빼고는 기름을 쓴 음식은 찾아볼 수 없었다. 물론 건어와 계란 등 동물성 단백질에 대한 소비가 발견되기는 하지만, 에도 시대 사람들은 육고기를 "먹으면 몸도 마음도 의복도 주거도 부정 타고 다른 사람 앞에 나설 수도 없을뿐더러 금기를 범한 자는 엄벌에 처해진다"고 교육받았다. 육식을 하면 심신이 모두 부정 탄다는 금기가 엄격하게 지켜졌다. '사람도 동물도 마찬가지로 살아 있다'라고 보는 불살생不殺生 사상으로 사람들은 우유를 마시는 것조차 생피를 마시는 것이라 여겼다.

에도 시대와 달리 메이지 시대(1868~1912)는 근대 서구 사회를 하루라도 빨리 따라잡자는 결의로 가득 찼다.* 메이지 시

* 메이지 원년부터 도쿄의 연표를 보면, 에도를 도쿄로 개칭하고(1868) 도쿄와 요코하마 구간에 전신을 개통했다(1869). 서구로부터 '야만국'이라는 오해를 받지 않기 위해 훈도시만 걸친 나체 습관을 금지하고(1871),

대가 요구하는 여가 양식은 '서구의 것'을 목표로 했다. 서구의 것은 '문명화된 것' '근대적인 것' '표준적인 것'으로 표상됐다. 한 사례로 메이지 천황은 1872년 육고기를 먹는 것을 허용했다. 식문화의 신세계를 여는 조치였다. 천황은 오랫동안 금지되었던 육식을 권장하는 일에 발벗고 나섰다. '쇠고기를 먹지 않는 자는 문명인이 아니다'라며 육식 장려 캠페인을 벌였다. 궁중에서 젖소를 길러 우유를 마시는가 하면 육고기를 먹는 데 앞장섰다. 표준으로 삼을 만한 요리법도 소개했다. 육식으로 신체적인 열등감을 떨쳐 없애는 동시에 서양 요리를 보급해 서구의 음식문화, 나아가서는 육식으로 상징되는 서구문명을 섭취, 흡수해 서로 같아지려고 했다.*

쇠고기 전골인 규나베牛鍋나 얇게 저민 쇠고기와 채소를 간장과 설탕으로 간을 한 국물에 살짝 적셔 먹는 스키야키鋤焼도 이 시기 등장한 새로운 메뉴였다. 육식이 해금된 시기로부터 반세기가 지난 다이쇼 시대(1912~1926)를 지나 쇼와 시대(1926~1989)에 들어서면서 뎀뿌라 조리법과 결합한 돈가스豚カツレツ는 일상생활 깊숙이 스며들었다. 정치 체제의 변화와 식습

공중목욕탕에서 남녀혼욕을 금지했다(1872). 그리고 신바시와 요코하마 사이 29킬로미터 구간에 철도를 개통하고(1872) 태양력인 그레고리력을 채택하면서 전통 역법을 폐지했다(1872). 또한 도쿄에 사범학교를 설립하고(1873) 우에노 공원에서 산업박람회를 개최했다(1877). 1888년에는 15개 구로 구성된 도쿄시가 완성됐다.

* 오카다 데쓰, 《돈가스의 탄생: 튀김옷을 입은 일본근대사》, 정순분 옮김, 뿌리와이파리, 2006, 15쪽.

관의 변화가 어떻게 맞물리는지를 엿볼 수 있는 사례다.

"일요일만큼은 우리도 쉬어야겠다"

통제와 금지의 대상에 불과했고 특정한 목적으로만 제한됐던 여가가 언제부턴가 하나의 새로운 현상으로 부상했다. 사회문화적으로는 1980년대 후반 이후 여가시간에 대한 사회적 관심이 높아졌다. 예를 들면, '일요일은 쉬는 날'이라는 인식이 서서히 생겨났다. 〈일요일 근무 기피 새 풍조: 공장, 가게, 음식점까지 휴일이면 인력난〉이라는 제목의 기사*는 당시 일요일의 사회적 의미를 흥미롭게 보여준다. 주말 노동시간과 평일 노동시간이 크게 다르지 않았던 1980년대에도 '주말'에 관한 생각이 지금과 남다르지는 않았다. 지금 같은 '주말'이라는 독특한 관념과 실천은 1980년대 후반에 생겨난 새로운 산물이다.

> 최근 2~3년 사이에 노동운동이 활기를 띠고 임금 수준이 조금씩 개선되면서 "공휴일만은 빼앗기지 않겠다"는 노동자들이 늘어가고 있다. '일요일은 쉬는 날'이라는 의식이 사회 전반적인 추세로 자리 잡아가고 있는 것이다. 4~5년 전만 해도 생각하기 힘들었던 이 같은 변화는 무엇보다 최소한 휴일만큼은 자기 생활과 레

---

* 〈일요일 근무 기피 새 풍조: 공장, 가게, 음식점까지 휴일이면 인력난〉, 《조선일보》, 1990.2.26.

> 저에 쓰고 싶다는 노동자들의 사고 변화에 기인한다. 서울 시내 7백여 LPG 배달 업소들은 지난 1일부터 일요일 영업을 전면 중단하고 있다. 가스배달원들은 "일요일만큼은 우리도 쉬어야겠다"며 이를 막을 경우 단체행동도 불사하겠다는 입장이다. 이들의 요구 조건은 "사람답게 살게 해달라"는 것이었다. 월급은 조금 덜 받아도 좋지만 남들 쉴 때 쉬고 일할 때 일하고 싶다는 주장이었다. …… 서울 구로공단 내 신영섬유 노조는 지난 1월 말 노동자 1백여 명을 상대로 그간의 변화된 근로조건에 대해 설문조사를 한 결과 95퍼센트의 근로자들이 "월급을 덜 받더라도 일요일 근무만은 하고 싶지 않다"고 응답했다. …… 일요일 근무를 기피하는 풍조는 이들 생산공장뿐이 아니다. 중국음식점, 슈퍼마켓, 카페 등 일요일 근무가 불가피한 업소들도 일요일 근무 희망자가 없어 주인들이 직접 배달하고 주문받는 등 인력난에 허덕이고 있다. 이 때문에 일요일도 근무가 가능한 아르바이트 대학생들을 고용하는 경우도 늘어나고 있는 추세다.

특히, 2000년대 중반 주 40시간제가 제도화되면서 주말의 의미가 더욱 구체화됐다. 주말 휴일 이틀을 어떻게 사용할 것인가에 대한 사람들의 관심이 뜨거워졌다. 부족한 잠을 보충하면서 휴식을 취하려는 사람, 가족과 함께 주말여행을 떠나려는 사람, 취미생활을 하려는 사람, 운동을 하려는 사람, 자기계발에 활용하려는 사람까지, '주말' 여가에 대한 열망과 실천은 이 시기에 확산됐다.

여가는 점차 적극적인 선호의 대상이 되었고 나아가 핵심 산업이자 정부 정책의 계산 속에 들어가기 시작했다. 여가의 문제는 개인은 물론 국가, 자본, 노동, 시민사회, 지역공동체, 가족 모두에게 주요한 쟁점이 되었다. 이제 여가는 개인의 활동인 동시에 경제적 대상, 정치적 개입, 이데올로기적 캠페인의 도구, 사회적 건강의 지표, 사회교육의 항목으로 부상했다.*

"등산을 왜 해?"

변화된 등산 풍경 두 가지를 들어보자. 〈사람들은 왜 등산하는가?〉라는 제목의 기사가 있었다. 1970년대 나온 기사로 등산 풍경을 매우 신기한 어조로 담았다. 지금이야 등산을 주말 여가의 한 항목으로 넣는 게 자연스럽지만, 영양 상태가 좋을 수 없었던 시대에 등산은 '쓸데없는 짓!' 가운데 하나였나 보다.

등산이 대중여가로 자리 잡는 동안 많은 것이 변했다. 청바지에 운동화면 족했던 등산복 차림이 지금은 시대에 뒤떨어진 드레스코드가 되었다. 청바지에 운동화 차림의 등산은 낯선 것이면서 위험 요인으로 꼽히기도 한다. 이제 사람들은 첨단의 등산복을 차려입어야 등산할 맛이 난다고 여긴다. 등산 풍경에

* 최석호, 〈한국 사회의 여가 변동에 관한 연구〉, 고려대학교 박사학위 논문, 2003; 김영선, 《잃어버린 10일》, 이학사, 2011; 임채윤, 〈우리는 왜 주말을 기다리는가〉. SOCIO-LOGICAL 홈페이지, 2015.06.19.

서 구별짓기 양상은 등산 장비의 형태로 더욱 세밀해지고 있다. 여가 장면이야말로 상품을 매개로 한 신분 투쟁, 지위 경쟁status competition이 벌어지는 지점임을 말해준다.

한편, 재밌는 건 등산복 열풍을 문제화하는 시선의 등장이다. 해외여행 중 등산복을 입은 사람은 한국 사람뿐이라는 이유로 한 여행사는 박물관이나 식당에서 등산복 차림을 삼가달라는 조치를 취했다고 한다. 문화적 예의상 결례가 된다는 이유였다. 타자의 시선이 여행 장면의 드레스코드에 관통하는 모습이다.*

등산 풍경 가운데 또 하나 달라진 점은 '야호' 소리가 사라졌다는 사실이다. 산 정상에 오르면 누구나 자연스럽게 외쳤던 '야호' 소리는 이제 과거의 유물이 됐다. 동물에게 스트레스와 위협을 준다는 이유로 등산객의 야호 행위는 산에서 하지 말아야 할 첫 번째 등산 매너가 됐다. 동물과 환경에 대한 인식이 달라지면서 변화한 등산 풍경이다.

"아껴봐야 똥 된다!"

산업시대의 근면 신체는 미래를 위해 욕구를 억제할 것을 요구

* 〈청바지에 운동화? 위험천만한 도심 등산로〉, SBS, 2013.10.27.; 〈등산복은 한국사람?… 해외 여행 복장 '논란'〉, SBS, 2016.5.8.

받았다. 그런데 미래에 대한 불확실성이 높아진 시대에는 욕구를 즉시 분출하는 모습이 자주 발견된다. 사람들은 현재의 욕구를 미래로 지연하기보다는 지금 당장 분출하려 한다. 불확실하기만 한 미래로 현재의 욕구를 유예해봐야 덧없어질 것이라 보기 때문이다. "아껴봐야 똥 된다"는 말이 이를 잘 표현한다. 미래가 불확실한 세계의 욕구 표출 방식은 산업사회에서 미래를 위해 욕구를 억제하고 연기하는 방식과는 다르다. 오늘보다 내일이 더 나아질 것이란 기대가 무너진, 심지어는 그 기대가 사라져버린 위기의 시대에 사람들은 현재의 욕구를 연기하는 게 바보 같은 짓이라고 여긴다.

소설《책을 버리고 거리로 나가자》(1976)의 저자이자 동명 소설을 영화화한 데라야마 슈지는 일본인들이 무감각과 무의미에 시달린다고 지적한다. 그는 사람들을 왜소화시키는 주범을 '평균주의'라고 규정한다. 그런데 "평범한 직장인의 수입으로는 해외여행은 고사하고 스포츠카를 사거나 레스토랑에서 비프 스테이크를 사먹기조차 힘든 사회"에서 사람들은 "일찌감치 평균화를 포기하고 바퀴벌레가 기어다니는 좁은 방에서 생활하더라도 로망인 스포츠카를 사는 게 낫다"고 생각한다. 이를 일점호화주의一點豪華主義라고 하는데, 데라야마 슈지는 젊은이들이 평균적인 행복론에서 모두를 포기하더라도 한 가지만을 택하는 행복론으로 이동했다고 이야기한다. 불확실하고 불안정한 세계에서 나타나는 여가 선호의 특징을 보여주는 대목이다. 미래가 불확실하고 삶의 리듬이 파편화된 현실에서는 차라리 "대피소를 짓지 마라" "희망을 갖지 마라"는 프랑코 베라르디의 음울한 전망이 더욱 현실적으로 다가온다.*

어느새 사라진 신문 보기

지하철이나 버스에서 스마트폰으로 시간을 때우는 모습은 지금 우리 시대의 자연스런 풍경이다. 디지털 모바일 시대에 신문을 주욱 펼치고 읽는 모습이나 옆사람 혹은 앞사람의 신문을 힐끗힐끗 쳐다보던 풍경은 사라졌다. 힐끗 쳐다보기는 낯선 모습이자 예의 없는 행동이 되어버렸다. 어빙 고프만이 말한 공공장소에서의 '시민적 무관심'은 이전과는 다르게 중요한 행동 규범으로 부상했다. 스마트폰이 등장한 이후 콘텐츠의 소비 형태가 더욱 개별화되면서 달라진 풍경 가운데 하나다.

관계의 방식도 달라졌다. 스마트폰에 이상형을 설정해놓으면 그 이성상이 근거리에 있을 때 신호음을 울려주는 앱이 있다. 이성 교재 앱이 등장하면서 주변 지인을 통해 소개를 받던 때의 위험, 소위 '폭탄 맞았다'는 위험은 줄어들었다. 마찬가지로 주변 지인을 거칠 때 발생하는 거래비용, 소위 '밥 한 끼 사야' 하는 번거로움과 부담도 줄었다.

---

* 데라야마 슈지, 《책을 버리고 거리로 나가자》, 김성기 옮김, 이마고, 2005; 프랑코 베라르디, 《프레카리아트를 위한 랩소디》, 정유리 옮김, 난장, 2013, 235~238쪽.

"이 차 어디서 났어?"

영화 〈맨인블랙3〉(2012)에는 사회 지위와 소비 수준 간의 관계가 통념상 얼마나 강력하게 접합돼 있는지를 엿볼 수 있는 장면이 나온다. 에이전트 제이 역의 윌 스미스는 동료 에이전트 케이 역의 토미 리 존스를 구하기 위해 1960년대로 거슬러 올라간다. 스포츠카를 몰고 적진으로 향하던 중 윌 스미스는 고속도로 순찰대에 제지당한다. 그 이유는 과속이나 폭주, 음주운전 때문이 아니다. 그것은 '흑인'이 '고급 스포츠카'를 몰았기 때문이다. 검문 중에도 순찰대는 비꼬는 태도로 윌 스미스에게 어떻게 '고급 스포츠카'를 구입했는지 연신 캐묻는다. 순찰대를 포함해 당시 사람들에게 '흑인'과 '고급 스포츠카'는 어울릴 수 없는 조합이었던 모양이다. 인종주의적 편견이 가로지르는 장면이다. 사실 이 에피소드는 스토리 전개와 전혀 상관없다. 감독은 지위와 소비 간의 통념을 가져와 일상 속에 광범위하게 퍼져 있는 인종화된 소비 패턴과 인종적 혐오를 어떻게든 이야기하고 싶었던 모양이다.

3

—

"식빵을 간장에 찍어 먹는다고?"

우리는 여가를 사회적으로 구성되는 산물로 본다. 여기서 '사회적 구성social construction'이 의미하는 바는 지극히 개인적인 여가 패턴 또한 사회 맥락과 긴밀하게 연결되어 있으며 역사 세력들의 역학관계에 따라 다르게 구성된다는 말이다. 한 사람의 여가 패턴은 단순히 개인, 선호나 선택, 요소나 속성으로 환원되지 않으며 또한 자유, 만족, 탈출 등의 이데올로기로만 채색되지 않는다. 우리는 여가를 하나의 사회적 사실로 포착해 특정한 여가가 사회의 맥락에서 어떻게 만들어지고 사회구조적 특징이 사람들의 오락·레저 활동에 어떠한 영향을 미치는지를 분석하고자 한다.

여기서 사회적 사실social facts은 개인에게 어떤 구속으로 작동하는 집합적 행위 양식을 말한다. 사회적 사실은 강제력을 가지는데, 개인의 의지와는 독립적으로 개인에게 일정한 구속을 부과한다. 그러한 행위 양식을 따를 때 개인은 그 강제력을 아주 가볍게 느끼지만 행위 양식을 벗어나려 할 때는 구속성을 강하게 느끼기 마련이다. 그래서 뒤르켐은 모든 사회현상을 외재한 사물처럼 연구해야 한다고 말한다.* 일례로 군중 속에서 발생하는 집합적 감정은 개인들의 감정을 뒤흔든다. 집합적 감정은 사람들이 모인 가운데 고조되어 새롭게 생겨난 사회적 힘이다. 이러한 집합적 감정은 개인들의 감정을 특정한 방향으로 이끈다.

사람들은 통상 '입맛'을 개인적인 것으로 생각한다. 또한 어떤 한 사람의 특정한 맛에 대한 선호를 개인적인 취향이라고 여긴다. 그러나 특정한 맛에 대한 선호는 개인이 살아온 환경과 긴밀하게 연결된다. 그 맛을 선호하는 것은 특정한 환경 속에서 반복된 경험으로 각인된 결과다. 지극히 사회적으로 구성된 특정한 성향 체계다. 다시 말해 입맛은 사회 속 각자의 위치를 반영한다. 순대를 간장에 찍어 먹기를 즐겨했던 제주 지역 사람들은 순대와 간장이 함께 연상되었을 때 군침을 흘린다. 하지만 여타 지역 사람들에게 순대와 간장의 조합은 어색하기 그지없다. 반면 경상도 지역 사람들은 순대에 막장을 찍어 먹는 것을 좋아할 텐데, 이 또한 오랜 경험이 축적되면서 만들어진 선호다. 이외에 경기 수도권 지역은 순대를 소금이나 후추에, 전라 지역은 초고추장에, 강원 지역은 새우젓에 찍어 먹기를 즐겨했다. 이렇게 지극히 개인적인 선호일 것 같은 입맛도 지역성을

---

* 에밀 뒤르켐, 《사회학적 방법의 규칙들》, 윤병철·박창호 옮김, 새물결, 2001, 53~65쪽.

담는다. '사회'의 위치를 반영한다는 의미다. 특정한 맛에 대한 선호가 한 사회의 음식문화와 연결돼 있는 것처럼 개인적인 것조차 사회적으로 구성된다.

또 하나의 사례를 보자. 남한 남자와 북한 여자가 서로 다른 생활 방식을 체험하는 TV 프로그램인 〈잘 살아보세〉에서는 토스트 빵에 간장을 잼 바르듯 먹는 모습이 전파를 탔다.(2015.7.11) 북한 여자가 "세게 배고파요? 간장에다 빵 찍어 먹어요!"라며 식빵을 권하자 남한 남자는 생경한 듯 "빵을 간장에 찍어 먹는다고?" 되묻는다. 이에 북한 여자는 "옴마야! 이게 얼마나 맛있는데"라며 되받아친다. 이 장면은 식빵을 잼에 발라 먹어야 한다는 상식이 반드시 당연한 것이 아님을 말해준다. 상식이 상대화되는 지점이다. 사회적 구성 접근은 지극히 개인적인 식습관도 사회적 경험과 결부되어 있고 '상식적인' 맛의 기준 또한 사회적 맥락에 따라 달라진다는 점을 포착한다. 미국의 사회학자 라이트 밀스는 사회와 사회 속 개개인의 특성 간의 관계가 긴밀하게 연결되어 있음을 포착하는 능력을 "사회학적 상상력sociological imagination"이라고 일컫기도 했다. 이를 통해 지극히 개인적인 고통이 역사적이고 사회구조적인 문제와 동전의 양면이라는 통찰이 가능해지고 당연한 듯한 상식들을 다른 관점에서 바라볼 수 있다.

여기서 사회적 구성이라는 표현은 몇 가지 특징을 담고 있는데, 사회적 맥락, 역사적 변화, 권력관계, 구성 장치 등을 탐색한다. 첫째, 사회적 구성 접근은 당대 제도나 정책, 생산 양식이나 소비 양식, 사회 규범과 질서 등 사회구조적 맥락을 관찰하고 그 맥락적 요소들이 여가 패턴에 어떠한 영향을 미치는지를 분석한다. 또한 사회구조에 대한 관찰은 보편성과 특수성의 차원에서 여가 패턴의 특징들을 일별할 수 있게 한다.

둘째, 사회적 구성 접근은 사회변동 속에서 여가 패턴의 출현과 변화를 관찰한다. 사회변동 과정에서 무엇이 사라지고 무엇이 새롭게 등장하는지, 무엇이 정상의 자리를 차지하고 무엇이 비정상으로 배제되는지 그 역사적 과정을 추적한다. 푸코의 표현을 빌리자면, 지도도 달력도 없는 것에 대해서는 말하지 않는다는 의미다. 하나의 여가 패턴은 시공간을 초월해 존재하는 것이 아니라 사회역사적인 변동에 따른 한 시대의 고유한 산물이다. 또한 여가 패턴의 역사적 변화를 추적한다는 것은 여가 패턴의 변화에 대한 추적임과 동시에 기성 패턴의 변화 가능성을 모색한다는 말이기도 하다. 닫힌 설명이 아니라 변화 가능성을 여는 접근이다.

셋째, 사회적 구성 접근은 여가를 둘러싼 역사 세력들의 길항관계, 즉 지배와 저항의 상호작용을 탐색한다. 수많은 여가 항목 가운데 무엇이 가능하고 그렇지 않고는 역사 세력들의 투쟁의 결과에 따라 달라지기 때문이다. 어떤 것은 정상이고 다른 어떤 것은 비정상으로 분류되는 것도 마찬가지다. 특정한 여가 패턴은 당대의 고유한 권력관계의 양상을 담고 있다.

넷째, 사회적 구성 접근은 현재의 여가 패턴이 장치들, 이를테면 프로그램이나 캠페인 또는 프레임이나 담론, 조사나 평가들에 어떠한 영향을 받았는지, 그 장치들의 의도와 목표는 무엇이었는지를 문제 제기한다.

다섯째, 한 사회에는 당연하다고 여기는 여가 패턴, 여가 규범, 여가 항목들이 있다. 사회적 구성 접근은 지금 우리가 상식적이라고 여기는 규범, 패턴, 욕구, 감정들이 사실은 그렇지 않을 수 있음을 질문한다. 현재의 여가 패턴이 사실은 당연하지 않은 것일 수 있다는 시선은 "나는 어떻게 오늘의 내가 됐는지" "우리가 살고 있는 이 세계는 어떻게 지금과 같은 형태가 되었는지"를 묻는 것이기도 하다. 사회적 구성 접근은 상식의 비상식성, 통념의 비통념성, 당연함의 비당연함, 진리의 비진리성을 질문함으로써 새로운 가능성의 조건들을 탐색한다.

여섯째, 한 사회는 그 사회질서에 부합하는 특정한 인간형을 요구한다. 사회적 구성 접근은 일련의 여가 프로그램들이 특정한 주체(국민, 시민, 대중, 노동자, 가족, 남성, 여성, 학생)를 만들기 위한 프로젝트로 작동한다는 점을 포착하고 분석한다. 오락·레저·스포츠를 매개로 '~다운' 인간형을 생산하기 위해 벌이는 조사·측정·평가·분류 작업들을 구체화한다.

요약하면, 사회적 구성 접근은 특정한 여가 패턴이 한 사회의 맥락에서 역사 세력들 간의 장기간에 걸쳐 진행된 권력관계의 산물임을 강조한다. 나아가 새로운 인간형을 생산하는 프로젝트라는 점을 놓치지 않는다. 사회적 구성 접근의 목적은 우리가 '자연스럽다' '당연하다' '필수불가결하다', 혹은 '진리다'라고 받아들이는 것들이 실은 그렇지 않을 수 있으며, 우리의 삶에서 당연하다고 받아들이는 것들이 지극히 구성된 산물이라는 점을 드러내는 데 있다.

우리가 먹고 마시고 놀고 보고 듣고 말할 수 있는 것은 실로 그 사회질서에 부합하는 것만이 허용된다. 산업자본주의 이후 '근면 신체'와 조응하지 않는 '일관성 없는' 습관은 작업장에서 철저히 배제됐듯이, 공장 밖 자유시간만 봐도 다양한 오락 가운데 '교양 있는 시민'을 양성하는 데 기능하지 않는 오락들은 사라져야 했다. 이전 시대에 '사회적으로 허용되던 것들' 또한 새로운 질서에 들어맞지 않는 것들은 비슷한 운명에 처해졌다.

데이비드 하비의 말을 빌리자면 어느 한 사회에서 "정상적인 사람이 되기 위해서는 특정한 생산양식에 부합하도록 일정한 규율을 받아들여야만 한다". 여기서의 정상성normality은 특정한 역사 시기에 특수한 목적을 위해 특수한 방식으로 만들어진 사회적인 발명품이다.* 그러고 보면 오락·레저·스포츠 프로그램들은 애초부터 특정한 주체의 생산을 통해 사회질서를 구축하기 위한 프로젝트와 긴밀하게 맞닿아 있다.

---

* 데이비드 하비, 《데이비드 하비의 맑스 『자본』 강의》, 강신준 옮김, 창비, 2011, 277쪽.

4

—

사회 없는 여가, 노동 없는 여가

기존의 여가 연구에서 발견되는 문제를 하나씩 살펴보자. 첫째, 여가 활동의 기능이나 유용성을 강조하는 경향이 높다는 사실이다. 많은 경우 여가 활동을 산업 발전, 창조 경제, 기업 경쟁력, 자기계발과 연결 짓곤 하는데, 이렇게 기능성에 경도된 접근은 사회적 유용성에 조응하지 못하는 여가들을 저평가하고 주변화하기 마련이다. 유용성 중심주의는 여가의 다양한 면면을 담아내지 못하고 특정한 방식으로 범위를 좁히게 한다. 또한 시대나 사회마다의 독특성을 탈각시키고 여가 장면에 편재한 불평등 문제를 누락한다.

여가의 기능과 유용성을 도덕적인 것으로 연결 짓는 접근도 문제로 지적되어야 한다. 도덕적 접근은 정상과 비정상을 구분 짓는 규범적 태도를 전제하고 있어 사회적 기능에 조응하는 여가 항목을 우월한 것으로 가치 부여한다. 동시에 사회적 기능에 부합하지 못하는 여가 항목을 열등한 것으로 배제한다. 로버트 스테빈스의 진지한 여가serious leisure 개념이 여기에 해당한다.

스테빈스가 보기에 여가는 자기계발의 일환이다. 그는 여가 활동이 개인의 경력 개발과 자아 발전, 상호 협력과 연관된 것으로 본다. 스테빈스는 아카펠라 합창단을 예로 들면서 합창단 활동이 단원들의 자아실현과 지역공동체의 통합을 높인다고 설명한다. 진지한 여가 활동은 자신의 경력을 개발하고 참여자의 소속관계를 강화하고, 공동체를 문화적으로 공고화해 이는 다시 사회의 안정에 기여한다는 논리다.*

그런데 문제는 '진지한' 여가를 그렇지 않은 것보다 도덕적으로 우월하다고 전제한다는 점이다. 그러다보니 사회제도적으로 용인된 것만을 여가로 규정하곤 한다. 나아가 정상과 비정상, 합법과 불법의 경계에 놓여 그 구분이 모호한 여가들을 누락하거나 비정상 또는 불법으로 처리하곤 한다.

둘째, 기존의 여가 연구는 노동 변수를 배제한 채 여가 활동 그 자체만을 다루는 경향이 높다. 활동 중심의 여가 분석은 노동과 비노동 또는 노동과 여가의 관계성을 누락하고 노동을 주변적인 것으로 처리해 총체적인 분석을 어렵게 한다. 영업사원이 비즈니스를 위해 골프를 치는 것과 취미 삼아 골프를 치는 것은 질적으로 다르다. 활동의 형식으로서는 같을 수 있지만 활동의 의미면에서 전자는 오히려 여가가 아니라 노동에 더 가깝다. 주야로 주당 40시간씩 일하는 커플의 일상과 주간에만 40시

---

* Robert Stebbins, *Amateurs, Professionals, and Serious Leisure*, McGill-Queen's University Press, 1992.

간씩 일하는 커플의 일상은 전혀 다른 모습을 띤다. 시간의 길이로서는 같을 수 있지만 시간의 배치 측면에서 전자의 커플은 주말부부의 모양을 띤다. 여기서 노동 변수를 고려해야 한다는 것이 삶의 본질을 노동으로 간주한다는 게 아니다. 여가를 노동의 부가물로 여긴다는 것 또한 아니다.* 노동이 우리의 삶에 핵심적인 요소라는 점을 고려하면서 총체적이고 다면적인 접근을 시도해야 할 필요성을 제기하는 것이다.**

자본주의 사회에서 노동자들은 소외된 노동을 경험한다. 노동을 자율적이지 못하고 구속적인 것으로 경험함에 따라, 노동에서 성취하지 못한 것을 여가에서 보상compensatory effect 받으려는 경향을 보인다. 그래서 노동자들은 일과 관련된 것에서 벗어나려는 태도를 보인다.*** 그러나 고된 노동으로 소진된 노동자들은 퇴근 후 갑자기 새롭고 창조적인 활동을 기획하거나 실천하기 어렵기 때문에 많은 경우 상품서비스에 의존하는 경향이 높다. 또한 비활동적이고 소극적이고 자극적인 여가 활동을 선택하거나 전형화된 패턴을 선택하는 경향이 강하다.****

---

* Norbert Elias and Eric Dunning, "The quest for excitement in leisure", *Quest for Excitement: Sport and Leisure in the Civilizing Process*, Basil Blackwell, 1986, pp. 91~94.

** 제리 제이콥스·캐슬린 거슨, 《시간을 묻다》, 국미애 외 옮김, 한울, 2010, 219~252쪽.

*** Harold Wilensky, "Careers, lifestyles, and social integration", *International Social Science Journal* 12, 1961, pp. 553~558.

**** Stanley Parker, *Leisure and Work*, Allen & Unwin, 1985, pp. 91~106.

셋째, 여가 활동 참여자를 자유로운 존재free agent로 묘사하곤 한다. 전통적으로 여가는 자유, 선택, 자기결정으로 치부돼 왔다. 여가는 사람들이 자유시간에 자유롭게 행하는 활동이라는 이야기다. 그러나 자유의 의미는 분명 조건적conditional이라는 점을 분명히 해야 한다. 여가 장면에서 사람들은 마냥 자유롭거나 무조건적이지 않다. 여가 장면에서 사람들은 언제나 특정한 조건과 특정한 방식으로 놓여진다.

영국의 여가사회학자 크리스 로젝은 '자유' '선택' '자기결정'이라는 장밋빛 환상으로 채색된 자유주의 여가관을 비판한다. 자유주의 여가관은 여가를 통상 '기쁨' '만족' '건강' '웰빙' 같은 것들과 연결해 낭만화하는 경향이 짙다. 여가를 긍정적인 것으로 관련짓고 자유, 해방, 탈출로 간주하는 자유주의 이데올로기로 채색한다. 그러나 로젝은 현대의 여가는 특정한 권력체계의 맥락, 다시 말해 근대 자본주의 체계라는 맥락 아래에서 생산되고 재생산되는 것이라고 강조한다.* 자유주의 여가관은 비대칭적인 권력관계, 여기에서 비롯되는 불평등 문제를 담아내지 못하기에 지배구조를 반복 재생산할 뿐이다.

또한 자유주의 여가관은 여가가 부정적인 경험과 연결될 수 있다는 점을 포착하지 못한다. 사실 여가의 역사를 보면 많은 경우 재미와 쾌락을 목적으로 한 폭력이 횡행했다. 로마시대

---

* 크리스 로젝, 《자본주의와 여가이론》, 김문겸 옮김, 일신사, 2000; 크리스 로젝, 《여가와 문화》, 김영선 · 최석호 · 지현진 옮김, 리체레, 2011, 298쪽.

의 검투 경기에서부터 현 시대의 동물쇼나 격투 경기까지 여가 장면에서 폭력이 공공연했다는 점은 주지의 사실이다. 폭력은 여전히 관람 스포츠의 핵심 요소이기도 하다.*

넷째, 고대로 거슬러 올라가 여가의 개념을 추적해 설명하는 어원론은 대중여가가 특정한 물적 · 역사적 조건 아래에서 구성된 산물이라는 점을 간과한다. 과거의 여가 개념과 현대의 여가 개념이 '연속적'이라는 가정은 자칫 몰역사적이라는 오해를 불러일으킬 수 있다. 과거의 여가 개념은 시대의 사회구조를 함유하고 있기에 오늘날의 용법과는 질적으로 다르다.** 현재의 노동 개념이 근대 자본주의 체제의 특수성을 담고 있는 것처럼, 여가 개념 또한 지극히 역사적이고 맥락적이다. 여가 또한 특정한 사회구조의 특성을 함유한다는 의미다. 물론 과거와 현재 여가 개념의 연속성을 놓치지 않는 것도 중요하지만 고대 시대의 여가 개념을 살펴보는 작업은 당시의 여가가 무엇을 의미했는지, 무엇을 포함하고 무엇을 배제했는지, 혹은 그 포함과 배제가 권력관계와 어떻게 맞물려 있는지를 이해하는 수준에서 다뤄져야 한다.

마지막으로 기존 논의는 노동 외의 남는 시간spare time을 곧바로 여가로 등치시키거나 노동시간이 줄어들면 여가시간이

---

* Robert Bogdan, *Freak Show: Presenting Human Oddities for Amusement and Profit*, University of Chicago Press, 1988; 크리스 로젝, 《여가와 문화》, 283쪽.

** Norbert Elias and Eric Dunning, "The quest for excitement in leisure", Ibid., p. 79.

늘어나는 것으로 전제하곤 한다. 그러나 엘리아스와 더닝에 따르면, 남는 시간이 모두 여가일 수는 없으며, 노동시간이 줄어든다고 해서 그만큼 여가시간이 늘어나는 것은 아니다. 남는 시간은 유지 시간이나 재생산 시간으로 쓰이는 경우가 많기 때문이며 또한 남는 시간은 젠더나 계층, 고용형태나 인종에 따라 파편화될 수 있는 위험이 높기 때문이다. 또한 남는 시간은 광고 등 미디어에 의해 자극된 허구적 소비수요에 강탈되는 경우가 다반사이기 때문이다. 남는 시간은 외적인 조건일 뿐이다.

우리는 여가를 노동이나 의무, 책임이 완화된 시공간에서 새로운 자극을 추구하는 활동으로 간주한다. 즐거움, 쾌활함, 활동성을 가져다주는 활동 그 자체가 목적일 뿐 금전적 보상이나 도덕적 의무, 주변의 시선이나 유용한 결과, 외적인 강요나 기능적 필요를 전제하지 않는다. 일종의 '외적인 목적 없이 즐거움·쾌활함을 추구하는 활동'이다. 칸트의 표현을 빌리자면, '목적 없는 목적성', 이것이 여가의 본래적 의미다.*

그런데 우리가 주목하는 것은 여가는 정치의 대상이자 투쟁의 산물이라는 점이다. 우리는 여가 패턴의 사회적 차이와 거기에 얽혀 있는 권력 작용에 주목하고자 한다. 일종의 정치적인 것의 사회적 형태 또는 사회적인 것을 둘러싼 정치투쟁이라고 말할 수 있다. 여가를 어떻게 분배하고 조직할 것인가의 문제는

---

* Norbert Elias and Eric Dunning, "The quest for excitement in leisure", Ibid., p. 92; 요셉 피퍼, 《여가와 경신》, 김진태 옮김, 가톨릭대학교출판부, 2011, 67~73쪽.

사회질서를 어떤 방향으로 가져갈 것인가라는 문제 제기와 긴밀하게 맞닿아 있기 때문이다. 그렇기에 노동시간을 둘러싼 노동과 자본 간의 투쟁이 격렬했던 것처럼, 여가(시간)를 둘러싼 역사 세력들의 투쟁도 격렬하기는 매한가지다. 투쟁의 결과에 따라 어떤 즐거움 추구 활동은 정상적인 것으로 분류되는 반면, 다른 어떤 것은 비정상적인 것으로 처리된다. 가능과 불가능의 경계는 시대나 사회 맥락에 따라 또는 역사 세력들의 힘 관계에 따라 무수히 변동한다.

2장

근대사회의 대중오락

1

낯설었던 것이 취향이 되다

우리는 가끔 '어딘가로 멀리 떠나고 싶다'는 생각을 한다. 비행기를 타고, 자동차를 타고, 기차를 타고 로망했던 그곳으로 훌쩍 떠나는 상상! 여건에 따라 떠날 수 있는 사람과 그렇지 못한 사람으로 나뉘겠지만 그 상상마저 불가능한 것은 아니다. 이는 이동이 자유로운 시대의 고유한 산물이다. 그런데 지리 조건, 기후 조건, 생활 조건으로 이동이 자유롭지 않았던 시대에는 어땠을까?

그 시대에 먼 곳 어딘가로 여행을 한다는 건 '낯설고' '이상한' 일이었다. 상상조차 어려운 것이었다. 가보지도 않은 길에 대한 두려움만큼이나 먼 길 떠나는 일은 두려움을 수반했다. 전통사회에서 사람들은 대부분 '특정한 경계' 안에 살았다. 그게 당연했다. 삶은 종교나 관습, 가문이나 영지에 기초한 공동체에 배태되어 있었다. 마을은 성곽으로 둘러싸인 도시를 의미했다. 노비나 백정 같이 특수 신분에 속하는 사람들은 마을이나 도시의 경계를 벗어날 수 없었다. 에도 시대 막부幕府와 번藩은 지역의 경계에 관문을 설치해 해가 지면 닫았고 통행하는 사람들을 일일이 검문했다. 물론 행상이나 농사일, 품팔이를 위한 이동이 없던 것은 아니지만 쇼군将軍이 직할하는 구역의 관문이나 다이묘大名라 불리던 지방 영주들이 지배하는 번의 관문을 허가증(이동증명서) 없이 통과하기는 어려웠다.*

행여 여행을 하려 해도 정보를 구하기가 쉽지 않았고 잘못된 정보인 경우도 많았다. 가는 길마다 길잡이를 붙일 수는 없는 노릇이었다. 도로망은 열악했고 숙소를 비롯한 편의시설 또한 턱없이 부족했다.** 목적지까지 가려면 여러 마을과 지역을 거쳐야만 했다. 여행 중 노상강도를 만날 위험이 도사려 재산이나 생명의 안전을 보장하기 어려웠다. 날씨와 계절에도 상당한 영향을 받았다. 사실상 도시 경계를 넘나들며 떠도는 사람은 '경계 안'에 사는 사람들에게 의심의 눈초리를 피할 수 없었다. 전통사회를 표상하는 '친밀한 이웃의 세계'에서 원거리로의 여행은 불가능한 상상이자 그야말로 낯선 것이었기 때문이다. 그래서인지 여행객은 이방인 취급을 받았다.***

---

* 박천홍, 《매혹의 질주 근대의 횡단》, 산처럼, 2003, 351쪽; 하야미 아키라, 《근세 일본의 경제발전과 근면혁명》, 조성원 · 정안기 옮김, 혜안, 2006, 150~152쪽.

** 사극을 보면 여행자들이 잠시 쉬며 목을 축이거나 끼니를 때우거나 혹은 하룻밤 묵을 수 있는 곳으로 주막이 등장하는데, 이는 상품경제, 도로망, 지리서 등이 발달했던 시기인 조선 후기에나 가능한 것이었다. 자세한 설명은 강명관의 《조선의 뒷골목 풍경》, 151쪽을 보라.

*** Cara Aitchison, Nicola E. MacLeod and Stephen J. Shaw, *Leisure and Tourism Landscapes: Social and Cultural Geographies*,

물론 긴 여행길에 오르는 사례가 없진 않았다. 귀족층의 식도락 여행이나 상류층의 그랜드투어가 대표적이다.* 이외에도 보부상의 유랑이나 무역상의 항해, 구도자의 성지순례나 사신단의 파견, 지도제작자의 탐험이나 과학자의 탐사 등이 있었다. 하지만 이는 소수의 제한적인 사례다. 또한 지극히 특수한 목적을 수반하는 것이었기에 대중에 기초한 근대적 형태의 여행이라고는 볼 수 없다.

그러던 것이 18세기 후반 들어 유한계층 사이에서 '먼 곳'으로 여행을 떠난다는 것이 선호되는 취향으로 부상했다. 그들은 그곳에서 자연경관을 둘러보고 고건축물을 감상했다. 기분전환과 테라피를 위해 또는 사교적인 만남을 가지기 위해 온천욕이나 해수욕을 즐기러 멀리 떠나는 일이 많아졌다. 풍자화가 토머스 롤런드슨이 그린 시리즈 형태의 그림 〈바스의 위락시설〉(1789)은 바스에서의 온천욕, 미네랄 테라피, 식도락, 무도회, 음악회, 펌프룸에 북적거리는 사람들의 모습을 담고 있다. 그럼에도 이는 특정 계층의 특권이자 지위의 표시였다.

19세기에 들어서면서 먼 곳으로 떠나는 여행이 중간계층

Routledge, 2002, pp. 29~31.

* 그랜드투어는 통상 로마를 최종 목적지로 삼는 장기 여행을 일컬었다. 괴테의 《이탈리아 기행》은 베로나, 비첸차, 베네치아, 볼로냐, 피렌체, 로마, 나폴리, 시칠리아 등을 여행하면서 일기 · 편지 · 그림 형식으로 담아낸 그랜드투어의 산물이다. 《젊은 베르테르의 슬픔》으로 명성을 떨치고 있던 때 37세 생일 밤 "새벽 3시, 아무도 모르게 빠져나와" 시작한 괴테의 여행은 1786년 9월 3일부터 1788년 6월 18일까지 약 1년 9개월 동안 이어졌다.

토머스 롤런드슨의 그림 〈바스의 위락시설〉. 온천욕, 음악회, 무도회, 미네랄 테라피를 즐기기 위해 유한계층의 사람들은 바스로 몰려들었다.

에게까지 확대되었다. 당시 중간계층 사이에서는 런던 동쪽과 미들랜드 등지의 외지, 햄프셔, 서섹스, 켄트의 해변가 또는 북쪽의 하이랜드로 '그림 같은 풍경'을 감상하고 스케치하는 여행이 유행처럼 퍼졌다.

당시 자연 경관이나 시골 풍경에 대한 로망도 두드러졌는데, 자연 경관이나 시골 풍경을 담으려는 실천은 여러 가지 방식으로 드러났다. 이를테면 자연과 시골의 일상 풍경을 담은 낭만주의 풍경화가 존 컨스터블의 그림 〈건초마차〉(1821)와 〈옥수수 밭〉(1826)이 여기에 해당한다. 그는 푸른 초원, 아담한 농가의 벽돌 지붕, 건초마차와 농부, 그리고 주인의 개, 양 떼 등 직접 관찰한 자연의 소박한 풍경과 시골 생활의 일상적인 풍경을 담아냈다.*

컨스터블과는 다른 방식으로 자연 풍광을 담아낸 영국의 풍경화가 윌리엄 터너의 〈아벤티노 언덕에서 본 로마〉(1835), 〈모던 로마〉(1839), 〈전함 테메레르〉(1839), 〈비, 증기, 속도: 대서부 철도〉(1844), 〈스위스 호수〉(1846) 또한 이곳저곳 여행을 다니며 직접 관찰하고 체험한 근대적인 것들을 대자연의 장엄함 속에 표현했다.** 이외에도 시골 정경과 시골 생활의 소소한

---

*　목가적인 시골 풍경을 담은 그림들을 '먼 곳으로의 여행에 대한 선호'로 해석하는 데 주의해야 할 점이 있다. 당대 "그림으로 재현된 농어촌은 실제 장소가 아니라 도시인의 마음속에 그려져 있는 과거의 어느 시점에서 멈추어버린 초시간적인 유토피아인 경우가 많다. …… 이런 그림을 그린 화가들은 농어촌 생활의 고통스런 현실을 직시하지 않으면서, 도시에서 마음속으로나마 시골생활을 즐기고 싶어 했던 사람들의 심정을 대신 그려주었다. 자세한 설명은 이주은의 〈빅토리안 회화의 인물상을 통해 본 근대 영국 사회의 특성〉, 이화여자대학교 박사학위 논문, 2006, 152쪽을 참조하라.

**　윌리엄 터너(1775~1851)가 죽기 전 마지막 25년을 영화화한 마이크 리 감독의 〈미스터 터너〉(2014)는 터너의 풍경화를 그대로 옮겨놓은 듯 웅장한 장면들이 꽤나 인상적이다. 또한 전통 시대의 마지막 세대인 터너가 증기선, 기차, 사진기, 수정궁 등 각종 근대적인 것을 대면하면서 느낀 복잡한 감정들, 매혹과 불안감, 두려움과 호기심을 섬세하게 그리고 있어 흥미롭다. 한편, 〈전함 테메레르〉는 범선의 시대가 저물고 증기선의 시대가 도래하고 있음을 상징적으로 표현하고 있다. 그림 속 테메레르 호는 참나무 5,000그루로 만들어졌다고 하며 트라팔가 해전의 영웅으로 불렸다. 그림은 화염, 철, 증기를 상징하는 예인선에 이끌려 철거 작업에 들어가는 테메레르 호를 담고

윌리엄 터너의 〈전함 테메레르〉. 그림 속 테메레르 호는 참나무 5,000그루로 만들어졌다고 하며 트라팔가 해전의 영웅으로 불렸다. 그런데 화염, 철, 증기를 상징하는 예인선에 이끌려 철거 작업에 들어가고 있다. 터너는 테메레르 호의 마지막 장면을 통해 시대가 달라지고 있음을 감지하고 '저무는' 과거와 '다가오는' 산업사회의 미래를 교차시킨다.

일상을 주제로 한 네덜란드 화가 요제프 이스라엘스의 〈시골길과 들판〉과 안톤 모베의 〈습지〉 등도 마찬가지다. 낭만주의 시인 윌리엄 워즈워스 또한 특정한 목적 없이 거니는 산보를 예찬했다. 이렇게 보면 '그림 같은 풍경으로의 여행picturesque touring'은 교통혁명에 앞서 일찍이 확산됐다고 볼 수 있다.*

있다. 여기서 터너는 테메레르 호의 마지막 장면을 통해 시대가 달라지고 있음을 감지하고 '저무는' 과거와 '다가오는' 산업사회의 미래를 교차시킨다.

* Cara Aitchison, Nicola E. MacLeod and Stephen J. Shaw, *Leisure and Tourism Landscapes: Social and Cultural Geographies*, pp. 30~37.

2

교통혁명, 시공간을 확장시키다

특정 계층을 넘어 더 많은 사람들이 원거리로 여행을 떠날 수 있게 되었다. 이것을 혁신적으로 가능하게 한 요인으로 철도를 포함한 교통혁명을 언급하지 않을 수 없다. 1804년 증기기관차가 등장한 이후 1830년 가을 '국가적 행사'로 치러진 리버풀과 맨체스터 간 왕복운행이 우여곡절 끝에 마무리되면서 영국 전역에 철도 광풍이 일었다. 1840년 2,400킬로미터에 불과하던 레일이 1850년 1만 킬로미터로 늘어났다. 1854년 말 의회가 승인한 선로의 총 길이는 2만 2,500킬로미터였다. 간선 철도망이 거의 완성되면서 주요 도시들이 철도 네트워크로 조밀하게 연결됐다. 런던은 사우스햄튼, 브링톤, 도버, 콜체스터, 엑시터, 버밍엄과 이어졌고, 버밍엄은 리버풀, 맨체스터, 볼튼, 리즈, 셰필드와 그리고 리즈는 헐과 뉴캐슬과 이어졌다. 에딘버러에서 런던까지 600여 킬로미터의 거리를 하루에 여행하는 게 가능해졌다.* 철도망 이외에도 도로망이 확충되고 버스 노선이 구축되면서 유람버스 여행charabanc tour은 잉글랜드의 전원 지역까지

뻗어나갔다.**

철로 길이 추이

연도	1840	1841	1842	1843	1844	1845	1846	1847	1848	1849	1850
길이(km)	2,395	2,840	3,100	3,268	3,576	3,905	4,857	6,312	7,971	8,860	9,734

특히 글래드스턴 철도법이라 불리던 1844년의 철도법 제정은 기차 여행의 접근성과 편의성을 높이는 계기가 되었다. 윈스턴 처칠과 함께 영국의 위대한 수상으로 평가받는 휘그파 윌리엄 글래드스턴***은 철도회사의 설립 조건을 최소화하는 데 앞

* Suzan Major, "The million go forth: Early railway excursion crowds, 1840~1860", A thesis submitted for the degree of doctor of philosophy, The University of York, 2012, p. 18; 에릭 홉스봄, 《산업과 제국: 산업시대 영국 경제와 사회》, 전철환 옮김, 한벗, 1984, 102~108쪽; 프리드리히 엥겔스, 《영국 노동자계급의 상태》, 박준식·전병유·조효래 옮김, 두리, 1988, 54쪽; 박흥수, 《달리는 기차에서 본 세계》, 후마니타스, 2015.

** 한편, 철도와 버스 노선의 확충에도 런던의 인구가 1800년대 110만, 1830년대 190만, 1850년대 270만 명으로 빠르게 증가하고 교통량 또한 포화 상태에 이르자 "지하로 가는 기차"가 대안으로 등장했다. 1863년에는 세계 최초로 패딩턴과 패링턴 구간 5.6킬로미터를 증기기관으로 운행하는 지하철 해머스미스-시티 라인이 개통했다. 이를 필두로 매트로폴리탄 라인(1863년), 디스트릭트 라인(1868년), 이스트런던 라인(1869년), 서클 라인(1884년), 노던 라인(1890년), 워털루-시티 라인(1898년), 센트럴 라인(1900년), 베컬루 라인(1906년), 피카딜리 라인(1906년) 등이 차례로 놓였다.

*** 윌리엄 글래드스턴은 리버풀 출신으로 수상을 네 차례나 지냈다(1868~1874, 1880~1885, 1886, 1892~1894). 대학 시절에는 토리당 지지자로서

장섰다. 철도법은 철도회사가 하루에 최소한 한 번은 1마일당 1페니의 저렴한 요금으로 열차를 운행할 것과 등급에 관계없이 모든 객차에 좌석을 설치해 승객의 안전을 책임지고, 지붕을 씌워 날씨로부터 보호할 것을 포함했다. 이전까지 3등칸에는 지붕과 좌석이 없었다. 이는 '할인 열차parliamentary trains'라고 불렸다.* 그렇다고 1등칸, 2등칸, 3등칸이라는 구분이 사라진 것은 아니다. 신분에 따라 달랐던 구분이 가격표에 따른 구분으로 바뀐 것에 불과했다. 하지만 이전 승합마차 시대의 이동성과는 차원이 달랐다.

맥루한식으로 말하면 기차는 하나의 미디어이자 메시지였다. "기차는 완전히 새로운 종류의 도시와 새로운 종류의 여가를 만들어냄으로써, 그것이 등장하기 전까지 존재해왔던 인간 활동의 규모를 확대하고 속도를 가속화했다." 승합마차가 지난 시대를 상징했다면, 기차는 새로운 시대를 규정하는 기술defining technology이었다. 기차의 속도와 직진성은 꾸불꾸불한 흙길을 달리던 마차 시대의 그것과 비할 바가 되지 못했다. 기차는 여러 마을과 지역을 일일이 거칠 필요 없이 또한 지리 조건과 기후

선거법 개정 반대시위를 주도했다. 정계 입문도 토리당에서 시작했다. 하지만 정치 후원자 역할을 하던 로버트 필이 곡물법 폐지 여파로 수상직을 사임하자 곧바로 탈당했다. 이후 자유당 소속으로 네 차례 수상을 지내면서 영국의 자유주의 전성기를 이끌었다고 평가받는다.

* Mark Bailey, "The 1844 Railway Act: A violation of laissez-faire political economy?", *History of Economic Ideas* 12(3), 2004, p. 18.

조건의 한계를 뛰어넘어 이동 가능성을 혁신적으로 높였다.*

전례 없던 교통혁명으로 주체와 객체 모두 원거리로 이동할 가능성이 높아지면서,** 여가 패턴도 시공간적으로 확장됐다. 여가의 시공간이 확장됐다는 말을 달리 표현해보면, 여가를 목적으로 지역과 지역 간 사람들의 마주침이 빈번해지고 마주침의 빈도가 증가한 만큼이나 경험의 범위와 문화의 변화 속도가 넓어지고 빨라졌다는 의미다. 또한 시공간적 제약에서 벗어나 원거리로 이동할 수 있다는 그 자체가 사람들의 로망과 실천으로 등장했음을 의미한다.

사람들은 이전까지와는 비교할 수 없을 정도로 커다란 이동의 자유를 부여받았다. 기차가 닿는 해변가는 관광지가 되었고 기차가 지나가는 유적지는 유명세를 탔다. 수많은 사람들은 기차에 몸을 싣고 런던으로 당일 여행을 떠났고, 바스에서 온

---

* 증기력은 점차 지리적 제약, 자연적 장애를 제거해나갔다. 일본의 경우, 1872년 가을 도카이도 선이 놓이면서 도쿄 신바시와 요코하마 간 29킬로미터의 거리가 걸어서 7~8시간 가까이 걸렸던 것에 비해 1시간으로 줄었다. 한국의 경우 경인선(1899년)으로 제물포와 노량진 간 33.2킬로미터의 거리가 1시간 40분으로 줄었다. 한편, 영국의 경우 1836년에는 500척 이상의 증기선이 정기적으로 운행했다. 범선을 이용할 때는 50일 이상 걸리던 여행길이 기선(汽船)을 타면 15일이면 가능했다. 자세한 설명은 데이비드 하비의 《데이비드 하비의 맑스 『자본』 강의》, 375쪽과 마샬 맥루한의 《미디어의 이해: 인간의 확장》, 커뮤니케이션북스, 2011, 32쪽을 참조하라.

** 데이비드 하비, 《포스트 모더니티의 조건》, 구동회·박영민 옮김, 한울, 1989; 앤서니 기든스, 《포스트 모더니티》, 이윤희·이현희 옮김, 민영사, 1991; 스코트 래쉬·존 어리, 《기호와 공간의 경제》, 박형준·권기돈 옮김, 현대미학사, 1998, 33쪽.

천욕을, 브리스톨에서 해수욕을, 브라이트튼의 휴양지와 램즈게이트의 백사장 등에서 휴식을 취했다. 일상 속 다양한 인간 군상을 세밀하게 담는 풍경화가로 유명한 윌리엄 포웰 프리스의 〈램즈게이트 해변가〉(1854)는 철도가 놓이면서 런던에서 두 시간 거리의 당일치기 여행코스로 각광을 받은 램즈게이트 해변가 백사장에 몰려든 각지의 사람들을 잘 보여준다. 신문을 읽는 중년, 술을 마시는 사내, 아이의 발을 담그며 물놀이하는 부녀, 모래를 가지고 노는 아이들, 탈의마차에서 수영복을 갈아입는 여성들, 산책을 하는 부녀, 햇볕을 즐기는 무리, 망원경으로 바닷가를 관찰하는 노인, 응접실을 바닷가에 옮겨놓은 듯 여유를 만끽하는 중간계층 남성까지 해변의 일상을 빼곡하게 담았다. 찰스 로시터의 〈브라이튼으로 가는 3실링 6다임짜리 뒷좌석〉(1859)은 붐비는 3등칸에 몸을 싣고 여행하는 사람들의 모습을 담고 있다. 과거 귀족과 부르주아지의 전유물로만 여겨졌던 해수욕장, 온천욕장, 경마장에 대중이 전면에 등장했다. 이렇게 '여행'은 이동 가능성이 대중화된 시대의 독특한 욕망이자 실천이며 또한 제도이자 규범으로 근대사회의 핵심 특성인 이동성을 상당 정도 함유한다.*

또한 여가 이벤트의 대상은 전 국민이었고 여가 이벤트의

* Cara Aitchison, Nicola E. MacLeod and Stephen J. Shaw, *Leisure and Tourism Landscapes: Social and Cultural Geographies*, Routledge, 2002; 에릭 홉스봄, 《자본의 시대》, 정도영 옮김, 한길사, 1998, 396~397쪽; 닝 왕, 《관광과 근대성》, 이진형·최석호 옮김, 일신사, 2004, 149~163쪽; 박천홍, 《매혹의 질주 근대의 횡단》, 354~355쪽.

윌리엄 포웰 프리스의 〈램즈게이트 해변가〉(위)와 찰스 로시터의 〈브라이튼으로 가는 3실링 6다임짜리 뒷좌석〉. 철도가 놓이면서 당일치기 여행으로 각광을 받은 해변가에서 여유를 즐기는 다양한 사람들의 일상 풍경과 붐비는 3등칸에 몸을 싣고 여행하는 사람들의 모습을 볼 수 있다.

범위는 국민국가를 단위로 했다. 전통사회에서 성휴일 축제나 종교 행사, 추수제나 결혼식이 마을 주민을 대상으로 지역사회의 공동체성을 재생산하는 데 맞춰졌다면, 근대사회의 대중여가는 지역사회의 경계를 넘어 국민국가를 단위로 국민 정체성을 재생산하는 데 맞춰졌다. 지리적으로 특정 공동체를 대상으로 했던 의례적 성격의 전통여가와 달리, 대중여가는 지리적 제약에 구애받지 않고 전국을 단위로 한 이벤트였다. 대량으로 생산된 신문이나 잡지, 광고 팸플릿이나 브로슈어가 철도망을 타고 빠르게 전국으로 유통되면서 사람들은 점차 국민국가 단위의 문화권 안에 놓이게 됐다.*

---

* 오늘날 대중의 삶은 전 지구와 관계한다. 각 개인은 언제나 전 세계와 더불어 생활한다. 모든 삶이 우리를 둘러싼 세계 내에 존재하는 것이다. 자세한 설명은 호세 오르테가 이 가세트의《대중의 반역》, 역사비평사, 2011, 57쪽을 참조하라.

3

대중의 탄생, 대중여가의 반격

1851년 5월 1일 런던 하이드파크에서 열린 만국박람회는 국민국가를 단위로 한 대중여가의 시작을 알리는 일종의 신호탄이었다. 물론 만국박람회는 전 국민을 대상으로 했을 뿐만 아니라 전 세계를 대상으로 볼거리를 제공했다. 만국박람회의 별칭인 수정궁crystalpalace은 개최 연도에 맞춘 1,851피트(564미터) 길이의 철골구조와 유리로 지은 데서 따왔는데* 이는 완전히 새로운 방식의 건축물로 대영제국의 과학기술과 신문물을 뽐내고 영

* 만국박람회의 전시장은 온실 설계 및 조경 전문가였던 조셉 팩스턴이 설계했다. 건물은 벽돌 한 장 사용하지 않고 철골과 유리로만 지어졌다. 건물의 좌우 길이는 개최 연도인 '1851'에 맞췄고, 높이는 41미터에 달했다. 디자인 공학의 구루로 알려진 헨리 페트로스키는 "팩스턴이 설계한 온실이나 박람회장은 전혀 전통적인 방법으로 만든 건축물이 아니었다. 그것은 20세기 건축가와 공학자에게 새로운 방향을 제시했다"고 평가한다. "처음으로 금속과 유리를 사용해 만든 수정궁은 런던과 전 세계의 마음을 사로잡을 만큼 새로운 것이었으며, 표준 규격의 부품으로 만든 최초의 조립식 건물이었다"고 말한다. 자세한 설명은 헨리 페트로스키의《인간과 공학 이야기》, 지호, 1997을 참조하라.

조지 크룩생크의 〈런던, 1851〉(위)과 〈맨체스터, 1851〉. 〈런던, 1851〉은 박람회로 향하는 수많은 사람들의 행렬로 런던 시내가 미어터져 온동 뒤죽박죽될 것이라는 우려를 담고 있다. 이에 반해 맨체스터조차 거리가 텅 비었다고 묘사할 정도로 수정궁의 열기는 뜨거웠다.

국이 '세계의 공장'임을 널리 알리는 데 일조했다.

당시 수정궁을 찾은 관람객은 5개월 보름 동안 600만 명에 달했다. 이는 당시 런던 인구 270만 명의 두 배를 훌쩍 넘는 수치이자 영국 인구의 3분의 1에 해당하는 것이었다. 최고치를 기록했던 10월 7일 입장객 수는 약 11만 명에 육박했다. 하루 평균 입장객도 자그마치 4만 명에 이르렀다.* 헨리 메이휴가 쓴 코믹 소설《1851: 샌드보이즈 가족의 모험》에 실린 풍자화가 조지 크뤽생크의 삽화 〈런던, 1851〉(1851)은 박람회로 향하는 수많은 사람들의 행렬로 런던 시내가 미어터져 온통 뒤죽박죽될 것이라는 우려를 담고 있는데, 그 정도로 수정궁의 열기는 뜨거웠다.**

여기서 근대여가의 특징을 또 하나 꼽을 수 있다. 여가가 민주화democratization of leisure되었다는 점이다.*** 근대여가는 귀족층

* 요시미 순야,《박람회: 근대의 시선》, 이태문 옮김, 논형, 2004, 48~59쪽.

** Henry Mayhew and George Cruikshank, *1851: or, The adventures of Mr. and Mrs. Sandboys and family, who came up to London to "enjoy themselves", and to see the Great Exhibition*, D. Bogue, 1851, p. 59; Rebecca Jennings, "1851: or, The adventures of Mr and Mrs Sandboys and family", University of Reading Special Collections Services, 2008, p. 6. 〈런던, 1851〉은 당시 대중적으로 인기를 끌었던 삽화 잡지《펀치》(1841~2002)의 창간자인 헨리 메이휴가 쓴 코믹 소설《1851: 샌드보이즈 가족의 모험》의 판본 58쪽과 59쪽 사이에 실린 삽화다. 조지 크뤽생크(1792~1878)는 찰스 디킨스의《올리버 트위스트》(1837)의 삽화를 그린 것으로도 유명하며 "현대의 호가스"로 불린다. 재밌는 것은 그의 아버지 아이작 크뤽생크(1764~1878)와 그의 형 로버트 크뤽생크(1789~1856) 또한 풍자화가란 사실이다. 이들의 풍자화를 시간순으로 놓고 훑는 것으로도 빅토리아 시대의 시대상은 물론 근대사회로의 이행을 그림으로 읽을 수 있다.

*** 기차 여행은 전통사회의 '내외법'도 흔들었다. 기차에는 남자칸, 여자칸이 따로 없었기에, 외간 남자와 여자가 서로 얼굴을 마주보고 앉아야 했다. 이에 양반네들은 "빠르기는 하다마는 내외법을 모르는 상놈"이라 꾸짖었다고 한다. 최남선의 〈경부철도가〉(1908)는 기차 여행이 만들어낸 새로운 세계를 읊었다. "늙은이와 젊은이 섞어 앉았고/ 우리내외 외국인 같이 탔으나/ 내외친소 다 같이 익혀 지내니/ 조그마한 딴세상 절로 이뤘네." 1884년부터 22년 동안 조선에서 선교사와 의사로 활동한 미국인 호레이스 알렌의《조선견문록》은 기차 풍경을 재밌게 풀어낸다. "열차는 귀족이라

의 식도락 여행, 순례자들의 성지순례, 지도제작자들의 탐험, 무역상들의 항해, 사신단의 파견, 상류층 자제의 그랜드투어 같이 특정 집단이나 계층에 제한된 형태가 아니라, 승차권만 있으면 누구나 기차를 타고 런던의 도시 풍경, 브리스톨의 해변 풍경을 맛볼 수 있고, 입장권만 있으면 수정궁의 별천지를 구경할 수 있는 형태로 대중화되었음을 의미했다.

당시 맨체스터와 런던 간 편도 요금이 15실링이었는데, 근대 여행의 아버지라 불리는 토머스 쿡은 왕복 티켓값을 5실링으로 낮춘 '런던 여행' 패키지 프로그램을 내놓았다. 또한 1실링의 입장료만으로도 수정궁의 분위기를 맛볼 수 있는 상품을 조직했다. 물론 객차의 등칸 구분이 없었던 것은 아니었다. 또한 전시장의 모든 구역을 충분히 구경할 수 있는 티켓은 아니었다. 가격별, 계층별로 입장하는 구역과 요일이 다르게 정해져 있었다. 그렇지만 박람회의 실링 데이 첫날, 전시장으로 몰려드는 입출구의 왁자지껄한 풍경을 담은 조지 크뤽생크의 〈실링 데이 첫날: 입출구〉(1851)는 계급과 신분, 종교와 지역, 성별과 나이를 불문하고 수정궁 관람이 열풍이었음을 보여준다.*

할지라도 시간이 늦은 사람은 기다리지 않는다. 양반의 하인이 요청을 해도 늑장을 부리지 않는다." 자세한 내용은 박천홍의《매혹의 질주 근대의 횡단》, 354쪽을 참조하라.

* Henry Mayhew and George Cruikshank, *1851: or, The adventures of Mr. and Mrs. Sandboys and family, who came up to London to "enjoy themselves", and to see the Great Exhibition*, p. 153; Rebecca Jennings, "1851: or, The adventures of Mr and Mrs Sandboys and family", p. 7; 요시미 순야,《박람회: 근대의 시선》, 67쪽;

조지 크뤽생크의 〈실링 데이 첫날: 입출구〉. 전시장으로 몰려드는 입출구에 계급과 신분, 종교와 지역, 성별과 나이를 불문하고 많은 사람들이 몰려든 것을 볼 수 있다.

각 지역의 사람들은 수정궁에 몰려들어 '보는' 주체로서 물질적 기대와 상상력을 증폭시켰으며 '찬연한 빛의 세계'를 엿보았다.* 수정궁은 도시 부르주아계급은 물론 노동자 민중을

설혜심, 《그랜드투어》, 웅진지식하우스, 2013, 349쪽. 당시 영국의 화폐 단위는 파운드, 실링, 펜스였고, 1파운드는 20실링, 1실링은 12펜스였다. 별개의 단위로 기니가 있었는데 1기니는 1파운드 1실링(21실링)이었다. 1971년부터는 실링이 사라지고 1파운드=100펜스로만 쓴다.

'근대의 유토피아' 속으로 강렬하게 빨아들였다. 물론 구매력이 떨어지거나 소비 여력이 없는 하층 노동자나 빈민은 접근할 수 없었다. 그렇지만 수정궁의 열풍은 전국의 모든 계층을 휘감았다.

〈런던, 1851〉과 〈실링 데이 첫날: 입출구〉에서 보듯 수정궁을 보기 위해 몰려든 군중의 풍경은 '대중mass'의 사회문화적 기원을 엿볼 수 있는 지점이기도 하다. 런던행 기차에 몸을 싣고 대도시로 몰려든 수천수만의 사람들은 수정궁 주변의 번화가에서 서로 뒤섞였다. 이들은 지위, 계급, 직업, 학력, 재산, 지역 등 사회적 속성으로 특정할 수 없는 불특정 다수로 이루어진 집합체였다. 여러 무리의 사람들은 거리, 광장, 공원, 기차역, 해변가, 휴양지, 극장, 미술관, 박물관, 전시회의 전면에 드러나기 시작해 장소를 차지하고 시설을 이용하면서 과거 소수 특정 계층의 전유물이던 유희를 즐겼다. 전시장은 더 이상 특정 계층의 전유물이 될 수는 없었다. 대중여가의 반격이 시작된 것이다. 오르테가 이 가세트는 이런 무정형적으로 밀집한 불특정 다수의 군중이라는 현상 자체를 대중사회의 특징으로 보았다.**

---

* 볼프강 쉬벨부쉬, 《철도 여행의 역사》, 박진희 옮김, 궁리, 1999, 59~69쪽.

** Raymond Williams, "Masses", *Keywords: A Vocabulary of Culture and Society*, Fontana Press, 1983; 호세 오르테가 이 가세트, 《대중의 반역》, 18~23쪽; 이영석, 〈19세기 런던: 사회사적 풍경들〉, 《안과밖: 영미문학연구》 9호, 2000; 박천홍, 《매혹의 질주 근대의 횡단》, 195쪽.

4

여가 산업, '풍요로운 미래'라는 이데올로기

만국박람회를 비롯해 여가 이벤트가 제공하는 스펙터클은 대중의 시각적 욕망을 사로잡았다.* 산업 도시를 배경으로 한 드라마 〈북과 남〉(2004)을 보면, '거대하고 휘황찬란한 크리스털 창유리가 구름 너머까지 닿을 듯한 유리 성당'을 바라보는 사람들의 눈빛에는 경외와 호기심으로 가득했다.** 영국 최초의 백화점을 소재로 한 드라마 〈파라다이스〉(2012) 또한 백화점이 만들어낸 상품 낙원의 알록달록한 풍경이 당시 구경꾼의 호기심과 욕망을 어떻게 빨아들이는지 생생하게 그렸다. 새로움에 대한 호기심 섞인 말들은 빠른 속도로 퍼져나갔다.***

---

* 데이비드 하비, 《모더니티의 수도 파리》, 김병화 옮김, 생각의나무, 2005, 318쪽.

** 앨리자베스 개스켈의 《북과 남》(1855)을 원작으로 BBC에서 2004년 방영한 4부작 시대극 드라마다. 1850년대 대규모 기계제 공업이 확산되던 산업 도시를 배경으로 자본가들과 노동자들 간의 갈등을 다각도로 풀어낸다. 그해 시청자가 꼽은 최고의 드라마에 올랐다.

*** 에밀 졸라의 《여인들의 행복 백화점》(1883)을 원작으로 한 시대극으로 1870년대 영국 최초의 백화점 '더 파라다이스'를 배경으로 한다. BBC에서

전통이나 관습, 종교에 기반을 두었던 여가 축제는 시간이 흐르면서 상품화된 여가 이벤트로 빠르게 변해갔다. 여가 이벤트는 기업, 미디어, 정치 등이 복잡하게 얽혀 조직됐고 거대해진 여가 '산업'에 의해 생산됐다. 전국으로 대량 유통된 광고 팸플릿은 소비 욕망을 자극했다. 여가가 '산업'이자 '소비'의 대상으로 변모해간 것이다. 이렇게 상품의 세계에서 여가는 상품소비로 등치됐다. 여가 장면은 더 이상 전통적인 의례의 시공간이 아니라 산업의 논리, 자본의 논리, 소비의 논리 나아가 제국의 논리가 관통하는 지점이었다.

상품화된 여가, 소비적인 여가 어디에나 가득 차 있는 이데올로기는 '자유'와 '탈출' '풍요'와 '번영' 신화다. 전국 단위로 대량 판매되기 시작한 신문이나 잡지의 광고는 궁핍한 현실을 벗어나 꿈나라에 도달할 수 있다는 판타지를 끊임없이 자극했다. 광고와 미디어가 그려낸 여가의 세계는 고된 일상과는 다른 색다른 매력의 탈출과 대리 경험을 제공했고, 여가 상품과 이벤트를 통해 풍요의 세계를 맛볼 수 있다는 판타지를 심어주었다. 그 안에는 '풍요로운 미래'라는 이데올로기가 짙게 깔려 있었다. 사람들은 여가 산업이 쏟아내는 휘황찬란한 상품들의 우주를 항해했다.*

상품화가 진전되면서 여가 장면의 주체와 객체는 모두 구

2012년 처음 방영한 후 시즌2까지 마쳤다. 드라마는 백화점이 성장해가는 과정과 동시에 주변 장인들의 수공예 가게들이 스러져가는 과정을 디테일하게 교차시키고 있다.

경거리로 대상화되어갔다. 여가 이벤트는 물론 수많은 구경꾼의 행렬 또한 진기한 구경거리였다. 물질적 풍요 속에서 사람들은 새로운 상품들을 욕망하는 대중 소비자로 호명됐다. 런던의 이스트 엔드 같은 주변부는 도시 빈민들로 넘쳐났고 하층 노동자들은 열악한 위생 상태와 치안 상태로 각종 질병과 범죄에 노출됐다. 그럼에도 풍요의 기운은 대중의 욕망을 사로잡기에 충분했다. 상품의 물결은 상류층이나 중간계층뿐만 아니라 노동자 민중에게까지 흘러들었다.**

수정궁은 '보는' 주체를 만드는 동시에 대영제국이라는 상상의 공동체를 엮어내는 매개체였다. 마르크스주의 역사가 에릭 홉스봄은 수정궁을 자본주의의 세계적 승리를 자축하는 예식으로 그야말로 대영제국의 제전이었다고 지적한다. 영국이 '세계의 공장'임을 선전하는 무대이자 대영제국의 풍요로움을 선전하는 전시 이벤트였다는 것이다. 수정궁은 제국주의적 영광을 구현하는 시각의 전시장이자 자본주의의 이해를 대변하는 국가장치가 되었다.*** 여가 이벤트와 국가의 상징 전략이 긴밀하게 연동됐던 지점을 잘 보여주는 대목이다. 여가 이벤트를

---

* Chas Critcher, "The politics of leisure: Social control and social development", *Work and Leisure: The Implications of Technological Change*, Tourism and Recreation Research Unit Conference Proceedings, Edinburgh. TRRU 4, 1982, pp. 51~52.

** 요시미 순야, 《박람회: 근대의 시선》, 71~72쪽.

*** 에릭 홉스봄, 《자본의 시대》, 121쪽; 박천홍, 《매혹의 질주 근대의 횡단》, 254~288쪽.

매개로 한 지배권력의 미시적인 권력 작용을 탐색해야 하는 이유가 여기에 있다.

5

새롭게 등장한 정상의 범주

19세기 중반 들어서면서 대중을 대상으로 한 여가 프로그램이 제도적으로 규격화됐다. 여행을 예로 들면 기차, 버스, 증기선 등 대중교통을 이용한 패키지 프로그램들이 대거 등장했다. 프로그램은 거리, 시간, 요일, 일정, 객차, 목적지에 따라 매뉴얼화됐다.

일제 식민지 시기, 제물포와 노량진 간의 경인선(1899)을 비롯해 경부선(1905), 경의선(1906)이 놓이면서 식민 당국은 철도를 따라 새로운 형태의 위락시설들을 세웠고 패키지 형태의 오락 프로그램들을 쏟아냈다. 벚꽃구경, 달맞이, 해수욕, 온천여행, 금강산 관광, 동물원 관람 등은 당시 인기가 많았던 기차 소풍 프로그램이었다.

기차 소풍과 연계한 온천 여행은 주목받았던 프로그램 가운데 하나다. 총독부가 발행한 월간지《조선》(1926)이나 철도청이 발간한《온천안내》(1931)가 소개하는 동래온천, 해운대온천(부산), 유성온천(대전), 신천온천, 삼천온천, 달천온천(황해), 양

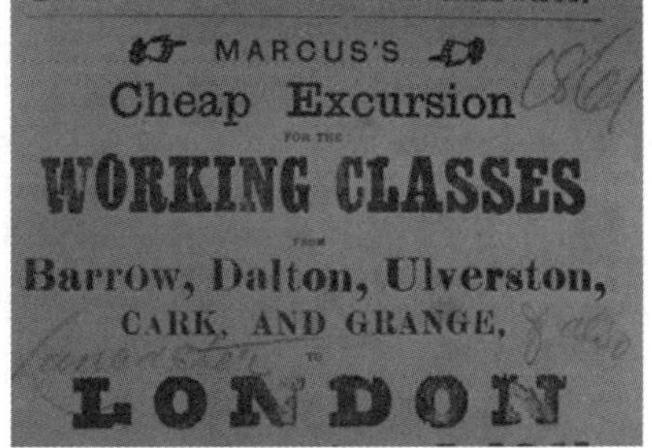

초기의 기차와 기차 여행 이미지.* 토머스 쿡은 1841년 레스터에서 러프버러까지 19킬로미터를 달리는 유람 열차를 운영했다. 1844년 철도법 이후에야 낮은 등급의 객차에도 지금과 같이 지붕을 만들어 승객을 보호할 것을 의무화했다. 전단지는 싼값의 런던행 여행 기차표를 홍보하고 있다.

덕온천(평남), 온정리온천(금강산), 주을온천(함북) 같은 대표적인 온천지들은 가격별, 요일별, 계절별 패키지 프로그램을 내놓았다.**

---

* 초기 기차의 이미지는 www.liverpool-city-group.com을 참조, 홍보 포스터 이미지는 Suzan Major의 "The million go forth: Early railway excursion crowds, 1840~1860"(2012)을 참조했다.

대중 여행을 제도화하는 데 앞장선 토머스 쿡의 사례를 보자. 그는 1841년 6월 5일 레스터에서 러프버러까지 19킬로미터를 달리는 열차를 전세 내 570여 명의 여행단으로 꾸려진 유람열차를 조직했다. 티켓값은 1실링이었다. 그는 세계 최초의 여행사를 설립하고 철도회사와 제휴해 패키지 프로그램을 내놓은 것으로도 유명하다. 1851년 런던 하이드 파크에서 만국박람회가 열리자 런던까지 가는 '런던 여행' 테마 프로그램과 '당일 소풍'이라는 단체 프로그램을 기획했다. 토머스 쿡은 잉글랜드 각지를 돌며 '런던 여행' 티켓만으로 노동자들이 박람회를 견학할 수 있다고 선전했다. 1855년에는 파리 만국박람회를 관람하기 위한 여행 프로그램을 내놓았다. 앤트워프, 브뤼셀, 쾰른, 프랑크푸르트, 하이델베르크, 스트라스부르를 거쳐 파리 만국박람회까지 이어지는 최초의 대륙 여행이었다. 이후 1865년에는 미국 여행 패키지 상품을, 1869년 수에즈 운하가 개통하자 이집트 여행 상품을 선보였고 1872년에는 최초의 세계 일주 여행 상품을 출시했다.***

기차를 매개로 인류의 거대한 이동이 시작되었고 대중 여행이 본격화되었다는 점을 강조한 영국의 사회학자 존 어리는 20세기 자본주의를 포드주의라고 설명하기보다는 대중 여행을

** 다케쿠니 토모야스, 《한국 온천 이야기》, 소재두 옮김, 논형, 2006, 193쪽.

*** Jill Hamilton, *Thomas Cook: The Holiday-Maker*, Natl Book Network, 2005; 요시미 순야, 《박람회: 근대의 시선》, 69쪽; 설혜심, 《그랜드투어》, 346~349쪽.

성공적으로 제도화한 토머스 쿡의 이름을 빌려 쿡주의Cookism라고 묘사하는 것이 낫다고 말한다. 기차 여행은 단지 여행 거리를 늘리기만 한 것이 아니다. 기차 여행은 자연 경관을 빠르게 지나가고 쉬이 사라지는 파노라마로 인식하게 했고 세계를 경험하는 방식과 심미감까지 변화시켰다. 기차시간표를 비롯한 근대적 시간감각은 우리의 머리와 혀에 익숙할 정도로 빠르게 녹아들었고 일상 풍경을 바꿔놓았다.*

규격화/제도화의 양상을 더 구체적으로 확인할 수 있는 방법은 전통사회의 몹 풋볼mob football과 현대 축구association football를 비교하는 것이다. 몹 풋볼은 마을 광장이나 시장 주변, 이곳저곳의 공터에서 벌어졌다. 공터는 아이들이나 젊은이들이 뛰어놀 수 있는 놀이터이자 운동장이었다.** 시설이 따로 마련되어 있지는 않았고, 누구나 특별한 제한 없이 참여할 수 있었다. 그냥 그 마을 사람이면 됐다. 이 마을과 저 마을 간 사람들이 벌이던 집단적인 시합이었다. 경기는 비정기적이었고 보통은 축제나 장날 같은 날에 주로 열렸다. 게임은 종교적 의례이자 지역 단위의 축제였다. 일요일에는 당연히 제한되었다. 축제 기간에

* 스코트 래쉬·존 어리, 《기호와 공간의 경제》, 382~387쪽; 박천홍, 《매혹의 질주 근대의 횡단》, 357쪽.

** 공터는 가난한 사람들이 당나귀나 돼지, 혹은 몇 마리의 오리를 키울 수 있는 일종의 공유지commons였다. 그러나 이 모든 것이 금지의 대상이 됐다. 의회는 매 회기마다 공유지를 폐쇄하는 일련의 법안들을 통과시켰다. 의회의 자본가들은 공유지를 하나하나 빼앗아 건물용지로 사용했다. 배제의 원리가 철저하게 관통해나갔다. 자세한 설명은 프리드리히 엥겔스의 《영국 노동자계급의 상태》, 332쪽을 참조하라.

는 경기가 계속 이어졌다. 경기 시간은 일정하지는 않았다. 인원수는 특별한 규정이 없었다. 공의 개수도 마찬가지였다. 골키퍼도 따로 없었다. 경기운영을 위한 특별한 행정 체계가 따로 갖춰지지 않았다. 문서화된 규칙도 없었다. 폭력과 도박은 게임의 일부였다. 음주도 가능했다. 많은 사람들이 뒤엉켰기에 부상자가 속출한 것은 물론이고 사망자도 발생했다. 로버트 크뤽생크의 〈축구〉(1825)는 전통 축구의 면면을 잘 보여준다.*

반면 19세기 중반 이후 지역과 지역 간 대항전이 많아지면서 지역마다 제각각이었던 규칙들을 표준화할 필요성이 높아졌다. 현대 축구는 협회association를 중심으로 전국 단위의 표준 규

---

* 몹 풋볼 형태의 전통 축구를 확인할 수 있는 사례로 슈로브타이드 풋볼Shrovetide football이 있다. 슈로브타이드는 사순절이 시작되는 재의 수요일 직전 참회의 3일Shrovetide을 칭한다. 재의 수요일은 종이에 자기 죄를 쓴 '죄 목록'을 불태우는 관행에서 비롯됐다. 재의 수요일 직전 사흘간의 참회일을 각각 참회주일, 참회월요일, 참회화요일이라 부르는데 이 3일 가운데 참회화요일은 사순절 단식이 시작되기 전날로 모든 요리용 지방을 다 써버리는 날이라 해서 '게걸스럽게 배불리 먹으며' 성대하게 축제를 벌인다. 이를 지역에 따라 마르디 그라Mardi Gras, 팬케이크 데이, 기름진 화요일이라 일컫는다. 많은 마을에서는 참회화요일을 기리는 게임으로 팬케이크 레이스나 몹 풋볼을 진행했다. 그러던 것이 19세기 중반을 지나면서 슈로브타이드 풋볼은 거의 사라졌다. 1835년 도로법Highway Act이 제정되면서 윗 마을 사람들과 아랫 마을 사람들 간 공터나 대로변에서 벌이던 몹 풋볼은 불법으로 규정됐다. 공공 도로에서 축구를 하면 40실링의 벌금을 물어야 했다. 한편, 현대에도 전통적 형태의 몹 풋볼을 볼 수 있는데, 안윅, 애쉬본, 애더스톤, 성콜롬메이저, 세지필드 등지에서는 전통 축구를 부활시켜 연례 이벤트 형태로 슈로브타이드 풋볼을 진행하고 있다. 관련 다큐멘터리로 애쉬본의 로열 슈로브타이드 풋볼을 기록한 피터 박스터 감독의 〈와일드 인 더 스트리츠〉(2012)가 있다.

칙을 만들었다. 경기는 전문적인 클럽이나 규격화된 경기장에서 열렸다. 선수 자격을 갖춘 전문 팀도 생겼다. 특정 계층에 제한적인 것이 아니라 모든 계층이 즐겼다. 계절에 영향을 받기보다는 여름이나 겨울에도 정기적으로 열렸다. 경기 시간은 일정해졌다. 선수의 수는 사이드당 11명으로 제한됐다. 공의 개수는 하나로 정해졌다. 골키퍼가 도입됐다. 행정 체계도 체계를 갖췄다. 경기는 명문화된 규칙에 따라 표준화됐다. 심판이 생겼고 경기의 규칙을 관장했다. 페어플레이와 스포츠맨십을 강조했다. 팀내 선수들의 역할은 포지션에 따라 분명해졌다. 단순히 힘보다는 체력과 기술, 교육과 훈련을 중시했다. 폭력과 도박, 음주는 철저히 금지했다. 정강이를 걷어차거나 상대를 붙들거나 찌르는 건 허용되지 않았다. 그것은 '비신사적'이었다. 이때부터 축구를 신사의 스포츠라 부르기 시작했다.

로버트 크뤽생크의 〈축구〉는 몹 풋볼의 면면을 잘 보여준다. 많은 사람들이 뒤엉키는 형태의 몹 풋볼에서는 부상자가 속출했다. 이에 반해 현대 축구는 정강이를 걷어차거나 상대를 붙잡거나 찌르는 등의 폭력은 철저히 금지했다.

규격화된 경기의 규칙 아래에서 폭력성은 철저히 제한됐다. '절제되지 않고 규칙에 부합하지 않는' 폭력은 배제되어야 했다. 상대방의 정강이를 걷어차는 행위 즉 해킹hacking은 이전까지 용맹스러움을 표현하는 방식이었지만 표준 규칙이 제정되면서 그것은 비신사적인 행위로 처리됐다. 물론 '자격 있는' 폭력은 가능하다. 다시 말해 폭력성은 경기 규칙이 용인하는 수준에서만 허용된다는 이야기다. 무절제한 폭력으로 인한 신체 훼손은 노동력으로 전환되어야 할 에너지의 낭비로 여겨졌다. 이제 허용된 규칙을 넘어서는 폭력은 비정상으로 분류되고 또는 범죄로 처리되었다.* 독일의 역사사회학자 노베르트 엘리아스의 표현대로 규칙과 규범에 따라 본능적인 감정 분출을 억제하는 육체를 '문명화된 신체'라 일컬을 수 있는데, 규격화된 형태의 대중여가 프로그램들은 문명화된 신체를 요구했다.** 이는 새롭게 등장한 정상의 범주였다.

---

* Norbert Elias and Eric Dunning, "The quest for excitement in leisure", Ibid., p. 72.

** 크리스 로젝, 《자본주의와 여가이론》, 244~249쪽.

3장

교양 시민 만들기

1

동물싸움, 사회적으로 허용되던 오락

고야의 그림과 피카소의 그림에는 유독 투우corridas가 자주 등장한다. 〈보르도의 황소〉(1825)와 〈투우〉(1934)가 대표적이다. 투우의 고장에서 자란 탓도 없지 않겠지만 그것은 투우를 통해 시대상을 담으려 했던 그 시대의 예술적 표현이 아닐까 싶다. 헤밍웨이는 투우를 "죽음의 위험을 무릅쓰는 유일한 예술"이라고 말할 만큼 투우에 심취했다. 그는 스페인 남쪽 론다에서 보내며 투우를 소재로 죽음과 글쓰기에 대한 책 《오후의 죽음》(1932)을 내기도 했다. 이들 모두에게 투우는 일상이자 문화, 삶과 죽음의 드라마, 자존심과 영혼, 열정이자 예술로 그려졌다. 한편, 프랑코 정권은 영화와 축구처럼 투우를 사회적 안정제이자 민족 정체성을 끌어올리는 수단으로 적극 동원했다. 이후에도 스페인 중앙정부는 예술작품들을 인용하며 전통과 예술로서 투우를 유네스코 세계문화유산으로 등재하는 것을 추진한 바 있다.

투우를 둘러싼 가치투쟁(전통문화 대 동물 학대), 지역 갈등

고야의 〈보르도의 황소〉(위)와 피카소의 〈투우〉. 전통이자 의식, 오락이자 스포츠, 열정이자 예술로 여겨지던 투우는 최근 동물 학대 등의 이유로 폐지되어야 할 운명에 처했다. 스페인에서는 투우를 둘러싼 가치투쟁(전통문화 대 동물 학대), 지역 갈등(중앙정부 대 분리독립 운동 지역), 세대 갈등(전통 스포츠 지지층 대 현대 스포츠 팬)이 거세다.

(중앙정부 대 분리독립 운동 지역), 세대 갈등(전통 스포츠 지지층 대 현대 스포츠 팬)은 오래됐다. 그런데 최근 들어 투우를 둘러싼 논란이 더욱 거세졌다. 논란은 2015년 지방선거에서 집권한 좌파 지

방정부가 투우 관련 재원 지원을 중단하고 나섰기 때문이다. 마드리드와 발렌시아 시장은 당선 직후 동물 친화 도시를 표방하면서 투우 학교와 투우 경기에 보조금을 지원하지 않겠다고 밝혔다. 마드리드는 2016년부터 투우 학교에 매년 지원하던 60만 유로의 보조금을 중단했다. 발렌시아 지방의 알리칸테 주는 투우의 완전 금지를 묻는 주민투표를 시행할 예정이다. 이미 알리칸테는 황소와 사람들이 뒤섞여 좁은 골목길을 달리는 소몰이 축제를 사이클 경주로 교체했다. 발렌시아의 또 다른 도시 알시라는 소몰이 축제를 열지 않기로 했다. 간디아 시도 투우를 금지했다.

일찍이 카탈루냐 지역은 '투우가 잔인한 동물 학대일 뿐 시대에 뒤떨어지는 야만적인 스포츠'라며 폐지를 요구하는 주민 18만 명의 서명으로 '투우금지법'(2010)을 통과시켰다. 바르셀로나 모누멘탈 투우 경기장에서 2011년 9월 25일 치러진 시즌 마지막 경기를 끝으로 '전통이자 의식' '오락이자 스포츠' '산업이자 일자리' '열정과 예술', 한때는 '국민 스포츠'로 불렸고 세계문화유산으로 등재하려 하기까지 했던 투우는 2012년부터 카탈루냐 전역에서 공식 금지됐다. 한편, EU는 공동농업 정책에 따라 회원국에 EU농업지원금을 지원하고 있었는데, 2015년 10월 유럽의회는 스페인의 투우 지원에 사용되고 있던 EU농업지원금을 중단한다는 투표를 진행했다. 결과는 687명의 의원 가운데 찬성이 439명으로 월등히 높았다.*

스페인의 투우는 '사회적으로 허용되던 오락'이 비정상으로 범주화되는 과정을 보여주는 현재의 사례다. 물론 민속경기 또는 지역 축제 형태로 현재 진행 중인 동물싸움도 있다. 한국 청도의 소싸움을 비롯해, 필리핀 마닐라의 닭싸움, 멕시코 캄페체의 닭싸움, 중국 허난성의 양싸움, 귀주성의 돼지싸움, 북경·상해·항주의 귀뚜라미싸움, 터키 셀쿡의 낙타싸움, 아프가니스탄 마자리샤리프의 양싸움 등 다양하다.

1991년 동물보호법 제정 이후 한국에서도 전통문화 대 동물 학대 논쟁이 끊이지 않는다. 특히 2008년 개정 동물보호법에 따라 모든 동물싸움을 학대 행위로 간주하면서 동물을 대상으로 한 오락을 둘러싼 논쟁이 뜨겁다. 개정법은 '도박, 광고, 오락, 유흥 등의 목적으로 동물에게 상해를 입히는 행위는 금지'했다. 이에 따라 투계대회를 열었던 진주 논개제, 순천 낙안읍성민속대회, 함평 나비축제, 평창 효석문화제, 논산 딸기축제, 부산 강서축제, 안성 남사당배투덕이축제, 춘천 김유정문학제, 경주 보문단지축제에서의 닭싸움은 금지됐다.** 그러나 소싸움은 가능하다. '지방자치단체장이 주관하고 농림부장관이 고시한 지역의 민속 소싸움은 동물 학대행위에서 예외로 둔다'는 예외 조항을 달았기 때문이다. 소싸움은 민속경기로 인정되는 것은 물론 정부 지정 10대 관광축제로도 선정됐다. 이에 닭싸움, 말싸움, 개

* 〈투우는 동물 학대, 스페인 좌파 지방정부 폐지 앞장서〉,《연합뉴스》, 2015.8.4.; 〈동물자유연대, 소싸움진흥법 발의안 즉각 폐기해야〉,《뉴스1》, 2015.11.12.; 〈설 자리 좁아지는 투우… 이러다 소멸?〉, KBS, 2016.3.5.

** 동물보호연합, 〈동물보호법으로 내년부터 투계대회 못 열어〉, 2008.2.28.

싸움 등을 주관하는 관련 단체들은 소싸움처럼 민속경기로 인정하라고 촉구하고 있는 중이다. 이때마다 전통 오락 대 동물 학대 담론 간의 논쟁이 치열하게 벌어진다. 2015년에는 유성엽 등 12명의 의원이 전통문화의 체계적인 지원을 목적으로 하는 '민속 소싸움 진흥법'을 발의했다. "민속 소싸움은 우리 고유의 전통문화로 체계적인 지원을 통해 전통문화의 계승과 축산 발전을 도모해야 한다"는 입장이다. 이에 케어, 카라, 동물자유연대 등 동물보호단체들은 일제히 반대 목소리를 냈다. "600킬로 안팎의 황소들이 머리를 들이대고 짓이기는 과정에서 상해를 입기 때문에 동물 학대에 해당하며 고유 전통으로 정당화할 수 없다"는 것이다.

더 신나는 스포츠

동물을 대상으로 한 오락 대부분은 근대사회로 접어들면서 금지됐다. 대략 19세기 초반부터 사라졌다. 이전까지 동물싸움은 사실 '인기 많고 사회적으로 허용되던' 오락·스포츠였다. 곰 곯리기, 소 곯리기, 돼지 곯리기, 오소리 곯리기, 수달 곯리기, 원숭이 곯리기, 쥐 곯리기 또는 닭싸움이나 개싸움 등의 동물싸움은 꽤 성행한 구경거리였다.

1830년대 초반까지도 메가 이벤트 형태의 동물싸움은 광장 주변이나 대로변 또는 선술집 앞에서 자주 볼 수 있었다. 전문경기장에서 열리는 곰 골리기, 닭싸움, 원숭이 골리기의 메인 이벤트는 매회 만원이었다. 조지 크뤽생크의 〈곰 골리기 관람〉(1822)은 골리기 게임의 인기를 실감케 한다. 경기장 규모, 관중 수, 운영진 수, 경기 장비를 보면, 지금의 대형 스포츠 이벤트와 크게 다르지 않아 보인다. 곰 골리기는 시장 취임을 축하하기 위한 의전 행사로도 많은 마을에서 열렸다. 비용 면에서 곰 골리기는 값비싼 메가 이벤트였다. '더 신나는 스포츠'로 여겨졌고 꽤 인기 있었던 전용시합장bear garden의 곰 골리기 풍경을 보자.*

> 시합은 쇠사슬에 묶여 있는 곰에게 네댓 마리의 사냥개를 풀어 공격케 하는 일로 시작된다. 곰은 흔히 첫 번째 공격에서 한두 마리의 개를 앞발로 내려쳐서 죽인다. 나머지 개들은 거리를 두고 곰을 향해 마구 짖어댄다. …… 싸움 사이의 휴식시간은 길지 않다. 새로운 개들이 나와서, 죽거나 부상당한 개들을 대신해 계속하다보면 마침내 곰은 개들에게 굴복하거나 더 이상 대항할 수 없게 된다. 곰이 죽거나 불구가 되면 다른 곰이 나와서 게임은 계속된다. …… 곰 놀기리는 때로 눈먼 곰을 구경시켜주는 일로 변화를 주기도 했는데, 그 곰은 긴 사슬로 말뚝에 묶여 채찍을 든 사람들의 공격을 당했다.

---

* 김라옥, 〈말볼리오와 곰 놀리기 시합〉, 《Shakespeare Review》 39호 4권, 2003, 750쪽 재인용.

곰 곯리기가 꽤 인기 있었지만 소 곯리기가 좀더 일반적이었는데, 선술집 주인들은 황소를 대여해 술집 홍보를 위한 곯리기 이벤트를 열기도 했다. 소 곯리기의 일반성을 보여주는 또 하나의 사례로 개의 품종 개량을 들 수 있다. 불독은 바로 황소 곯리기를 하기 위해 개량된 견종이다. 불독의 '납작한 코'는 소를 오래 물고 있어도 쉽게 숨 쉴 수 있도록 선택적으로 교배해 만든 것이다. 소가 쓰러질 때까지 오래 물고 있는 개들의 주인에게 배당금이 주어졌기 때문이다. 불테리어나 상대의 몸에 구멍이 날 정도로 물어뜯는 것으로 악명 높은 핏불테리어도 싸움용으로 개량됐다. 황소를 잡기 위해 개량한 견종에 불독Bulldog이라는 이름을 붙일 만큼 곯리기는 인기였다. 소를 도살하기 전 곯리기를 하지 않으면 벌금을 매겼을 정도로 소 곯리기는 일반적이었다.*

장날이나 축제 때보다 일상적이면서 인기 있던 오락·스포츠는 단연 투견와 투계였다. 투견이 성인의 스펙터클한 오락이라면 닭을 과녁 삼아 맞히는 놀이는 어른, 아이, 여성 할 것 없이 값싸게 즐길 수 있는 흥미진진한 게임이었다.** 윌리엄 호가

---

* 최근 불독의 극단적인 신체적 특징은 개의 건강과 행복을 위해 치료되어야 할 것으로 이야기되고 있다. 납작한 코는 극심한 호흡 곤란, 안구 궤양, 척추 기형, 씹고 삼키는 어려움 등의 건강 장애를 일으킨다는 이유에서다. 자세한 내용은 〈영국 수의사들, 코 눌린 개 키우지 마라〉, 《뉴스1》, 2016.9.22.를 참조하라.

** Ed Crews, "Once popular and socially acceptable: Cockfighting", *Colonial Williamsburg* Autumn, 2008; Thomas Henricks, *Disputed Pleasures: Sport and Society in Preindustrial*

동물을 대상으로 한 오락들. 전문경기장에서 열리는 곰 곯리기 같은 메인이벤트는 매회 만원이었다. 소 곯리기는 의례 행사 형태나 홍보를 위한 이벤트 형태로 많은 마을에서 열렸다.

스의 〈투계장〉(1759)과 조지 크뤽생크의 〈왕립 투계장〉(1823)은 18세기를 비롯해 19세기 초반까지 이어져온 전문 투계장의 풍경을 담고 있다. 왕립 투계장royal cockpit은 국회의사당이나 웨스트민스터 사원과 가까운 곳에 있는데, 지리적으로도 도시 외곽

England, Greenwood Press, 1991; Richard Holt, *Sport and the Working Class in Modern Britain*, Manchester University Press, 1990, p. 14; Robert Malcolmson, *Popular Recreations in English Society 1700~1850*, Cambridge University Press, 1973, p. 47; Norman Wymer, *Sport in England*, George Harrap, 1949.

윌리엄 호가스의 〈투계장〉(위)과 조지 크뤽생크의 〈왕립 투계장〉은 18세기를 비롯해 19세기 초반까지 이어져온 전문 투계장의 풍경을 담고 있다.

이 아닌 교통이 편한 곳이어서 이용이 어렵지 않았다.

영국의 풍자화가 윌리엄 호가스의 〈잔인성의 첫 단계〉(1751)는 도시 뒷골목에서 벌어졌던 동물을 대상으로 한 가학적인 오락들을 극적으로 묘사했다. 정치 풍자화를 흔히 '호가스적'이라고 표현할 정도로 그의 그림은 풍자적인 것으로 유명하다. 그림은 닭을 과녁 삼아 맞히는 데 몰두한 아이들의 모습을 비롯해 교수형 장면을 연상시키듯 살쾡이류 두 마리가 거꾸로 대롱대롱 메달린 채 벌이는 싸움에 환호하는 사람들의 모습, 4~5층 높이의 건물 꼭대기에서 동물을 내던지는 모습, 심지어 장정 서너 명이 개를 부여잡고 쇠창살을 항문에 끼워 넣는 모습까지 동물을 대상으로 한 폭력적인 오락의 면면을 극적으로 그리고 있다.*

윌리엄 호가스의 〈잔인성의 첫 단계〉. 윌리엄 호가스는 도시 뒷골목에서 벌어졌던 동물을 대상으로 한 가학적인 오락들의 면면을 극적으로 묘사했다.

---

* 리처드 앨틱, 《빅토리아 시대의 사람들과 사상》, 이미애 옮김, 아카넷, 2011, 276쪽.

곯리기 게임은 해당 동물이 죽거나 쓰러지는 시간을 재서 근사치를 써낸 사람에게 배당금을 나누는 오락이자 일종의 도박경기prize-fighting였다. 크뤽생크 형제의 그림 〈원숭이 곯리기 게임에 열광하는 사람들〉(1821)은 당시 웨스트민스터 경기장에서 벌어진 곯리기 게임의 열기를 느끼게 한다. 1층 앞열에는 중간계층이 자리를 꽉 메우고 있고 2층에는 노동자 민중들이 난

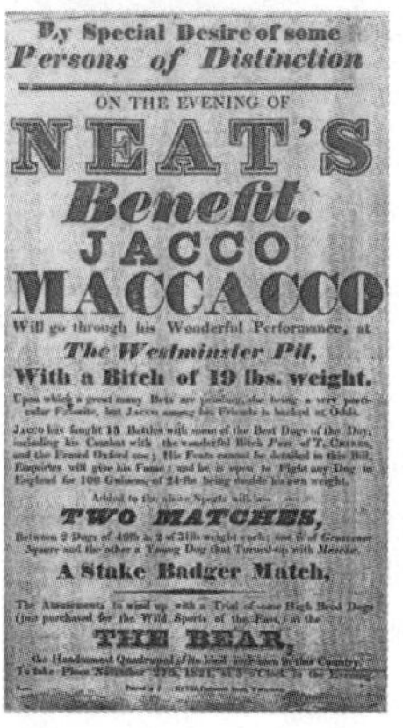

크뤽생크 형제의 그림 〈원숭이 곯리기 게임에 열광하는 사람들〉과 경기 포스터. 웨스트민스터 경기장에서 벌어진 원숭이 곯리기 게임을 묘사하고 있는데, 한눈에 봐도 게임의 열기를 느낄 수 있다. 경기 포스터는 웨스트민스터 경기장에서 열리는 전투용 원숭이와 암캐 간의 대전을 홍보하고 있다.

간 밖으로 튀어나올 듯이 열광하는 모습이다. 사람들로 빼곡 찬 그림의 분위기는 중간계층이나 노동자 할 것 없이 쥐잡기 게임이 누구에게나 인기가 있었음을 말해준다.* 경기 포스터는 전투용 원숭이Jacco Macacco와 19파운드 암캐 간의 대전이 언제, 어디(1821년 11월 27일 저녁 5시 웨스트민스터 경기장)에서 열린다는 홍보 전단지로 사람들의 호기심을 유발하고 있다.

---

* 그림 〈원숭이 쥐잡기 게임에 열광하는 사람들〉은 소설가이자 저널리스트인 피어스 에건이 1821년부터 1828년까지 저널에 게재한 글을 엮은 책 *Life in London*에 담긴 삽화다. 참고로 인터넷 홈페이지 www.romanticlondon.org에서는 책에 실린 상당 분량의 삽화를 당시 런던 지도에 맵핑하면서 볼 수 있다.

2

유혈 스포츠라는 낙인

'인기 많고 사회적으로 허용되던' 곯리기 게임은 19세기 초반을 지나면서 점차 사라졌는데, 그 가운데 가장 먼저 규제된 것은 곰과 소를 대상으로 한 것이었다. 곰 곯리기와 소 곯리기가 금지(1822)되자 대신 돼지나 오소리, 원숭이를 대상으로 한 곯리기 게임이 인기를 끌었다. 동물학대금지법 제정(1835)으로 개를 활용한 동물 곯리기 게임이 전면 금지되자 쥐 곯리기가 큰 인기를 끌었다. 쥐를 산 채로 잡아 게임에 쓸 재료로 파는 쥐잡이꾼은 마리당 3펜스씩 넘겼는데 당시 노동자들의 평균임금보다 높았을 정도로 돈벌이가 좋았다. 손님을 끌 요량으로 술집 안에 목조 우리를 설치해 쥐 곯리기 게임을 열었던 이스트엔드의 어느 선술집 주인은 한 해 300파운드가량의 거금을 쥐 구입에 쏟아부었다고 한다. 이는 대략 2만 5,000마리에 해당하는 비용이다.*

---

* 토니 로빈슨·데이비드 윌콕, 《불량직업 잔혹사》, 신두석 옮김, 한숲,

여러 지역에서 다양한 형태로 열렸던 동물 곯리기는 19세기 중반 들어서면서 '유혈 스포츠blood sports'라는 이름표를 부여받고 사라져야 할 운명에 처했다. 빅토리아 시대(1837~1901)의 도덕적 훈계, 청교도적 윤리, 동물보호 캠페인, 위생 구호, 도로법, 수도경찰법, 공중위생법 등의 제도·담론들은 동물싸움을 유혈적인 오락으로 문제 삼았다. 동물을 대상으로 한 오락·스포츠는 '야만적인' '비합리적인' '비인간적인' '위험한' '더러운' '잔혹한' '시대에 뒤떨어진' 것으로 여겨졌다.

특히 '기계를 집중 배치'한 공장이 들어선 산업 도시를 중심으로 '유혈적인' 오락은 더욱 빠르게 사라졌다. 산업자본이 보기에 노동자 민중의 폭력적인 오락들은 질병과 퇴폐 같은 사회문제의 온상이자 노동력을 심히 훼손하는 골칫덩어리였기 때문이다. 그것은 '비효율' '에너지 낭비' '노동력 훼손'으로 여겨졌다. 도덕주의의 공격만큼이나 동물싸움에 대한 산업자본의 공격은 전례 없을 정도로 거셌다.

동물보호법의 등장

당시 동물 곯리기에 대한 규제 과정을 스케치해보자. 동물학대 금지법이 처음 제기된 것은 1800년이다. 잉글랜드 남서부 바스

2005, 314~319쪽.

지역의 하원의원인 윌리엄 펄트니는 자신의 법안을 소개하는 자리에서 "소 괴롭히기는 잔인하고 비인간적이다. 이는 하나같이 게으르고 난폭한 사람들을 끌어들인다. 심지어 가족의 생계를 책임져야 할 수많은 사람들을 실직 상태로 내몬다. 소 괴롭히기는 무질서하고 문란하고 방탕하고 잔인한 행동들을 조장한다"고 비난했다. 마찬가지로 잉글랜드 중서부 슈롭셔 지역의 하원의원인 리처드 힐은 "사람들은 무리지어 야만스러운 공연을 관전하는 데 온 하루를 써버린다. 늘 나태하게 하루를 지내고, 그들은 소 괴롭히기 경기장에서 나오면 선술집에 들어앉아 주색에 빠져 밤을 보낸다"고 지적했다.*

그러나 "게으르고 천박한 무리들"이란 도덕적 비난이 잇따랐어도 사람들은 소 괴롭히기를 장날 축제나 다른 회합처럼 역사가 오래된 전통적인 권리traditional right라고 생각했다. 여전히 사람들은 소 괴롭히기를 의례 행사나 오락거리로 즐겼다. 여기서 우리가 눈여겨볼 점은 전통문화 대 동물 보호라는 가치투쟁이 점차 거세졌고, 근대사회로의 이행과 함께 점차 동물권이 힘을 받기 시작했다는 사실이다.

동물학대금지법에 누구보다 앞장섰던 아일랜드 지역의 하원의원 리처드 마틴은 투계, 투견처럼 동물을 유희에 활용하는 오락·스포츠를 문제 삼으면서 괴롭히기 게임을 금지하는 법안들

---

* David Perkins, "In the beginning of animal rights", *Romanticism and Animal Rights*, Cambridge University Press, 2003, p. 17; 존 피스크, 《대중문화의 이해》, 박만준 옮김, 경문사, 2005, 100~101쪽.

을 상정했다. 초기에는 거센 반대에 부딪혔다. 동물권을 오랫동안 연구해온 프린스턴대 피터 싱어가《동물 해방》(1975)에서 인용한《타임스》기사는 당시의 상황을 이렇게 묘사한다. 기사는 마틴이 제안한 '말 학대 금지 법안'(1821년)에 관한 것이었다. "'스미스 의원이 당나귀도 보호해야 한다'고 말하자 좌중은 웃음바다가 되어 기자는 대화를 제대로 알아듣기 힘들 정도였다. 의장이 이 제안을 되풀이해서 말하자 웃음소리는 더욱 커졌다. '다음번에는 마틴이 개를 보호하자는 법안을 내겠군!' 하고 다른 의원이 말하자 폭소는 더욱 커졌고, 누군가가 '고양이는 어쩌고!'라고 외쳤을 때는 완전히 포복절도하는 지경에 이르렀다."

거센 반대와 조롱에도 불구하고 마틴은 이듬해 일명 마틴법Martin's Act으로 불리는 '소에 대한 잔인한 처우 개선법'(1822)을 발의하고 통과시켰다. 여기에는 가축소뿐만 아니라 젖소, 암소, 거세소, 말, 당나귀, 양도 포함됐다. 이 법으로 개가 소에게 달려들게 하는 게임은 불법으로 규정됐다.

그로부터 2년 후인 1824년에 마틴은 법 집행을 위해 30여 명의 의원들을 모아 세계 최초의 동물보호단체인 동물학대방지협회Society for the Prevention of Cruelty to Animals를 설립했다. 1835년에는 세계 최초의 동물보호법이자 더욱 광범위한 형태의 학대방지법인 '동물학대방지법'을 통과시켜 투견을 비롯해 개나 오소리가 다른 동물에게 달려들게 하는 각종 곯리기 게임을 전면 금지했다.* 1840년에는 빅토리아 여왕의 후원으로 협회가 왕립동물학대방지협회RSPCA로 발전했고 그 영향력은 영연방 전역으로 퍼저나갔다. 더 이상 전통문화, 지역문화, 오래된 권리, 민속놀이라는 논리로 괴롭히기 게임을 유지하는 게 어려워졌다. 동물 보호라는 이름으로 '잔혹한' 괴롭히기 게임들은 '유혈 스포츠'로 낙인찍혔고 완전히 사라져야 할 운명에 처했다. 물론 동물 괴롭히기에 대한 규제는 법제도의 작용뿐만 아니라 도덕·교양·시민 이데올로기와 작업장의 규율 장치가 공명하면서 더욱 세밀해졌다.

그림 〈빌 번즈의 재판〉(1838)은 마틴 법 이후 최초로 기소된 빌 번즈의 재판을 희화화한 그림이다. 채소 행상인 빌 번즈

〈빌 번즈의 재판〉. 마틴 법 이후 당나귀에 무거운 짐을 지웠다는 이유로 최초로 기소된 빌 번즈의 재판을 희화화한 그림이다. 재판 과정을 비꼬는 이 그림은 마틴 법에 대한 당대의 시선을 간접적으로 보여준다.

* 제임스 서펠, 《동물, 인간의 동반자》, 윤영애 옮김, 들녘, 2003, 223쪽.

는 당나귀에 무거운 짐을 지웠다는 이유로 기소됐다. 그림은 당나귀가 증인으로 세워지고 당나귀 주인은 콧방귀를 끼고 있는 모습을 담고 있다. 그림 한쪽에는 당나귀에 지웠던 채소더미가 증거물로 널부러진 채 놓여 있다. 재판 과정을 비꼬는 이 그림은 마틴 법에 대한 당대의 시선을 엿볼 수 있는 자료다.

민중 축제가 사라지다

동물싸움이 주로 열리던 시공간 또한 문제가 되었다. 규제 담론들은 오락과 환락pleasure의 장소였던 장날의 장터를 '타락한 무리들이 들끓고' 야바위, 폭력, 범죄, 매춘, 질병으로 가득 찬 '위험한' 장소로 계열화했다. 정부 당국은 '수도경찰법'을 동원해 천막 설치나 오락기구 설치 또는 도로변에서의 영업을 금지했다. 1819년 런던 북부의 햄스테드 페어, 1823년 런던 서쪽의 브룩 그린 페어, 도털 필즈 페어, 동쪽의 스테프니 페어, 보우 페어 등이 하나둘씩 문을 닫았다. 1855년에는 매년 여름 런던 스미스필드에서 열리던 최대 규모의 민중 축제 바르톨로뮤 페어Bartholomew Fair가 마지막 날을 맞이했다. '젊은이들에게 극악무도한 습관을 조장하는 악의 학교'로 방탕과 무질서를 낳는 원인이라는 이유였다. 이외에 템즈강 남쪽의 캠버웰 페어, 그리니치 페어가 순차적으로 폐지됐다. 동물싸움을 비롯해 동물싸움이 주로 벌어지던 시공간에 대한 전면 규제는 동물싸움 그 자체에

바르톨로뮤 페어의 야경.* 매년 여름 열리던 최대 규모의 민중 축제 바르톨로뮤 페어는 1855년 문을 닫았다. 규제 담론들은 '젊은이들에게 극악무도한 습관을 조장하는 악의 학교', 폭력과 질병으로 가득 찬 '위험한' 장소로 계열화했다. 동물싸움을 비롯해 동물싸움이 주로 벌어지던 시공간에 대한 규제는 삶 전체를 개조하는 조치였다.

대한 문제 제기일 뿐만 아니라 일상 전체, 삶 전체에 대한 개조를 의미하는 조치였다.**

'인기 많았고 사회적으로 허용되던' 오락·레저·스포츠 프

---

* 요시미 순야, 《박람회: 근대의 시선》, 74~75쪽; 김라옥, 〈《바르톨로뮤 페어》의 엔딩에 관한 연구〉, 《고전·르네상스 영문학》 20권 1호, 2011, 206쪽.

** Ackermann, Rudolph. *The Microcosm of London*, Published at R. Ackermann's Repository of Arts, 101 The Strand, 1808~1810. 이외에 당대 박물관, 미술관, 극장, 우체국, 공원, 성당, 항구, 시장, 투계장 등의 이미지는 www.romanticlondon.org에서 참조할 수 있다.

로그램들을 '시대에 뒤떨어진' 것으로 규정해 배제하는 과정은 여가 프로그램을 새로운 규칙과 행동 양식으로 조직하기 위한 과정이기도 하다. 더 정확하게 표현하자면, 사회질서를 '근대적인' 것으로 새롭게 재편하고 근대 질서에 부합하는 인간형을 생산하는 과정을 의미한다. 근대사회로의 이행은 분명 전통적인 것의 탈각을 수반했다. 그 자리에는 '합리적인' 오락, '신사적인' 스포츠, '교양 있는' 레저라는 새로운 이름표가 붙은 여가 프로그램들이 대대적으로 들어섰다.

3

근대사회, 새로운 방식의 쾌락 관리

1830~1840년대 영국은 사회질서 및 공중위생이 지독한 사회 문제였다. 도시의 거리 모퉁이 곳곳에는 날품팔이와 부랑자, 노숙자와 굶주리고 아픈 사람들, 매춘하는 사람들과 전대미문의 대기근으로 이주한 아일랜드 사람들까지 뒤섞여 빈민굴이 생겨났다. 도시의 뒷골목이나 빈민굴은 '위험하고 악한' 존재들과 똥오줌으로 가득 찬 구렁텅이로 규정됐다.* 이에 '영국이 처한 현실'에 대한 논쟁이 광범위하게 일었다. 이 표현은 토머스 칼라일이 《차티즘》(1839)에서 부자와 빈자가 '두 개의 국민'처럼 따로 살고 있고 이로 인한 미증유의 계급 갈등과 극도로 피폐해진 노동자 문제를 맹렬히 비판하면서 사용한 것이다. 또한

* 대도시의 거리 풍경 및 도시 노동자들의 주거 상태에 대해서는 프리드리히 엥겔스가 1845년에 내놓은 《영국 노동자계급의 상태》를 참조할 수 있다. 영화 〈핑거스미스〉(2005)는 빅토리아 시대 런던 뒷골목의 분위기를 세밀하게 묘사하고 있어 참조할 만한 자료다. Henry Mayhew의 *London Labour and the London Poor*(1851)에 실린 삽화들은 런던의 하층 노동자와 빈민을 상세하게 묘사하고 있어 꽤 참조할 만하다.

수상을 두 차례 지낸 토리파 급진주의자 벤저민 디즈레일리도 노동자들의 곤궁한 삶을 추적한 소설《시빌》(1845)에서 빈자와 부자의 계급 갈등을 '두 개의 나라'로 쪼개져 있는 분열적인 상황에 빗대면서 썼다. 그는 노동자들을 "어둡고 음침한 거처에 사는 땅 밑의 백성들"이라고 문제 제기했지만 문제의 원인을 산업화로 인한 전통 가정의 붕괴로 보았다.

이외에 프리드리히 엥겔스를 비롯해 엘리자베스 개스켈이나 찰스 디킨스, 찰스 킹슬리 또한 이 표현과 문제의식을 담아 사회의 분리에 따른 사회적 불평등과 빈곤 문제에 주목했다. 여기서 노동자들의 상태는 '하수구의 쓰레기' '가장 저급한 찌꺼기' '부의 그늘에 축적되는 오물' '돼지우리의 돼지'로 묘사되곤 했다. 찰스 디킨스의《크리스마스 캐럴》(1844)에 삽화를 그리기도 한 풍자만화가 존 리치가 대중 삽화 잡지《펀치》에 실은〈자본과 노동〉(1843)과〈싼 옷〉(1845)은 두 개의 나라로 쪼개진 상황과 살인적인 혹사에 시달리는 노동자들의 궁핍한 상태를 극적으로 표현하고 있다.*

---

* Andrzej Diniejko, "Thomas Carlyle and the origin of the 'condition of England question'", The Victorian Web, 2010; John Leech, "Capital and labour", *Punch; or, The London Charivari* 5, 1843; 송승철·윤혜준,〈산업혁명의 재현〉,《산업혁명과 기계문명》, 서울대학교출판부, 1997, 76~83쪽.

존 리치의 그림 〈자본과 노동〉(위)과 〈싼 옷〉. 존 리치는 빈자와 부자 '두 개의 나라'로 쪼개져 있는 상황과 살인적인 혹사에 시달리는 노동자 민중의 궁핍한 상태를 극적으로 표현하고 있다.

야만성을 제거하는 교정 수단

지독한 사회문제에 대한 수많은 사회개혁 프로젝트들이 등장해 각축을 벌였다. 한편으로는 위생, 개조, 개량, 정비를 위한 프로젝트들이, 또 한편으로는 통제, 금지의 프로젝트들이 등장했다. 논쟁의 한 지류는 민중 오락의 대대적인 개혁을 통해 무질서한 노동자 민중의 품행을 개조·치료·최적화하는 게 시급하다고 보았다.

사회문제를 치료하기 위한 시나리오에서 출발한 합리적 오락 운동Rational Recreation Movement은 노동자 민중을 합리적인 가치로 교육하는 새로운 도구이자 혁신적인 처방으로 부상했다. 이는 기존 민중 오락에서처럼 원초적인 감정을 충동적으로 표출하거나 폭력을 수반하는 방식이 아니라 좀더 통제되고 순화된 형태로 레크리에이션을 하는 방식이었다. 이것은 '합리적인' 것으로 여겨졌다. 합리적 오락 운동은 일종의 "품행을 지도하는 새로운 형태의 테크닉"으로 노동자 민중의 기질을 개조해 새로운 종류의 주체를 형성하는 것을 목표로 했다. 그런 의미에서 합리적 오락 운동은 품행과 품성을 바꿔내는 새로운 프로젝트로 정치적인 것의 사회문화적 형태라고 말할 수 있다.*

합리적 오락 운동의 이름으로 다양한 프로그램들이 들어섰다. 합리적 오락 운동의 항목에는 축구, 럭비, 크리켓, 하키를

* 바바라 크룩생크, 《시민을 발명해야 한다》, 22~33쪽.

비롯해 뮤직홀이나 미술관 관람, 정원 가꾸기, 공원 산책, 기차 소풍, 독서, 노동자 클럽, 브라스밴드, 보이스카우트와 소년단, 보트 놀이 등이 포함됐다. 축구나 크리켓 같은 운동을 통해 노동자들은 건강한 육체에 건강한 정신이 깃든다고 교육받았다. 규칙에 기초한 스포츠는 스포츠맨십과 페어플레이 정신, 남성다움과 신사다움을 키울 수 있는 수단인 동시에 노동자 민중의 '무규율성'과 '야만성'을 제거하는 수단으로 여겨졌다. 거주지 주변에 지어진 미술관은 노동자들의 교양 수준과 도덕 수준을 끌어올리기 위해 권장됐다. '도시의 허파'로서 설립된 공원은 노동자들의 토요일 산책 코스로 장려됐다. 일요일 산책은 종교와의 갈등 때문에 권장되지는 않았다. 보이스카우트 같은 청소년 단체는 도시 노동계층 청소년들의 '길들여지지 않은' 품행을 지도하기 위해 조직됐고 보트 경주 관람이나 보트 놀이는 가족의 주말 여가 활동으로 홍보됐다.*

축구가 몹 풋볼을 대체하고, 뮤직홀이 선술집을, 공원이 공터를, '신사' 스포츠가 '유혈' 스포츠를 대체하는 과정에서 교양 시민의 상은 더욱 정교해졌다. 합리적 오락 운동의 방향은

---

* Frances Borzello, *Civilizing Caliban: The Misuse of Art 1875~1980*, Routledge, 1987; James R. Fazio, "Park and Other Recreational Resources", Hilmi Ibrahim and Jay Shivers(ed.), *Leisure: Emergence and Expansion*, Hwong, 1979, pp. 197~232; James Anthony Mangan, *The Games of Ethic and Imperialism*, Viking, 1986, p. 142; John Springhall, *Youth, Empire and Society*, Croom Helm, 1977; 크리스 로젝, 《포스트모더니즘과 여가》, 최석호·이진형 옮김, 일신사, 2002, 46쪽.

사회 갈등과 그로 인한 혼란을 '무질서'로 규정하고 그 대안으로 '교양'의 확산을 제시하는 중간계급 사회개혁가들의 개조 논리와 상통했다.

합리적 오락 운동의 프로그램들은 사립학교public school를 중심으로 전개됐다. 이를테면, 축구의 경우 케임브리지 대학을 중심으로 이튼, 해로우, 윈체스터, 럭비 등의 사립학교들이 모여 학교나 지역마다 제각각이었던 규칙들을 근대적 형태의 표준화된 규칙으로 통합해 보급했다. 이를 '케임브리지 규칙'(1848)이라고 일컫는다. 여기서 집단의 용맹스러움을 표출하는 방식이었던 해킹과 같은 기술은 첫 번째 배제의 대상이 됐다. 해킹을 주요한 기술로 여기던 블랙히스 같은 클럽이나 지역은 축구협회The Football Association를 탈퇴하거나 배제됐다. 스포츠 프로그램들은 학교 교과목으로 채택되면서 규칙과 훈련, 단체의식과 남성다움을 더욱 강조했다. 기사도 훈련처럼 신체를 강건하게 단련하는 동시에 스포츠맨십을 키우고 신사다운 사람으로 다시 태어나는 계기라고 보았다. 규칙과 훈련에 기초한 축구나 크리켓을 신사의 스포츠라 이름 지은 것도 여기에서 비롯한다.

합리적 오락 운동의 일환으로 지역마다 각종 특별위원회가 들어섰으며, 주민센터 형태의 수많은 오락·레저·스포츠 시설들이 세워졌고 품행 개조를 위한 프로그램들로 채워졌다. 또한 관련 법안들이 쏟아졌다. 극장법(1843), 박물관법(1845), 목욕탕법(1846), 공중위생법(1848), 공공도서관법(1850), 토요일반휴일법(1850), 미술관법(1856), 은행휴일법(1871), 저가기차법

(1883)이 연이어 제정됐고 전국 단위의 축구협회(1863), 럭비협회(1871), 하키협회(1876)도 조직됐다. 이 모두는 '영국이 처한 현실'을 개혁하고 교양 있고 신사다운 품행을 제고하기 위한 합리적 오락 운동의 흐름과 맞닿아 있었다. 이렇게 일상적인 것은 정치적인 것, 사회적인 것과 언제나 연결된다.

노동자계급에게 교양 시민의 덕목을

중간계급 사회개혁가들은 노동자 민중의 여가에서 나타나는 과도한 음주와 도박, 무질서한 행동, 유혈적인 오락, 방탕하고 불규칙한 생활을 골칫거리로 여겼다. 1850년대 잉글랜드 중부의 스태퍼드셔 광부를 관찰한 공장 감독관은 만취할 정도의 음주는 노동자들의 가장 일반적인 쾌락이었고 떠들썩한 파티나 음행은 심히 유감스런 방종이었다고 지적한다.*

이로 인한 도덕적 부패와 육체적 감염에 대한 중간계급의 공포는 상당했다. 사회개혁가들은 부패와 감염을 제거한다는 명목 또는 '무질서'로 전락할 위기를 극복한다는 명목으로 노동자들의 낭비적이고 무질서한 여가 활동들을 일소하고 노동

---

* Peter Bailey, "Rational recreation: The social control of leisure and popular culture in Victorian England, 1830~1885", A thesis submitted in partial fulfilment of the requirements for the degree of doctor of philosophy, The University of British Columbia, 1974, p. 70.

자들에게 근면, 검약, 매너, 그리고 자기계발의 습관을 주입시키는 캠페인에 주목했다.

중간계급 사회개혁가들은 교훈적인 오락을 제공함으로써 노동자들의 '지나친 무절제'를 줄이고자 했다. 오락·스포츠를 통한 개선책은 단순 치료나 오락 그 이상이었다. 그것은 노동계급의 도덕적 각성과 교화를 위한 도구였다. 일명 도시의 '사회적 쓰레기'라 불리는 사람들을 더 깨끗하고 단정하고 정숙하게 바꿔내는 작업이었다.

합리적 오락 운동은 빅토리아 시기의 도덕주의와 강력하게 결합했다. 도덕주의 시선은 작업장, 가족, 신체, 오락을 포함하는 일상생활의 구석구석까지 침투하면서 새로운 규범으로 자리 잡아 나갔다. 이러한 의미에서 합리적 오락 운동은 빅토리아 시대 도덕주의의 오락적 형태라고 말할 수 있다. 합리적 오락 운동이 보조 수단이든 아니든 간에 합리적 오락의 내용물은 무자비할 정도로 교훈적이었다. 지역센터나 라이시움에 새롭게 배치된 오락 프로그램들은 '도덕 교육이라는 알약에 설탕을 발라놓은 것'이었다.*

사회개혁가들에게 교육은 노동계급을 계몽할 수 있는 혁신적인 수단이었다. 교육에 대한 관심은 당대의 개혁가들에게 공통적으로 나타나는 특징이다. 이에 합리적 오락은 주체를 새

---

* Peter Bailey, "Rational recreation: The social control of leisure and popular culture in Victorian England, 1830~1885", Ibid., p. 100.

롭게 재구성하는 교육 수단으로 부상했다. 1850년대 하원 특별 위원회는 개선의 방법으로 치안판사의 영향력을 확대하는 방식보다는 교육을 선호했다. 도덕성이 상층에서 하층으로 흐르도록 하는 도덕 교육의 효과를 강조했다. 그것은 당대의 정설이었다. 상층이 모범을 보이면 도덕성이 공동체 전체에 확산될 것이라 기대했다. 합리적 오락을 통해 상층의 모범적 가치가 노동자계급의 심성에 각인될 것이라 보았다. 잉글랜드 중서부 슈루즈베리 지역의 하원의원이었던 로버트 슬레이니는 공공 산책을 논의하면서 처방의 방식이 아니라 '전시'의 방식을 택했다. 주말 티파티나 야회에서 보여지는 중간계급의 절제와 단정함 같은 품위 있는 매너가 노동자계급의 덜 우아한 품행을 지워버릴 것이라 여겼다.*

중간계급의 공포 가운데에서도 1830년대 중반부터 급속하게 확산된 차티스트운동**은 그야말로 위험한 인자였는데, 중

* Peter Bailey, "Rational recreation: The social control of leisure and popular culture in Victorian England, 1830~1885", Ibid., pp. 72~79.

** 1832년 선거법은 개정되었으나 노동자들은 선거권을 얻지 못했다. 선거법 개정에 힘입어 다수 의석을 차지한 휘그파는 1834년 신구빈법을 시행했다. 이로 인해 빈민에게 제공되던 모든 형태의 구호품이 금지됐다. 이후 1837년 경제 위기로 노동자들의 생활은 더욱 궁핍해졌다. 차티스트운동은 이러한 정치적 권리의 소외와 심화되는 노동자들의 빈곤 문제를 전면적으로 문제 삼고 노동자들의 정치사회적 지위를 향상시키기 위한 방안으로 시작된 참정권운동이다. 노동자들은 1838년 5월 6개의 요구사항을 담은 인민헌장People's Charter을 내놓았다. 전국 곳곳에서 횃불 행진의 형태로 열린 대규모 집회에서 받은 서명 인원만 128만 명에 달했다. 2차 청원은 더욱

간계급 사회개혁가들은 노동자 민중을 차티스트 회합으로부터 멀리 떨어지게 할 방편으로 오락시설 제공을 주장했다. 그러면 잠재적인 위험 상태의 데모자들이 차티스트 회합이 아닌 동물원이나 박물관으로 달려갈 것이라고 보았다. 지역의 보건위원회들은 오락·스포츠가 노동자들의 정치적 불만족을 분산시키는 데 중요하다고 강조하면서 다양한 오락 프로그램들을 내놓았다.

1840년대 후반 차티즘의 위협이 줄어들었어도 '위험한 계층'에 대한 중간계급의 공포와 불안은 여전히 남아 있었다. 차티스트운동의 방식으로 벌어진 '횃불' 무리, 거리 행진 그 자

폭발적이었는데 서명 인원은 331만 명(1842)이었다. 프랑스의 2월혁명 소식이 전해지자 인민헌장의 법제화를 위한 운동이 다시 한 번 타올랐다. 3차 청원은 570만 명(1848)에 달했다. 청원서 무게만 300킬로에 달해 세 대의 마차에 실어 날랐다고 한다. 그렇지만 1차, 2차 청원은 모두 의회 표결에서 압도적인 표차로 거부됐다. 3차 청원서는 의회 표결에 부쳐지지도 못한 채 폐기됐다. 당시 존 러셀 휘그당 내각은 군대와 경찰을 동원해 청원을 가로막았다. 1차 청원 실패 후 발생한 뉴포트 봉기나 2차 청원 실패 후 랭커셔와 요크셔 등지에서 발생한 플러그 폭동이라 불린 파업투쟁 모두 무력 진압됐다.

차티스트운동의 노동자들은 자유경쟁의 원리를 지지하는 집단을 적으로 규정했다. 경쟁의 자유가 무한정 늘어나면 노동자의 지위는 한층 더 악화될 것이라고 보았다. 이들은 인민헌장 법제화, 토지개혁을 통한 협동 정착촌 건설, 공정한 노동에 대한 공정한 임금 요구, 신구빈법 철폐 등의 정치개혁, 사회개혁, 사회구조의 변혁을 지향했다. 엥겔스의 표현대로 차티스트운동은 노동자들의 공통 경험을 매개로 한 프롤레타리아계급 최초의 대중적 정치운동이었다. 자세한 설명은 프리드리히 엥겔스의《영국 노동자계급의 상태》, 359쪽과 김택현의《차티스트운동, 좌절한 혁명에서 실현된 역사로》, 책세상, 2008을 참조하라.

체가 공포의 대상이 됐다. '위험한 계층'은 대도시의 뒷골목이나 빈민굴 곳곳에 도사리고 있는 형체가 불확실하면서도 휘발성이 강한 위협으로 여겨졌다.* 사회개혁가들은 "규제된 오락regulated amusement"의 형태인 합리적 오락 운동이 일종의 사회적 안전판으로 작용한다고 믿고 오락 프로그램을 쏟아내는 데 더욱 열을 올렸다.

지금까지의 논의를 종합해보면, 사회개혁가들마다 합리적 오락을 도입하는 이유가 다양했어도 합리적 오락 운동의 목표는 분명했다. 새로 들어선 위락시설과 프로그램들은 선술집으로부터 노동자들의 관심을 돌리고, 정치 집회로부터 떼어내고, 상층의 모범적인 품행에 노출시키는 환경을 제공해, 최종적으로는 교양 시민의 덕목을 내면화시키는 것을 목적으로 했다.

방탕한 음주 습관을 넘어 건전한 시민으로

합리적 오락 운동 가운데에서도 가장 두드러진 부문은 단연 금주 운동temperance movement이었다. 노동자 민중의 방탕한 음주 습관에 대항하는 오락·레크리에이션을 제공함으로써 선술집 문화를 제거하는 게 핵심 관건이었다. 이를테면 공원과 미술관은 깨

* Peter Bailey, "Rational recreation: The social control of leisure and popular culture in Victorian England, 1830~1885", Ibid., p. 70.

끗하고 건강한 레크리에이션을 제공해 노동자 민중의 술에 찌든 습관을 떼어버리기 위한 도구로 제시됐다.

금주 운동은 다양한 형태로 나타났다. 첫째, 앞서 말한 기차 소풍은 금주하면서 즐기는 오락 가운데 값싸면서도 인기 있는 프로그램이었다. 토머스 쿡이 내놓은 기차 소풍의 목적 또한 노동자의 음주 문화를 개선하는 데 있었다. 기차 소풍은 노동자 민중을 술집에서 멀리 떼어놓게 하는 데 효과적이라고 보았다. 물론 소풍 도중에도 술은 마실 수 없게 했다. 차는 가능했다. 토머스 쿡은 사실 엄격한 금주주의자라고 해도 무방하다. 금주를 영국적 미덕으로 여겼던 쿡은 노동자들의 '무절제한' 음주 습관을 없애기 위한 수단으로 기차 여행을 장려했다. 1841년 그가 고안한 최초의 기차 소풍은 '전국금주대회' 행이었다. 이것을 통해 그는 노동자 민중을 선술집과 레스터 경마 대회Leicester race-week로부터 떼어내려고 했다. 교육 효과도 고려했다. 그는 전국 각지를 돌며 여행 사업을 통해 계몽의 가치를 적극적으로 알리는 데 앞장섰다. 기차 여행을 통해 '교양 있고' '신사다우며' '합리적인' 시민의 덕목을 갖출 수 있다고 설파했다.*

둘째, 금주 운동은 젊은이들을 건전한 시민으로 개조하는 데 열중했다. 특히 젊은 노동자들을 대상으로 한 오락(물)을 제공하는 데 주력했다. 금주홀 같은 회합용 시설을 세우고, 금주

---

* Jill Hamilton, *Thomas Cook: The Holiday-Maker*, Natl Book Network, 2005; 설혜심, 《그랜드투어》, 348쪽; 시모다 준, 《선술집의 모든 역사》, 김지형 옮김, 어젠다, 2013, 142~143쪽.

회 같은 우애협회를 조직하고, 방대한 분량의 오락 관련 문헌들을 펴냈다. 《자조론》(1859)의 저자이자 사회개혁가였던 새뮤얼 스마일즈는 "우리의 금주 운동은 음주를 물리치는 방식이라기보다는 좀더 고급스러운 오락물을 제공함으로써 승리하는 방식"이라고 언급했다. 여기서 고급스러운 오락물은 젊은 노동자들이 싼값으로도 즐길 수 있는 음악홀, 기차 소풍, 콘서트, 지역 갈라쇼 같은 것이었다.* 그는 곳곳에서 산업 발명가들을 위인으로 내세우는데, 그가 자조라는 도덕적 성취의 최종 목표로 말하는 것은 금주를 전제로 한 산업적 진보였다. 이 시기 대량으로 쏟아져 나온 자조론류의 자기계발서들 또한 금주를 시민다운 품행의 덕목으로 계열화하고 있었다.**

셋째, 노동자 민중의 음주 습관을 지워내려는 움직임은 작업장 차원에서도 발견된다. 그 가운데 기계에 의한 인간 대체를 설파한 앤드루 유어의 《매뉴팩처의 철학》(1835)을 들 수 있다. 그는 공장을 "기계적이고 지적인 기관들로 이뤄져 있고 기관들 모두가 스스로 제어하는 동력에 종속되어 하나의 공통된 물건을 생산하는 데 쉴 새 없이 조화롭게 작동하는 거대한 자동 기계"라고 규정했다. 그가 말하는 매뉴팩처는 '손으로 하는 노동을 완전히 필요로 하지 않는 것'으로 단순히 기계에 의한 숙련의 대체뿐만 아니라 인간의 노동 그 자체를 대체하는 것을 의미

---

* Peter Bailey, "Rational recreation: The social control of leisure and popular culture in Victorian England, 1830~1885", Ibid., p. 88.

** 새뮤얼 스마일즈, 《자조론》, 김유신 옮김, 21세기북스, 2006.

했다. 인간 노동의 의존도를 줄이는 것이야말로 모든 기계의 항구적인 경향이라고 강조했다. 그래서 방적기를 '숙련 노동자의 감각과 솜씨를 갖춘' 철인iron man이라고 예찬했다.

그런데 주목할 만한 점은 매뉴팩처를 과학적 진보뿐만 아니라 '고통스러운 근육의 노고'를 대신한다는 이유에서 자비로운 것으로 보았다는 사실이다. 공장의 원리를 강력히 지지했던 유어는 방적기 도입을 설파하면서, 곳곳에서 노동자 민중의 '고주망태가 되도록 취하는 과도한' 음주 습관과 '방만하고 고집스러운' 기질을 개선하기 위한 것이라고 반복한다. 심지어는 '불규칙함과 무질서에 빠지기 쉬운 교활한 노동자' '노동자들이 만들 수 있는 모든 부당한 노동조합' '혼란과 무질서와 비효율로 가득 찬 노동운동이라는 괴물 히드라'를 퇴치하는 데 유용할 것이라 보았다. 유어의 경우, 기계의 도입은 생산 증대나 비용 절감을 목적으로 한 것뿐만 아니라 노동자들의 무절제한 음주 습관의 통제를 포함한 도덕적인 의도를 전제하고 있었다.*

숙련 노동자의 사고와 감각과 요령을 갖춘 기계가 완성되었

* Andrew Ure, *The Philosophy of Manufactures*, Charles Knight, Ludgate Street, 1835, pp. 13~14, pp. 339~367; 프리드리히 엥겔스, 《영국 노동자계급의 상태》, 267쪽; 이영석, 《산업혁명과 노동정책》, 한울, 1994, 105쪽; 이영석, 〈언어, 공장, 산업화: 찰스 배비지와 앤드류 유어의 공장관을 중심으로〉, 《사회와역사》 56호, 1999, 256쪽; 윤혜준, 〈기계의 철학과 기계문명의 이상〉, 《산업혁명과 기계문명》, 서울대학교출판부, 1997, 92~95쪽.

> 다. …… 노동자들은 방적기를 철인이라고 불렀다. 이는 미네르바의 명령에 따라 현대의 프로메테우스의 손에서 만들어졌다. 이는 기업가들에게 질서를 회복시켜주고, 영국에서 산업의 지배권을 확보시켜주게 될 창조물이었다.

넷째, 토요일 반휴일 캠페인half holiday campaign은 성월요일Saint Monday 선술집에서의 '퇴폐적인' 음주보다는 토요일 오후의 음악홀을 '건전하고' '문명적'인 것이라고 강조하고 나섰다. 토요일 오후의 오락·체육 활동을 더 '건강하고' '합리적'인 것으로 여겼다. 1850년 토요일 반휴일 법제화 이후 시간 사용을 합리화하자는 목소리가 더욱 힘을 받기 시작했다. 소위 영국식 주말에 대한 사람들의 선호가 높아졌다. 이를테면 "월요일에서 토요일로!" 또는 "비정기적인 시간 보내기에서 규칙적인 토요일 오후로!" "토요일에 반 쉬니까! 월요일은 이제 잘 지켜야지!" 성월요일(의 음주 습관)은 빅토리아 시대의 수많은 도덕주의 팸플릿의 표적이 되었다.

성월요일이 나쁜 관행으로 여겨지면서 그 자리에는 체력단련 형태의 스포츠 활동과 레크리에이션 형태의 오락들로 채워졌다. 토요일 오후의 오락들은 도덕적으로 우월한 것으로 선술집의 무지와 대비되었으며, '문화'의 첨병으로 묘사됐다. 일종의 도덕 개혁이 토요일 반휴일이라는 캠페인의 형태로 전개되었던 것이다. 진보와 개선의 이미지가 녹아 들어간 합리적 오락 운동은 시간의 합리적 사용 이데올로기와 강력하게 조응하면서 성월요일을 무력화했다.*

합리적 오락 운동의 특징 가운데 하나는 품행과 외양을 반복적으로 강조했다는 점이다. "점잖은 태도"는 클럽에 가입할 때의 중요한 기준이었다. 아이들과 청소년들은 금주 서약에 서명해야 했다. 리버풀 공장 지역에서 매년 열린 여름 축연은 모든 노동자에게 열려 있었지만, 교육 및 일요예배에 '잘' 참석한 사람들에게만 티켓이 주어졌다. 공장 노동자의 절반만이 자격을 갖출 수 있었다. 시청에서 열린 전시회에 허름한 신발을 신고는 들어갈 수 없었다. 품위 있는 차림을 갖춰야 했다. 깨끗한 코트를 입고, 주일학교에 규칙적으로 참석하고, 금주 서약에 서명해야 했는데, 그러한 조건에 들어맞는 노동자의 수는 적을 수밖에 없었다.**

중간계급 및 자본가 주도로 오락·스포츠, 자기계발, 작업장, 휴일 관행 등 전방위적인 차원에서 전개된 프로그램들은 노동자들을 더 순종적이고 자기통제적으로 개조하는 것을 목표로 내세웠다. 이러한 이유로 몇몇 논자들은 합리적 오락 운동을 작업장에 적용되었던 과학적 관리의 연장선이라고 비판했다.***

---

* Douglas Reid, "The decline of Saint Monday 1766~1876", *Past and Present* 71(1), 1976, pp. 80~99.

** Peter Bailey, "Rational recreation: The social control of leisure and popular culture in Victorian England, 1830~1885", Ibid., pp. 94~95.

*** Ed Andrew, *Closing the Iron Cage: The Scientific Management of Work and Leisure*, Black Rose Books, 1981; Bero Rigauer, *Sport and Work*, Columbia University Press, 1981; 크리스 로젝,

한편 노동계급 개혁가이자 인민헌장을 작성하는 데도 참여한 윌리엄 러벳은 런던노동자협회를 중심으로 노동자 교육 운동을 벌였다. 그는 고질적인 음주 습관이 노동자 민중을 무식하고 부도덕하게 만든다고 보았다. 러벳은 건전한 여가 활동을 제공한다면 노동자들의 음주 습관이 고쳐질 것이라 주장했다. 그래서 저녁시간과 일요일에 미술관, 도서관, 박물관을 개방해 '오락을 즐기면서 하는 공부' 캠페인을 주도했다. 또한 아이들을 대상으로 해서는 '먹고 마시는 것에 대한 절제심' '청결함' '시간 엄수' 등을 교육했다. 이를 통해 시간 엄수 같은 합리적인 생활양식과 청결함 같은 위생적인 식습관 및 규칙적인 운동과 매너 있는 생활을 장려하고 고질적인 음주 습관을 타파하고자 했다.

중간계급의 합리적 오락 프로그램들이 신체 개조, 품행 개조, 정신 개조를 목표로 해 노동자 민중에게 반감을 샀던 것과 달리, 러벳의 프로그램은 노동자들에게도 어느 정도 호응을 얻었다.* 그렇지만 러벳의 노동자 중심적인 교육 프로그램이 의도와 목표를 달리했을지라도 중간계급의 합리적 오락 운동의 방식과 크게 다르지 않았다. 러벳의 노동자 교육 운동은 사회 변혁이나 노동 해방을 지향하기보다는 개별 노동자의 지적·도

《포스트모더니즘과 여가》, 47쪽.

* William Lovett, *The Life and Struggle of William Lovett in His Pursuit of Bread, Knowledge and Freedom*, Trubner & Co., 1876; Peter Bailey, "Rational recreation: The social control of leisure and popular culture in Victorian England, 1830~1885", Ibid., p. 91.

덕적 수준을 향상시키는 도덕 개혁의 여러 형태 가운데 하나에 그쳤다.*

윌리엄 러벳의 사례 외에도 피터 베일리, 스튜어트 이웬, 로버트 그레이, 가레스 스테드먼-존스 등은 노동자들이 부르주아적인 프로그램에 저항하고 계급 정체성의 상징으로서 노동자 중심적인 오락 프로그램을 고안하는 데 힘썼다는 점을 잘 그리고 있다.**

특정한 주체 만들기 프로젝트

합리적 오락 운동은 노동 이후의 자유시간을 조직화하는 새로운 프로젝트였다. 이는 '게으르고 방탕하고 고집스러운' 노동자 민중의 기질을 개조·제거하는 품행 장치이자 불필요한 에너지 낭비를 자제해 노동력의 재생산을 더 생산적이도록 유도하는 프로그램이었다. 합리적 오락 운동은 작업장의 노동시간을 둘러싼 투쟁과 마찬가지로 공장 밖 자유시간을 둘러싼 투쟁

---

* 김택현, 《차티스트운동, 좌절한 혁명에서 실현된 역사로》, 214~217쪽.

** Peter Bailey, "Rational recreation: The social control of leisure and popular culture in Victorian England, 1830~1885", Ibid.; Stuart Ewen, *The Captains of Consciousness*, McGraw-Hill, 1976; Robert Gray, *The Aristocracy of Labour in Nineteenth-Century Britain*, 1850~1900, Macmillan, 1981; Gareth Stedman-Jones, *Languages of Class*, Cambridge University Press, 1983.

이 본격화되었음을 말해주는 사례다.

전통적 여가의 특징으로 언급되는 분출적 욕구, 유혈적 놀이, 느슨한 신체, 게으른 태도, 방탕한 기질은 근대적 여가 양식과 맞지 않는 옷이 되었다. 근대적 여가 양식은 미래를 위한 욕구의 통제, 순화되고 제도화된 놀이, 근면한 신체, 만족의 지연을 요구했다. 여기에 조응하는 오락·레저·스포츠는 적극적으로 장려됐고 그렇지 않은 것들은 철저히 솎아내고 배제되어야 했다. 전자는 정상의 자리를 차지했고 후자는 비정상으로 처리됐다. 여가 프로그램의 배치 그 자체가 정치적인 것임을 보여주는 대목이다.

영국 노동자계급의 형성을 연구한 역사학자 에드워드 톰슨의 설명을 빌리면, 유혈 스포츠에서 '합리적 레크리에이션'으로의 변화는 산업자본주의의 확대 과정과 연결되는데 그 과정은 극도로 가치 개입적이었다고 말할 수 있다.* 다시 말해 근대 산업 질서에 부합하는 정상 품행 만들기는 작업장 안팎의 '무규율성을 교정하는 대대적인 작업'**으로 특정한 주체('합리적인' '교양 있는' '근면한' '신사다운' '품위 있는' 시민)를 만들기 위한 프로젝트였다. 여기에는 작업장의 관리 장치뿐만 아니라 작업장 밖 품행을 지도하는 새로운 테크닉들이 동원됐다. 이렇게 볼

* 에드워드 톰슨, 〈시간, 노동규율, 그리고 산업주의〉, 《학회평론》 8호, 1998, 56~97쪽.

** 아코스 파울리니, 〈산업혁명: 영국에 있어서 공장제의 성립〉, 헬무트 쉬나이더 편, 《노동의 역사: 고대 이집트에서 현대 산업사회까지》, 한정숙 옮김, 한길사, 1982, 277쪽; 이영석, 《산업혁명과 노동정책》, 102쪽.

때 여가 프로그램을 어떠한 방식으로 조직하고 배치할 것인가라는 문제 제기는 지극히 정치적인 것이다. 여가가 투쟁의 대상임을 반증한다.

대중여가는 근대적 규범, 공장 리듬, 합리적 규칙, 도덕적 시선, 제국의 시선 등이 관통하는 권력투쟁의 전장이다. 우리는 근대적 여가 양식의 사회적 구성을 분석함으로써 근대사회가 '쾌락/즐거움을 관리해온 방식들'을 추적할 수 있었다. 근대사회는 쾌락 추구, 환상 추구, 탈출 욕망을 어떻게 관리하는지, 관리 방식은 어떠한 이해와 맞물려 있는지 또는 어떠한 사회질서를 목표로 한 것인지를 답할 수 있다.*

---

* 대중여가는 근대사회의 변동을 담고 있는 사회적인 산물이다. 여가 개념을 '사회적 맥락에 따른 구성물'로서 탐구하는 작업은 여가의 어원론이나 본질론을 문제 삼고 여가가 사회적으로 구성되는 맥락과 과정 그리고 여가를 둘러싼 역사 세력들의 역학관계를 강조한다. 어원을 좇는 또는 본질을 전제하는 접근은 대중여가가 특정한 물적·역사적 조건 속에서 구성된 산물임을 '간과하는' 처사다.

4

배제의 정치, 주체의 생산

합리적 오락 운동은 '정상적인' 쾌락과 오락이 어떠한 방식으로 등장했는가에 대한 답을 보여주는 사례다. 근대 질서에 부합하는 오락·레저·스포츠는 대대적으로 장려되고 그렇지 않은 여가 항목은 금지 대상에 올랐다. 후자는 악으로 규정돼 '경계 밖'으로 밀려났다. 더는 문제 제기를 불허하는 종류의 단어들이 후자를 향해 날선 공격을 퍼부었다. 이러한 이유에서 근대여가는 기실 타자를 배제하는 동시에 특정한 주체를 생산하는 프로젝트였다고 말하는 것이다.

여기서 특정한 주체란 무엇을 지칭했는가? 앞서 언급했듯이 합리적 오락 프로그램이 상정한 정상 인간형은 교양 있는 시민, 도덕적인 인간, 근면한 노동자, 절제하는 성인, 화목한 가족, 신사다운 남성, 정숙한 여성, 강건한 영국인이었다. 당대의 수많은 합리적 오락 프로그램들은 입장의 차이, 방법의 차이는 있었을지는 몰라도 구조적인 동형성structural isomorphism을 띠고 있는데, 그것은 교양 시민과 근면한 신체라는 새로운 인간형을 상정했다는 점이다.

나치 정권의 '기쁨을 통한 힘'이나 발전국가 시기의 '새마을운동'처럼 합리적 오락 운동을 특정한 주체를 생산하기 위한 사회프로젝트라고 규정한다면, 우리는 어떠한 프로그램들이 정상적인 것으로 분류되어 배치됐고 그 프로젝트의 의도와 목표는 무엇인지를 포착해 드러내야 한다. 결국 특정한 프로그램들이 지배 질서와 어떠한 방식으로 맞닿아 있는지를 문제 제기하고 분석하는 작업을 수행해야 하는 것이다.

사회의 '평균인' 만들기

합리적 오락='교양 있는'='생산적인'이라는 등식은 전통적인 오락='야만적인'='비생산적인' 등식을 도출한다. 후자는 배제의 대상이 된다. 본 장을 마무리하기 전에 근대사회의 여가는 무엇을 왜 주변화하고 배제해왔는가를 이야기할 필요가 있다. 왜 '인기 많고 사회적으로 허용되던' 여가 항목들이 주변화됐는가? 주변화된 여가들을 탐색하는 일은 지배 질서가 그 배제를 통해 무엇을 정당화했는지를 추적할 수 있는 작업이자 근대적 규칙에 '부합한' 여가 양식이 지향하는 인간형을 확인할 수 있는 지점이기도 하다.

첫째, 한 사회는 그 사회질서에 조응하지 않는 비기능적인 여가를 주변화한다. 여기서 기능과 비기능의 경계는 새롭게 분류되어 만들어진 범주 구분이다. 근대여가는 사회의 '평균인'을 전제로 한 프로그램으로 평균인은 '건강한' 노동력을 제공하는 교양 있는 시민이었다. 근대여가는 그 건강한 노동력을 재생산하는 데 기능하는 활동만을 적극적으로 장려했다. 원초적 감정을 강하게 분출하는 형태의 오락이나 유혈적 형태의 오락은 무규율적이고 폭력적인 것으로 규제되어야 했다. 그것은 '야만적'이고 '비신사적인' 또한 '비생산적인' 것이었다.

근대 질서를 구축하는 데 부합하는 여가는 말해질 수 있지만, 다시 말해 근대적인 집합생활의 도덕에 유용한 여가는 가능했지만, 나머지는 언제나 말해질 수 없고 주변화됐다. 폴란드의 사회학자 지그문트 바우만이 《쓰레기가 되는 삶들》(2008)에서 말하듯 근대사회의 대중여가는 일종의 새로운 질서를 생산하는 매개체로 특정한 품행을 정당화하는 수단인 동시에 특정한 기질을 뿌리 뽑으려는 장치였다.

전통은 규제의 대상

둘째, 근대여가는 전통적인 것을 배제했다. 메이지 정권은 에도 시대의 오랜 관습이었던 스모를 야만적이고 비합리적인 것으로 여겼다. 우리가 일본의 전통 스포츠라고 알고 있는 지금의 스모는 패전 이후 민족 정체성을 제고하기 위한 차원에서 선택적으로 '발명된 전통invention of tradition'이다. 메이지 초기 스모를

야만적인 것이라 여겨 규제했던 것에 비하면 180도 바뀐 것이다.* 마찬가지로 전통 축제인 마츠리祭り를 무질서하고 위험한 것으로 규정하고 폐쇄했다. 지역마다 각양각색의 형태로 벌어지던 각종 마츠리는 중앙집권 체제를 구축하려는 메이지 정권의 이해에도 부합하지 않는 관습이었다. 이렇게 전통성과 근대성의 치열한 전투에서 전통적인 것들이 타격을 받았다.

남녀혼욕이나 나체 습관 또한 마찬가지 운명에 놓였다. 프랑스 화가 펠릭스 레가메의 그림 〈인력거꾼〉〈대장장이〉〈쌀 빻은 사람들〉(1893)을 보면 당시 노동자 민중의 의복으로 훈도시 차림이 얼마나 일상적이었는지를 보여준다. 그런데 매튜 페리의《일본원정기》에서 보듯 훈도시 차림은 야만적인 것으로 묘사되고 남녀혼욕은 "예의 없고 음탕한" 사람들의 것으로 그려진다. 메이지 정권은 서구의 시선에 비친 '야만국'이라는 오해를 피하려고 전국을 단위로 하는 위식괘위조례違式註違條例를 제정해 공중목욕탕에서의 남녀혼욕을 금지하고 훈도시만 걸친 나체 습관을 규제했다.**

일본의 도시사회사를 연구한 나리타 류이치의 표현을 빌리자면, 여기서 야만은 ① 전 근대적인 관습이나 행동, ② 자기 내면을 억제하지 못하는 거칠고 난폭한 행위, ③ 근대적인 지식의 결여 등으로 풀이된다. 구체적인 항목들을 보면, ① 나체, 문

* 김용의,《일본의 스모: 종교의례인가 스포츠인가》, 민속원, 2014.

** 다케쿠니 토모야스,《한국 온천 이야기》, 50~55쪽.

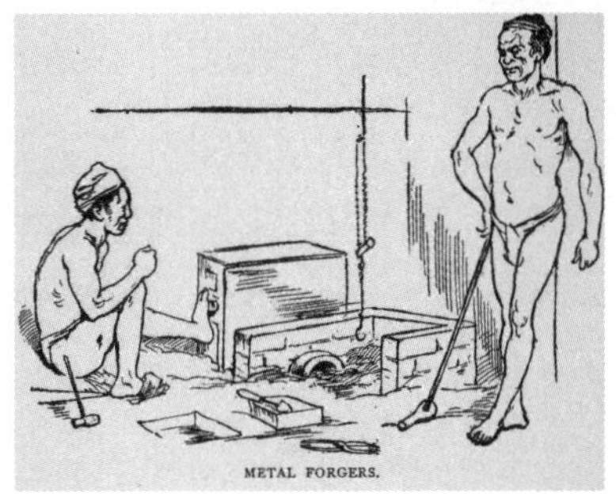

펠릭스 레가메의 그림 〈인력거꾼〉 〈대장장이〉 〈쌀 빻는 사람들〉. 펠릭스 레가메의 그림들은 당시 노동자 민중의 의복으로 훈도시 차림이 얼마나 일상적이었는지를 보여준다. 메이지 정권은 서구의 시선에 비친 '야만국'이라는 오해를 피하려 훈도시만 걸친 나체 습관을 규제했다.

신, 스모, 마츠리, 남녀혼욕, 여장 또는 남장, ② 집단싸움, 노상방뇨, 욕설, ③ 충동적인 행동들, 괴상한 천연두 춤, 붉은 종이에 마馬 글자를 써서 내거는 관습, 악귀 퇴치하는 화롯불 등이다.*

---

* 나리타 류이치, 《근대 도시공간의 문화경험》, 서민교 옮김, 뿌리와이파리, 2011, 115쪽.

종교와 신앙에 기반을 둔 것도 배제의 선상에 올랐다. 근대화 과정은 과학과 이성, 계몽과 합리에 토대를 두고 그것이 상식이 되는 사회로 재편하는 과정이었다. 초자연적인 힘에 기대 길흉화복을 점치는 행위는 지식의 '결여'('비과학' '비이성' '비문명' '비합리')라는 명목으로 배제됐고, 과학과 이성에 바탕을 둔 것은 합리적이라는 이유로 장려됐다. 주술 의식, 무속 기도, 점괘, 부적 등 민간신앙과 관련된 것들은 점차 탈주술화되었다. 굿판의 음주가무는 비과학, 비합리, 비문명의 대명사가 되어버렸다. 식민지 시기 위생·질서·풍기를 담당하던 경찰의 통상적인 업무 가운데 무당의 굿 또한 단속 대상이었다. 이제는 하지 말아야 할 것이었다. 지금까지 믿어왔던 것을 그냥 믿으면 안 됐다. 낡은 지식의 법칙, 삶의 법칙은 죄가 됐다. 종교에 유래를 둔 수많은 성축일도 마찬가지 운명에 처했다. 그 가운데 월요일을 휴일처럼 여기는 노동자 민중의 오랜 관습이었던 성월요일은 주요 공격 대상이었다.

타자의 유희를 통제하다

셋째, 근대 질서에 부합하지 않는 타자의 유희 역시 통제됐다. 비이성애자의 다양한 성적 욕구나 실천은 철저한 금지의 대상이 됐다. 어린이의 성, 동성 간의 섹슈얼리티, 집단적인 형태, 동물과의 성적 유희는 자연의 법칙에서 어긋난다는 이유에서 또한 노동력을 파괴하는 행위로 도덕주의와 산업주의의 대대적인 공격을 받았다. 비이성애자의 쾌락은 산업자본의 질서에 어긋나는 쾌락으로 처벌과 치료의 대상이 되었던 반면 부부를 전제로 한 이성애자의 쾌락은 자연의 순리인 것처럼 장려됐다. 근대적인 도덕 규범은 노동력의 재생산이라는 기준으로 정상과 비정상의 경계를 세워 '경계 밖'의 성적 욕구들을 병리화·범죄화하고 질식시켰다. '경계 밖'의 것들은 사회질서를 위협하는 반사회적인 범죄, 격리되어야 할 질병, 심판되어야 할 죄악으로 치부됐다. '경계 밖'의 것들은 언제나 개조 또는 절멸의 대상에 올랐다.*

한편, 여성의 여가 또한 특정화됐다. 여성의 여가는 재생산 기능에 복무하는 한에서만 허용되었다. 여성의 여가 가운데 가족의 재생산, 노동력의 재생산이라는 특수한 목적에 부합하지 않는 것들은 '범주 밖으로' 쫓겨났다는 이야기다. 여성의 여가는 오로지 어머니와 아내로서의 정체성만을 정상적이고 유일한 것으로 인정하는 가족을 모델로 재설계됐다. 여성의 여가상은 '자애로운 어머니' '스위트 홈' '화목한 가정' '신성한 화덕' '정숙하고 조신한 몸가짐' '단정한 옷차림' 같이 모성성과 가정성을 강조하는 언어로 계열화됐다. 그렇지 않은 여가는 문란하고 타락해 죄악을 퍼뜨리는 '헤픈 여자' '음탕한 년' '칠칠치 못한 계집'의 행동거지, '바르지 못한 행실' '음란한 행실' '결손'

---

* 미셸 푸코, 《성의 역사: 앎의 의지》, 이규현 옮김, 나남출판, 1990.

가정의 문제, '도덕적 타락'으로 낙인찍혔다. 빅토리아 시대의 도덕 규범은 산업사회의 성별 분업 이데올로기와 강력하게 결합하면서 여성의 여가를 가족중심적인 것으로 재편해나갔다. 그 밖의 것들은 가정은 물론 사회질서를 해치고 질병과 죽음에 이르게 하는 것으로 여성의 여가 항목에서 배제되고 금기시됐다. 이러한 의미에서 근대여가는 젠더화된 구성물이라고 말할 수 있다.

피식민지 사람들의 여가도 마찬가지로 주변화되었다. 근대여가는 제국을 표상하는 도구이자 식민화하는 수단으로 인종주의적 위계의 논리와 강력하게 결합했다. 일본 식민 통치의 시선에 비친 조선 사람들에 대한 상투적인 표현을 보자. "조선인은 경제 관념이 부족하고 위생 관념이 빈약하며 미신이 깊고 혼례나 장례식에 불합리한 낭비를 한다." "위생을 모르는 야만" "노예근성"까지 조선인은 어디까지나 악취 나고 야만적인 민족으로밖에 비치지 않았다.* 당시 총독부가 전개한 '농촌진흥운동'은 과학 보급, 미신 타파, 위생 강화, 규율 통제, 심성 개조 등 인종적 배제의 언어로 채워진 일종의 품행 개조 프로젝트였다. 제국의 건설에 걸림돌이 되는 조선 사람들의 '게으름'을 '원숭이'를 닮은 모습으로 그렸고 먹고 마시고 노는 모든 것들을 금지 또는 개조의 대상에 넣었다. 이렇게 보면 근대여가에는

---

* 조경달, 《식민지기 조선의 지식인과 민중》, 정다운 옮김, 선인, 2012; 고미숙, 《한국의 근대성, 그 기원을 찾아서: 민족·섹슈얼리티·병리학》, 책세상, 2004, 133~150쪽.

식민주의를 정당화하는 기제로 우생학이 동원됐고 사회진화 이데올로기가 덧대어 있었다.*

현재 중심주의의 오류

마지막으로 근대사회로의 이행에 따른 여가 패턴의 변화를 독해할 때 나타나는 몇 가지 오류를 이야기할 필요가 있다. 그것은 현재 중심주의의 오류, 이분법적 구분의 한계이다. 또한 근대성의 이중적 특성을 놓치지 말아야 한다는 점이다.

첫째, 현재의 시각에서 과거의 여가를 야만, 비합리, 비위생, 잔인함, 방탕함으로 등치시키는 것에 주의해야 한다. 셰필드 대학의 역사사회학자 존 홉슨은 과거의 맥락을 고려하지 않은 채 과거의 사건들과 현상들을 '현재의 기준으로' 재단하는 것을 현재 중심주의tempo-centrism라고 개념화한다. 현재의 기준을 과거에 투사할 때 나타나는 오류다. 우리는 당대의 맥락으로 들어가 그때의 여가 패턴을 읽어야 한다. 길거리 주먹 싸움, 몹 풋볼, 닭싸움, 닭 과녁 삼아 맞히기, 소 곯리기, 쥐 곯리기는 당대의 맥락에서 값싸고 흥미진진한 민중 오락이었을 것이다. 과거의 오락을 현재의 시선에서 야만, 비위생, 비도덕으로 해석하는 것은 탈맥락적일뿐더러 그 오락을 둘러싼 권력관계의 특성을

* 설혜심·박형지, 《제국주의와 남성성》, 아카넷, 2004.

포착하지 못하는 반쪽짜리 분석에 그친다.

동물싸움에서 표출되는 유혈성과 폭력성을 하층의 것인 양 단정짓는 것 또한 오류다. 당대의 맥락에서 유혈성과 폭력성은 노동자 민중의 오락에만 나타나는 것은 아니기 때문이다. 노예들이 목숨을 내놓고 격투하게 하는 게임을 내기 삼아 즐기는 유혈 격투나 노예들을 사냥감 쫓듯 과녁 삼아 즐기는 사냥놀이는 특권 계층의 유혈 오락 가운데 하나였다.

제한적인 사례일 수 있지만 영화 〈노예 12년〉(2013)이 노예를 대상으로 한 폭력의 일상성을 담아낸 실화 기반의 드라마라면, 드라마 〈왕좌의 게임〉은 그 가상 버전일 것이다. 특히 영화 〈장고〉(2013)에서 대부호인 농장주 디카프리오가 자신의 개인 살롱에서 흑인 노예들을 상대가 죽어나갈 때까지 결투시키는 게임인 만딩고Mandingo를 낄낄거리며 즐기는 장면이나 영화 〈왕의 남자〉(2005)에서 광대패를 사냥감 쫓듯 화살을 쏴대는 장면을 떠올려보자. 광장이나 장터에서 닭을 과녁 삼아 맞히는 놀이가 민중의 흥미진진한 유혈 오락이었듯이, 광대를 과녁 삼아 하는 사냥 놀이는 귀족계층의 스펙터클한 유혈 오락이 아니었을까.

영화 〈베테랑〉(2015)에는 특권층이 벌이는 유희 형식의 폭력성과 가학성을 엿볼 수 있는 장면이 나온다. 안하무인 막무가내로 나오는 재벌 3세가 술집 룸에서 팔씨름을 지켜보던 도중 시합이 마음에 들지 않자 팔씨름을 하던 친구의 어깨를 담뱃불로 지지던 장면이나 회사 사무실에서 화물트럭 기사와 관리 소상에게 권투장갑을 건네고는 만딩고처럼 거의 죽을 때까지 결투시키고 게임비 형식으로 대전료를 화물트럭 기사에게 던지는 장면 또한 특권 계층의 가학적인 유혈 오락을 극적으로 묘사

여우 던지기 놀이 및 대회 풍경. 대회용으로 여우를 비롯해 수백 마리의 동물이 죽어나갔다. 특권 계층의 스펙터클한 유혈 오락의 일면을 볼 수 있는 그림이다.

하고 있다.

특권 계층이 벌인 유혈 오락의 사례는 역사 속에서도 찾을 수 있다. TV 프로그램 〈비정상회담〉(2015.8.3)에서 폴란드 출신 프셰므스와브 크롬피에츠는 각국의 왕에 대해 이야기하는 자리에서 강건왕이라 불렸던 아우구스트 2세를 소개한다. 그는 여우 던지기를 굉장히 즐겼는데 동물 던지기animal tossing를 개최하기도 했다. 여우 던지기는 두 사람이 마주서서 천 따위를 느슨하게 잡고 있다가 여우나 오소리가 그 위를 지나갈 때 세게 잡아당겨 높이 던지는 오락이다. 기록에 따르면, 대회용으로 여우 647마리, 토끼 533마리, 오소리 34마리, 살쾡이 21마리가 동물 던지기에 사용됐고 죽어나갔다고 한다.

현재의 관점에서 민중의 오락을 야만적이라고 몰아세우는 것도 오류에 해당하고, 상류층의 사냥놀이를 허구적인 사례라고 유보하는 것 또한 당대의 일반적인 '폭력성'을 은폐하는 일이다.

이분법적 구분의 한계

둘째, 이분법적 구분의 한계를 넘어야 한다. 그러기 위해서는 현재의 여가 패턴을 결정된 것으로 이해하는 것이 아니라 '아직 결정되지 않은' 과정으로 읽는 게 필요하다. 여가 패턴들의 경향적인 특징을 포착하고 그 패턴이 다른 패턴과의 관계 속에서 어떻게 경합하는지를 관찰해야 한다. 독일의 철학자 에른스트

블로흐는 다른 시대의 특징들이 같은 시대에 공존하면서 변화 과정에 놓여 있음을 놓치지 말아야 한다고 지적한다. 그는 이를 비동시적인 것의 동시성contemporaneity of the uncontemporary이라고 개념화한다. 근대적 여가 패턴이 지배적인 경향으로 자리잡은 현재의 시공간에도 전통사회의 특징들이 시간적·지리적 격차를 두고 지속되면서 경합한다는 의미다. 우리가 주목해야 할 점은 비동시적인 여가 항목들이 어떠한 경합을 벌이는지 그 가운데 배제되는 것은 무엇이며 정상의 자리를 차지하는 것은 무엇인지 그 과정을 이해하는 것이다.

마찬가지로 여가 패턴의 보편성과 특수성을 구분하는 작업이 요구된다. 어떠한 사회현상을 그 사회만의 '고유한' 특징으로 재단하는 것이 아니라 다른 사회와의 공통성은 무엇인지 일별하면서 차이점들이 사회 맥락 속에서 두드러지게 된 이유들을 관찰해야 한다. 이를테면 우리는 종종 빨리빨리 문화를 미화하든 혹은 부정적으로 묘사하든 한국 사회의 '고유한' 특성이라고 말하곤 한다. 그러나 속도에 대한 호기심과 두려움은 사실 근대사회를 논한 거의 모든 논의에서 발견된다. 박태원의 〈소설가 구보씨의 일일〉이나 짐멜의 〈대도시와 정신적 삶〉은 근대적인 속도에 대한 현대인의 복잡한 감정선들을 그리고 있다. 영화 〈미스터 터너〉에서 보듯이 윌리엄 터너의 눈빛에 담긴 근대적인 것에 대한 경외와 두려움은 그의 그림 〈비, 증기, 속도: 대서부 철도〉에서도 고스란히 나타난다. 그렇기에 근대적인 요소들을 시대나 사회맥락에 따라 구분하는 양상들이 어떻게 같은지 또는 어떻게 다른지 그 보편성과 특수성을 비교 관찰하는 작업이 필요하다.

근대성의 이중성

마지막으로 근대성의 이중적 특징을 포착해야 한다. 근대사회로의 이행을 가속화한 기차가 평등의식을 실어 나르고 멀리 떠날 수 있다는 유토피아를 담아냈지만, 그것은 분명 식민 통치를 상징했고 수탈의 중추신경이었다는 점을 놓치지 말아야 한다. 기차는 일본의 군수품과 군인들을 실어 나르는 수단인 동시에 식민지의 더 많은 자원을 수탈하기 위해 마련된 도구였다. 기차는 근대적 원리와 감각을 실어 날랐을지는 몰라도 새로운 불평등을 만들었다. 신분 차별이 사라졌을지는 몰라도 민족 차별, 빈부 차별, 인종 차별을 수반했다. "한인은 거의 3등칸 승객이지만 사실상 4등칸에 가까운 대우를 받았다."*

《대중의 반역》을 쓴 스페인의 역사철학자 오르테가 이 가세트에 따르면, 근대사회는 다른 시대보다는 자유로워졌지만, 자신의 운명에 대해서는 불안함과 두려움에 시달리게 만드는 시대다. 그는 선택 가능성이 과다한 세계는 불안, 우울, 기형을

---

* 김백영, 《지배와 공간》, 문학과지성사, 2009; 박흥수, 〈식민지 철도는 일본군부터 나르기 시작했다〉, 《프레시안》, 2014.11.16.; 박천홍, 《매혹의 질주 근대의 횡단》, 98쪽, 352~353쪽.

만들어낸다고 본다. 이러한 시대에 우리는 과거로부터 아무런 방향 제시도 취할 수 없기에 자신의 운명을 스스로 책임지고 개척해나가지 않으면 안 된다. 그래서 근대인은 자유로운 주체인 동시에 위험을 떠안은 불안한 존재이자 자유롭지만 동시에 무한히 고독한 존재다.*

* 호세 오르테가 이 가세트, 《대중의 반역》, 51~81쪽.

4 장

근면 신체의 발명

1

일과 쉼은 하나의 생태계

우리는 아무것도 안 하고 그냥 멍 때리는 일에 자책하곤 한다. '특별한 목적 없이 시간 그 자체를 보내는' 쉼과 여유 부리기를 어색한 일, 심지어는 나태한 짓이라고 보기도 한다. 우리는 왜 쉼과 여유 부리기를 나태와 게으름으로 연결 짓고 죄악으로 여기게 됐을까?

쉼과 여유 부리기를 경멸하는 기록들은 꽤 오래전부터 발견된다. 아래는 산업화 이전 시간 낭비에 대한 도덕주의자들의 탄식과 시간의 합리적 사용을 강조하는 자기계발서들의 기록이다. 유독 게으름에 대해 넌더리 나 하는 표현들이 눈에 띈다. "게으름은 몸과 생명을 잃게 한다" "심장이 얼마나 두껍게 만들어졌으면 게으름을 피우는가" "게으름이 모든 걸 뒤덮고 있다"고 불평했다. 역설적으로 이러한 기록들이 말해주는 것은 당대 노동자 민중의 시간에 대한 태도가 지금처럼 온통 일에 맞춰진 채로 강박적이지는 않았다는 점이다.

게으름에 대한 도덕적 수사: 시간을 아껴 쓰는 것이 얼마나 유용한지 생각해봅시다. 상업과 모든 무역, 농업 경영이나 그 밖의 어떤 돈벌이에서 부유해진 사람에게, 우리는 그가 시간을 잘 활용했다고 말하곤 합니다.

감리교의 훈계: 사려 깊게 길을 걷도록 살펴라 하고 사도께서 말씀합니다. …… 시간을 아끼시오. 최고의 목적을 위하여, 가능한 모든 시간을 모으시오. 달아나는 시간을 죄와 사탄의 손아귀로부터 그리고 게으름과 편안함, 쾌락과 세상사의 손아귀로부터 되찾아 오시오.

리처드 박스터의《기독교 지도서》에 나타난 시간 절약론: 시간을, 그 짧은 시간을, 한 번밖에 없는 시간을 허비하고 게으름을 피우는 자는 제정신인가? 심장이 얼마나 두껍게 만들어졌길래? 시간은 그들의 영혼을 영원히 구원하라고 신이 그들에게 부여하신 것이다.

복음주의자 한나 모어의《일찍 일어나기》: 말없는 살인자, 게으름이여! 더 이상 나의 정신을 가두어놓지 말라. 게으름, 그리고 너 흉악한 수면이여! 더 이상 시간을 낭비하게 하지 말라.*

---

* 위 세 개의 인용문은 에드워드 톰슨, 〈시간, 노동규율, 그리고 산업주의〉, 앞의 책에서 인용.

도덕주의자들의 불평 가운데 성월요일에 대한 것이 유독 두드러졌다. 성월요일은 월요일을 휴일처럼 여기는 노동자 민중의 오랜 관습이었다. 노동자들은 성월요일을 '친구의 날' '시장 가는 날' '개인적인 일을 보는 날', 지난주에 번 돈으로 술을 마시며 보내는 날로 여겼다. 광산 지역 노동자들에게 월요일은 급료를 받는 휴일Pay Monday이었다. 19세기에 들어서면서 성월요일에 대한 공격은 더욱 거세졌다. 특히, 성월요일에 벌어지는 노동자 민중의 '방자하고 무절제한' 음주와 오락을 넌더리 나 했다.*

지역에 따라 편차가 있기는 하지만 가내수공업의 비율이 높고 숙련노동자가 많았던 지역에서는 성월요일이 1860년대까지도 지속되었다. 이는 숙련노동자의 노동이 과업을 받아 일하는 형식으로 그들의 위치가 상당히 독립적이었기 때문이다. 물론 물건을 출하하는 날이나 원료를 보급받는 날이 통상 토요일 저녁이었기에 작업은 주중의 중반을 지나서야 본격적으로 시작됐다. 톰슨은 19세기 중반까지도 일의 태도가 과업의 특성에 따랐다고 이야기한다.**

---

* Douglas Reid, "The decline of Saint Monday 1766~1876", Ibid.; 김영선, 《과로 사회》, 이매진, 2013, 151쪽; 벤저민 클라인 허니컷, 《8시간 VS 6시간》, 김승진 옮김, 이후, 2011, 87쪽.

** 시간 규율time-discipline의 형성 과정은 지리적으로나 시기적으로 편차가 있었다. 장인들의 저항이 거셌던 지역에서는 성월요일 관습이 19세기 말까지도 남아 있었다. 그렇지만 기계화와 공장제가 빠르게 진행된 곳에서 노동자는 자본에 실질적으로 종속되어 저항의 물질적 기초를 상실했다. 물론 자본과 노동이 행사하는 계급의 힘에 따라 변화의 정도는

성월요일을 묘사한 그림. 성월요일은 월요일을 휴일처럼 여기는 노동자 민중의 관습으로 '널리 행해지던' 오랜 관습이었다. 노동자들은 성월요일을 지난주에 번 돈으로 술을 마시며 보내는 날로 여겼다.

네덜란드 화가 피터 브뤼겔이 노동자 민중의 일상을 그린 풍속도는 톰슨이 언급한 과업 중심적인task-oriented 노동문화를 잘 담고 있다. 그림 〈추수하는 사람들〉(1565)을 보면 일과 쉼, 노동시간과 식사시간이 겹쳐 있었고 시공간적으로도 분리되지 않았다. 하나의 시공간에서 일과 쉼은 한데 섞여 있었다. 장 프랑수아 밀레의 〈정오 낮잠〉(1866) 또한 일과 휴식, 낮잠과 작업이 서로 중첩적임을 말해주고 있다.

관련 기록들을 보면, 사람들은 오랜 노동보다 긴 여가를 선택했다. 가족의 생계비나 생필품비를 버는 정도로만 일을 했다. 거의 모두가 집 한 칸과 약간의 텃밭이나 소토지 같은 "한 뼘의 땅"이 있었기에 일에 종속될 필요가 없었다. 어느 정도 돈을 벌었다고 생각하면 일하기를 그만두고 술을 마시고 노는 경우가 많았다. 휴식을 향한 욕구는 부끄러운 것이 아니었다. "뱃놈답게 인생을 짧고 굵게" 살려는 태도가 일반적이었다.*

막스 베버가 《프로테스탄티즘의 윤리와 자본주의 정신》(1905)에서 언급하듯이, 그 당시 사람들은 소득을 극대화하려는 태도가 별로 없었다. 사람들은 성과급이 오르더라도 노동량을 증가시키진 않았다. 종전처럼 단지 '2모르겐'만을 수확했다.

달랐다. 자세한 내용은 Douglas Reid의 "Weddings, weekdays, work and leisure in urban England 1791~1911: The decline of Saint Monday revisited", Ibid.와 이영석의 《산업혁명과 노동정책》, 204~206쪽을 참조하라.

* 마커스 레디커, 《악마와 검푸른 바다 사이에서》, 박연 옮김, 까치, 2001, 140~142쪽.

피터 브뤼겔의 〈추수하는 사람들〉(위)과 장 프랑수아 밀레의 〈정오 낮잠〉. 이 그림을 보면 알 수 있듯 일과 쉼은 한데 섞여 있었다. 일과 휴식, 낮잠과 작업이 서로 중첩적이었다. 노동이 공장이라는 특정한 시공간에 구속되면서 일터와 집의 분리, 작업 장소와 거주 장소의 분리, 노동시간과 여가시간의 분리가 선명해졌다.

"자신이 살아온 대로 살고 그에 필요한 만큼만 벌었다." 그 이유는 그것에 만족했고 수입을 늘리는 것보다 자유를 더 중시했기 때문이다.* 지금까지의 내용을 고려해보면, 인간의 본성이라 여기고 있는 '끝없는 욕구unlimited wants'는 사실 자본주의 체제의 고유한 산물임을 확인할 수 있다.

> 사람들은 가족생계비나 생필품비만을 버는 수준에서만 일했다. 그 이상으로 일하는 경우는 거의 없었다. …… 최저임금을 받는 최저 계층의 노동자조차도 성월요일 관습을 지키려 했다.**

> 저축할 생각은 하지 않고 …… 미래를 설계하려고 하지도 않으며 …… 욕구를 미래로 지연하기보다는 현재에 분출했다.***

> 잉여수입보다는 노동을 적게 하려 한다. 노동자는 자신이 노동을 극대화시키면 매일 얼마를 벌 수 있는지를 묻지 않고 자기가 지금까지 벌었고 또 자신의 전통적 필요에 알맞던 그 액수를 벌려면 하루에 얼마나 일해야 하는지를 묻는다. …… 사람들은 '그 본성상' 더 많은 돈을 벌려는 것이 아니고 단지 자신이 살아온 대로

---

* 막스 베버, 《프로테스탄티즘의 윤리와 자본주의 정신》, 박성수 옮김, 문예출판사, 1996, 44쪽; 폴 라파르그, 《게으를 수 있는 권리》, 조형준 옮김, 새물결, 2005, 26쪽; 실비아 페데리치, 《캘리번과 마녀》, 황성원·김민철 옮김, 갈무리, 2011, 49쪽.

** 크리시스, 《노동을 거부하라!》, 김남시 옮김, 이후, 2007, 70~71쪽.

*** 마커스 레디커, 《악마와 검푸른 바다 사이에서》, 141쪽.

살고 그에 필요한 만큼만 벌려고 한다.*

산업화가 진행되면서 '널리 행해지던' 성월요일 관습을 향한 전례 없는 대대적인 공격이 가해졌다. 성월요일의 음주와 오락은 노동력을 파괴시키는 '악'이자 비효율의 전형으로 여겼고, 시간 낭비, 불규칙, 부절제 등 만악의 근원으로 간주됐다. 공격의 정도는 이전의 도덕적인 탄식이나 종교적인 훈계와는 전혀 다른 것이었다.

* 막스 베버, 《프로테스탄티즘의 윤리와 자본주의 정신》, 44쪽.

2

—

노동자와 공장, 정상 인간형이 바뀌다

산업화 초기의 노동정책은 '최저 노동시간법'과 '최고 임금법'이었다. 공장에서 일하려는 노동자의 가족에게 싼값으로 집을 임대해주기도 했다. 공장 일을 하려는 사람을 찾기 어려웠던 시절에 그것은 부랑자나 빈민을 임금을 목적으로 한 공장 노동자로 만드려는 수단이었다. 바우만에 따르면 산업자본주의 초기에 빈곤층을 일하게 하는 것은 경제적 과제였을 뿐만 아니라 도덕적인 과제였다. 노동의 효율성을 제고하는 것 이전에 '게으르고 방탕한' 기질을 제거하는 게 관건이었다. 산업자본이 보기에 높은 결근율과 잦은 지각·조퇴 같은 '일관성 없는' 작업 습관은 골칫거리였다. 산업 질서와 맞지 않는 전통적 형태의 일과 쉼 패턴은 타파의 대상에 올랐고, 도덕의 이름으로 가장 큰 악덕이 되었다.*

---

* 지그문트 바우만, 《새로운 빈곤》, 이수영 옮김, 천지인, 2010, 22쪽; 로버트 오언, 《사회에 관한 새로운 의견》, 하승우 옮김, 지식을 만드는 지식, 2012, 32쪽.

대공장으로 표상되는 산업화 이후 노동의 세계는 질적으로 달라졌다. 첫째, 랭커셔 지역의 18세기 말과 19세기 초 풍경을 간단히 비교해보자. 18세기 말 작업장은 통상 '시골의 작은 집cottage'이었다. 집은 주거공간이자 작업장이었으며 휴식의 장소이자 물품 저장고이기도 했다. 이렇게 가정생활과 노동 과정은 한 지붕 아래에서 이뤄졌다. 거주 장소와 작업 장소가 공간적으로 크게 다르지 않았기에 가족 구성원 대부분이 생산 과정에 결합되어 있었다. 그러던 것이 19세기 초반을 지나면서 작업장의 외형은 '5~6층 높이의 공장'으로 바뀌었고 노동 과정은 대공장이라는 특정한 시공간에 집중됐다. 인구도 눈에 띄게 달라졌는데 25만 명(1772) 정도에서 455만 5,000명(1851)으로 20배가량 늘었다.*

> 1780년: 직공의 작업장은 시골의 작은 집이었다. 여기서 노동자들은 앉아서 하는 작업이 피곤할 때면, 작은 정원에 나가 쉴 수 있었고 가래나 괭이로 텃밭의 먹을거리들을 가꿀 수 있었다.

---

* 아코스 파울리니, 〈산업혁명: 영국에 있어서 공장제의 성립〉, 앞의 책, 261쪽; 이영석, 〈19세기 런던: 사회사적 풍경들〉, 앞의 책, 2000. 산업별 자본의 투자 규모를 보자. 1820년대에 들어서면서 농업 부문(408만 파운드)과 공업 부문(946만 파운드)의 격차가 두 배 이상으로 벌어졌다. 노동자의 구성비를 보아도 가장 높은 비율을 차지하던 농업·임업·수산업의 비율은 계속 떨어지더니 1821년에는 공업·광산업에 추월당했다(각각 28.4퍼센트, 38.4퍼센트). 이에 대한 자세한 내용은 김택현의《차티스트운동, 좌절한 혁명에서 실현된 역사로》, 43~44쪽을 참조하라.

1814년: 맨체스터에는 5~6층 높이의 공장들이 수백 개씩 줄지어 있었다. 공장 한쪽 면에는 검은 연기를 내뿜는 커다란 굴뚝이 세워져 있고, 공장 굴뚝은 강력한 증기 엔진의 현존을 가리키는 듯하다. 공장의 검은 연기는 수마일에 걸쳐 마을을 뒤덮었고, 집들은 연기로 검게 그을렸다. 맨체스터에 맞닿아 있는 강은 염료통의 물감처럼 오염되어 있다.*

산업화 전후의 노동 패턴 비교

산업화 이전	산업화 이후
장소에 배태	(대공장으로 표상되는) 특정한 시공간에 구속
불규칙-비연속인 노동	규칙적-연속적인 노동
느슨하고 성긴 노동	조밀한 노동
자연 리듬에 기초한 '부지런함'	시계 리듬에 기초한 산업적 '근면'
과업 중심적인 노동 태도	시간 지향적인 노동 태도
일과 쉼은 하나의 생태계	노동과 비노동의 분리
수공의 세계	기계적 분업의 세계
종교적 신체관	기계적 신체관

* Kirkpatrick Sale, *Rebels against the Future: The Luddites and their War on the Industrial Revolution: Lessons for the Computer Age*, Basic Books, 1996, p. 25.

규칙적인 노동 패턴으로

둘째, 눈에 띄는 변화 가운데 하나는 노동 패턴이 '규칙적'으로 바뀌었다는 점이다. 노동자는 공장이 돌아가는 때에 맞춰 출근을 해야 하고 공장이 문을 닫는 시간이 되어야만 퇴근했다. 일요일을 제외하면 눈비가 오더라도 매일같이 정해진 시간에 맞춰 출퇴근을 반복했다. 특히 공장이 증기를 도입하면서 노동자들은 기계적 규칙성regularity을 따라야 했다.

노동자들의 하루 이동 패턴을 이동 빈도(y축)와 시간대별(x축)로 그려보면, M자형 곡선을 띠었다. 이동 빈도가 출퇴근이라는 특정한 시간대에 집중된 것이다. '통근'이라는 새로운 생활 패턴이 생겨났다. 일부는 통근 거리가 5~6킬로미터에 달하기도 했다. 이 같은 모습은 상당히 낯선 것으로 최소한 전통적인 생활습관과의 단절을 의미했다. 주중과 주말의 구분은 더욱 확연해졌다. 주중은 반복적인 노동으로 채워졌다. 종교 리듬에 따라 나뉘었던 주중과 주말의 구분은 이제 공장 리듬에 따라야 했다.

김성균 작사 작곡의 〈유치원에 갑니다〉(1989)라는 동요가 있다. 규칙적인 등원 패턴을 고스란히 함축하는 노래다. 가사는 이렇다. "쨍쨍쨍 해가 떴어요 어디 가세요. 죽죽죽 비가 오는데 어디 가세요. 쌩쌩쌩 바람 부는데 어디 가세요. 펑펑펑 눈이 오는데 어디 가세요. …… 나는 유치원에 갑니다." '유치원'을 '공장'으로 바꿔 부르면 규율 노동의 전형을 오롯이 담고 있다. 동화만큼은 아니더라도 아이들이 주로 부르는 노래는 왕왕 산업주의의 원형을 재현하고 있다.

이에 반해 산업화 이전의 작업 패턴은 '불규칙적'이었다. 여기서 불규칙적이라는 말은 규칙이 없거나 또는 일정하지 않았다는 것이 아니라 산업적인 규칙과는 '다른 규칙', 이를테면 자연 리듬에 기초했다고 해석하는 것이 적절하다. 불규칙성, '일관성 없음'은 산업 리듬을 기준으로 한 표현이다. 비바람이 몰아치는 날에 굳이 특정한 출근시간에 맞춰 일터로 나갈 필요는 없었다. 뙤약볕이 쨍쨍 내리쬐는 한낮에 작업을 강행할 필요도 없었다. 하루 일과 패턴은 산업사회의 규칙적인 노동 패턴과는 달랐다.

산업화 이전 노동자 민중의 주중 일과를 보자. 다음은 어느 도덕주의자의 탄식이지만 노동자들의 주중 패턴을 확인할 수 있다. "당신은 월요일을 일요일의 형제로 알고 있어요. 화요일도 마찬가지고요. 수요일에 당신은 교회에 가서 기도를 해야 하지요. 목요일은 절반이 휴일이고 금요일에 실을 잣기에는 너무 늦어요. 토요일, 다시 절반만 일하지요."*

엥겔스는 《영국 노동자계급의 상태》에서 노동자 민중의 이러한 노동 패턴에 대해 "그들 스스로가 자신의 노동일을 정했으며 자신의 필요물에 충분할 만큼 벌었다. 그들은 텃밭이나 소토지에서 건전한 노동을 할 만한 시간이 있었다"고 한다. 마

---

* 에드워드 톰슨, 〈시간, 노동규율, 그리고 산업주의〉, 앞의 책.

찬가지로 톰슨은 《영국 노동계급의 형성》에서 직조공을 예로 들어 노동자의 자율성을 설명한다. "직조공들은 자신의 의지대로 일하는 시간을 조절했고, 여가시간에는 땅을 조금 빌려 농사를 지었다. 여가시간도 자신이 선택할 수 있었다. 마음이 내키는 때 내키는 시간만큼 옷감 짜는 일을 하는 게 가능했다."* 노동자 스스로 자신의 노동을 통제할 수 있는 계층에서 나타나는 일상의 모습은 한바탕 일하고 질펀하게 노는 것이었다. 그렇지만 산업화 이후 노동자의 자율성은 점차 박탈되어갔다. 산업 리듬의 관점에서 '한바탕 일하고 한바탕 노는 것'은 무규율적인 것이었다.

연속적인 노동 패턴으로

셋째, 작업 과정은 '연속적'으로 바뀌었다. 이는 전통적인 작업 패턴과는 질적으로 다른 것이었다. 노동자는 출근부터 퇴근까지 일-휴게시간-일-점심시간-일-휴게시간을 반복하면서 '빈틈없이' 특정한 작업에 매달려야 했다. 작업과 작업의 간격은 이전보다 더욱 조밀해졌다. 노동일 가운데 빈틈은 점차 사라졌다. "1분 1초는 이윤의 요소이기 때문에" 공장주는 빈틈을 제거

---

* 프리드리히 엥겔스, 《영국 노동자계급의 상태》, 10쪽; 이옥순, 《게으름은 왜 죄가 되었나》, 서해문집, 2012, 69쪽.

하기 위해 관리 장치를 촘촘하게 도입하고 작업 매뉴얼을 세밀하게 부과해나갔다.

자본이 식사시간이나 휴식시간을 깎아내는 짓을 노동자들이나 감독관들은 "분 뜯어내기" "분 도둑" "식사시간 야금야금 깎아먹기"라고 불렀다. 마르크스는 《자본론》(1867)에서 "자본은 신체의 성장·발육 유지에 필요한 시간을 빼앗는다. 자본은 신선한 공기와 햇빛을 이용하는 데 필요한 시간을 도둑질한다. 자본은 식사시간을 깎아내며, 가능하다면 그 식사시간을 생산과정에 편입시키며, 그리하여 마치 보일러에 석탄을 공급하고 기계에 윤활유나 석유를 공급하듯이, 식사를 노동자에게 제공한다. …… 자본은 노동력의 수명을 문제 삼지 않는다. 자본이 관심을 가지는 것은 오로지 1노동일 내에 운동시킬 수 있는 노동력의 최대한도일 뿐이다. 자본은 노동력의 수명을 단축시킴으로써 이 목적을 달성하는데, 그것은 마치 탐욕스러운 농업경영자가 토지의 비옥도를 약탈함으로써 수확량을 늘리려는 것과 같다"고 지적한다.*

반면 산업화 이전의 작업 과정은 '비연속적'이었다. 특정한 작업만을 연속적으로 반복할 필요는 없었다는 이야기다. 하루 일과는 여러 일들로 느슨하고 성기게 짜였다. 햇볕이 강한 시간에는 볕을 피해 숨을 돌리거나 낮잠을 자거나 일의 속도를 조정

---

* 데이비드 하비, 《데이비드 하비의 맑스 『자본』 강의》, 268쪽; 카를 마르크스, 《자본론 Ⅰ(상)》, 김수행 옮김, 비봉출판사, 1996, 336쪽.

할 수 있었다. 점심식사를 공장 내 정해진 구역에서만 할 필요 없이 집 뜰에서 또는 일터 밖 둑방에서 하기도 했다. 작업 과정은 조밀하지 않은 채 여러 작업들로 채워져 있었다.

공장 리듬과 노동자의 삶

넷째, 일은 '공장 리듬'에 조응해야 했다. 하루 일과, 주중 일과, 출퇴근 시간, 점심시간, 휴게시간까지 모두 공장의 가동 시간에 맞게 재편됐다. 노동자들은 일하고 싶을 때 일하는 게 아니라 기계가 돌아가는 흐름에 맞춰 일하고, 쉬고 싶을 때 쉬는 게 아니라 기계가 멈출 때 비로소 쉬거나 끼니를 때울 수 있었다. 점심식사는 지정된 구역에서 정해진 시간에 마쳐야 했다. 자세나 동작도 작업 매뉴얼에 따라야 했다. 생리 욕구 또한 공장 리듬에 맞게 조절해야 하는 것도 이전과는 다른 모습이었다.

이에 반해 산업화 이전의 작업 패턴은 '계절 리듬'에 기초했다. 산업화 이전의 노동 패턴이 공장 노동과 비교해 불규칙하고 비연속적이고 특정한 시공간에 구속될 필요가 없었지만, 해·달·별이라는 계절 리듬에 따랐다는 의미에서 전혀 '다른 형식의' 규칙성을 가졌다고 표현하는 것이 적절하다. 공장이 가동되는 시간에 맞춰 출근할 필요는 없지만, 해 뜨는 즈음에 밭일을 시작했다. 공장 노동은 계절과 상관없이 기계의 가동 여부가 중요하지만, 산업화 이전의 작업은 계절에 따라 파종, 풀베기,

수확 등 일의 종류와 강도가 달랐다.

노동자, 불구자가 되다

다섯째, 공장 노동은 작업별로 분할·배치돼 노동자들은 실잣기 같은 특정한 한 가지 작업에 매달렸다. 이는 전통적인 작업 내용과는 전혀 다른 것이었다. 매뉴팩처는 다수의 분산된 작업 공간들을 '공장'의 형태로 한데 모아 동작 비용과 거래 비용을 줄이는 새로운 방식으로 작업 과정을 특수한 단계들로 분할해 노동자들이 특화된 작업에 복무하도록 했다. 그 결과 노동자들은 점점 더 단 하나의 특정한 작업에만 매였고 특정한 동작만 반복해야 했다. 노동자가 전체 작업 가운데 어느 부분, 어느 단계에 속하는 일을 하고 있는지를 파악하는 게 그리 중요치 않게 됐다.

분업에 대한 존 러스킨의 비판을 보자. 산업적 분업체계에 대한 당대 낭만주의적 비판의 전형을 엿볼 수 있다.* "사실대로 말해서 쪼개진 것은 노동이 아니라 다름 아닌 인간이다. 집단의 한 부분으로 졸아들고, 단편적이고 피상적인 삶 속으로 전락한 결과, 인간은 자신에게 남겨진 조그만 지성으로는 핀 하나, 못

* 존 러스킨, 《베네치아의 돌》, 박언곤 옮김, 예경, 2006; 송승철, 〈산업사회에 대한 인문적 대응: 문화와 사회 전통〉, 양동휴 외, 《산업혁명과 기계혁명》, 서울대학교출판부, 1997, 142쪽 재인용.

하나 제대로 만들지 못하고 겨우 핀의 끝이나 못 대가리 하나 만들고 나면 다 소진해버린다."

마르크스는《자본론》에서 "명백한 것은 일생 동안 하나의 동일한 단순작업을 수행하는 노동자는 자기의 신체를 그 작업을 위한 자동적이고 일면화된 도구로 전환시킨다는 점이다. …… 매뉴팩처는 노동자의 일체의 생산적인 능력과 소질을 억압하고 특수한 기능만을 촉진함으로써 노동자를 기형적인 불구자로 만든다"고 지적했다.*

그런데 기계제 공업이 매뉴팩처를 대체하면서 노동은 더욱 단순화됐다. 노동자는 일종의 부속물로 여겨졌다.** 기계의 사용으로 그 자리에는 텃밭, 물레, 베틀조차 없는 각종 연령의

---

* 카를 마르크스,《자본론 I (상)》, 433~458쪽; 데이비드 하비,《데이비드 하비의 맑스『자본』강의》, 328~340쪽.

** "매뉴팩처처럼 분업에 기초한 협업"은 "부분 작업 기계들의 결합"으로 나타난다. "매뉴팩처에서 노동자는 개별적으로 또는 조별로 나뉘어 각자의 수공업 도구로 각각의 부분 노동 과정을 수행해야만 한다. …… (그런데) 기계제 생산에서는 이런 원리가 사라져버린다. 기계제 생산에서는 총 노동 과정이 노동자와 무관하게 그 자체가 객관적으로 고찰되고 각 부분 노동 과정을 수행하고 결합시키는 문제는 역학이나 화학 등의 기술적 응용을 통해 해결된다." 기계제는 기존의 토대 그 자체를 뒤집어엎고 자신의 생산양식에 적합한 새로운 토대를 만들어내야 했다. 말하자면, 자본주의는 자신의 유통법칙과 더 잘 맞는 기술적 토대를 발견한 것이다. 자세한 설명은 데이비드 하비의《데이비드 하비의 맑스『자본』강의》, 280쪽을 참조하라. 한편 마르스크는 매뉴팩처에서 기계제 공장으로의 변화를 절대적 잉여가치에서 상대적 잉여가치로 착취의 성격이 변화한 것이라고 분석했다. 브레이버만은 자본주의적 기계의 지배가 확립되는 과정이라고 보았다. 자세한 내용은 이영석의《산업혁명과 노동정책》, 101~107쪽과 해리 브레이버만,《노동과 독점자본》, 까치, 1989, 201쪽을 참조하라.

아동, 여성, 그리고 미숙련공 가릴 것 없이 광범위하게 채워졌다. 기계는 숙련 노동자를 배제하고 "근육의 힘을 대체함에 따라" 아동과 여성으로 구성된 단순 노동만으로도 가동됐다. 노동자가 도구를 사용하는 것이 아니라 이제는 기계가 노동자를 도구로 사용하는 모양새가 됐다. 마르크스는 아동노동과 여성노동이 기계 사용의 첫 번째 결과라고 일갈한다. 일종의 노동의 격하degradation of work다. 탈숙련화, 부품화, 볼트·너트화, 야수화 또한 기계적 분업화에 대한 유사한 진단이다.*

〈모던 타임스〉(1936)는 온종일 부분 작업에 매달려야 하는 공장 노동을 풍자하는 영화다. 찰리 채플린이 볼트 조이는 일에 종일 매달리는 장면처럼, 공장 노동자는 특정 작업만을 반복 실행하는 기계가 되었다. 노동 과정은 작업별로 분할·배치되었고, 노동자 자신이 작업의 흐름을 조절하는 것은 어려웠다. 노동자는 기계의 부품처럼 언제든지 다른 볼트와 너트로 대체 가능했다. 엥겔스는 노동자를 기계화하는 공장 노동을 다음과 같이 비판했다. "어렸을 때부터 13년 동안 강제된 상태에서 살면서 매일 12시간씩 바늘 끝을 만들거나 이가 나 있는 바퀴를 쌓는 일을 해온 노동자가 가질 수 있는 능력이란 도대체 무엇이며 인간적 감정은 얼마나 남아 있겠는가? 증기기관의 도입 이후 이러한 현상은 더욱 심해졌다." 마찬가지로 채플린은 동료 얼

---

* 해리 브레이버만, 《노동과 독점자본》, 80쪽; 카를 마르크스, 《자본론 I (하)》, 503쪽; 데이비드 하비, 《데이비드 하비의 맑스 『자본』 강의》, 391쪽.

굴에 윤활유를 뿌리는 장면이나 동료 얼굴을 볼트 조이듯 스패너를 들이미는 장면을 통해 노동자를 기계의 부속품, 언제든지 대체가능한 볼트와 너트로 전락시킨 공장 시스템 자체를 문제제기하고 있다. 얼굴에 묻은 윤활유를 닦지도 못한 채 라인이 돌아가는 대로 볼트를 조여야 하는 노동자들의 처지는 공장 노동자의 소외를 풍자하고 있다.*

이에 반해 산업화 이전 노동자 민중의 생활은 '수공의 세계'에 속해 있었다. 노동자들의 하루 일과는 다양한 일로 채워졌으며 노동자들은 전체 작업 과정을 살필 수 있었다. 1782년 어느 농부 겸 직공이 쓴 일기는 산업화 이전 노동자의 하루 일과 패턴을 재밌게 보여준다. "뜰에서 잡다한 선반 일을 하고 저녁에는 편지를 썼다. 그 밖에 마차를 이용한 삯일, 체리 따는 일, 제분소 일, 침례교 집회에 참석하고 공개 교수형장에 나가는 따위의 일들이 있었다."** 신발을 만드는 제화공의 경우, 노동자는 패턴을 만들어 가죽을 재단하고 발모형틀에 맞춰 봉제를 하는 작업의 전 과정을 담당했다. 작업 과정은 덜 분화되었을뿐더러 노동자 스스로 작업 과정 전반을 조율하고 통제할 수 있었다.

---

* 프리드리히 엥겔스, 《영국 노동자계급의 상태》, 157쪽.

** 에드워드 톰슨, 〈시간, 노동규율, 그리고 산업주의〉, 앞의 책.

기계의 관점으로 사고하다

기계는 생산 영역은 물론 정신적인 것, 감정적인 것까지 모든 것을 '기계적인 것'으로 변모시켰다. 신체를 신의 형상, 신의 종속물로 여겼던 종교적 신체관은 신체를 기계로 보는 기계적 신체관에 자리를 내줬다. 기계에 기초한 신체 관념은 팔을 지렛대, 심장을 펌프, 폐를 풀무, 눈을 렌즈, 주먹을 망치, 혈액을 윤활유로 표상했다. 신체의 각 부분은 기계처럼 '계산할 수 있고 분해·수리·교체할 수 있는' 계량화의 대상이 되었다. 질병을 기계의 고장으로 파악하고 치료를 기계 부속 갈아 끼우듯 다룰 수 있다고 보았다. 신심, 체질, 감정보다는 맥박, 혈압 등의 수량 데이터가 중요시됐다.

신체는 '거대한 자동기계'에 따라 여러 파트의 기계들이 연결되어 작동하는 또 하나의 기계였다. 이는 단순히 신체의 표현 형식만을 의미하지는 않는다. 신체의 작동 방식과 내적 구조 그 자체가 기계 규율에 따른다는 의미다. 작업장의 신체는 매뉴얼에 따라 기계적인 동작, 기계적인 자세, 기계적인 속도로 움직여야 했다. 사회 또한 여러 부품들처럼 '살아 있는 기계'로 구성된 하나의 체계로 여겨졌다. 사회의 발전은 기계를 잘 정비된 상태로 유지해 효율을 극대화하는 방식처럼, 살아 있는 기계를 적절히 훈련시키고 관리하는 것을 의미했다. 기계는 노동 과정의 모범이 되었을 뿐만 아니라 사회 행위의 모델이 되었다.

사회 행위를 숫자, 무게, 양의 관점에서 관찰하는 실증주의 과학관이 등장해 신체를 세밀하게 분할하고 기계의 작동에 맞게 분류하는 작업이 더욱 힘을 받았다. 기계에 기초한 지식, 분석, 명령, 이상, 철학, 훈계들의 전 조직망이 인간의 속성을 기계적인 것으로 바꿔나갔다. 산 인간을 '노동력'으로 전환하는 과정, 이른바 '신체의 기계화'는 산업자본주의로의 이행에 핵심적인 과정이었다.

기계와 기계의 효과에 대한 논의들 가운데, 문명비판가인 루이스 멈퍼드는 산업시대를 '거대 기계'에 의한 혼란기로 규정한다. 그는 기계적 요소가 비정상적으로 커진 결과 인간의 신체와 생명을 기계의 부품처럼 생명 없는 존재로 만들어버렸다고 비판한다. 기술 진보에 대한 광기어린 믿음은 거대 기계에 대한 종속성을 강화하고 그 결과 '테크놀로지 만능의 미래 인간'을 낳았다는 것이다. 멈퍼드는 거대 기계의 비합리성이 낳은 재앙의 가능성을 우려하면서 공예 기술과 인간 생명의 적절한 균형을 강조했다.*

토머스 칼라일은《에딘버러 리뷰》에 투고한〈시대의 징후〉(1829)에서 이 시대는 다른 무엇보다도 그 어휘가 지닌 모든 내적·외적 의미에서 '기계의 시대age of machinery'라고 진단한다. 그런데 그가 산업사회를 통렬하게 비판하면서 이상으로 그렸던 세계는 중세 수도원의 금욕적 삶이었다.**

---

* 루이스 멈퍼드,《기계의 신화 1: 기술과 인류의 발달》, 유명기 옮김, 아카넷, 2013.

** Thomas Carlyle, "Signs of the times", *Edinburgh Review*,

한편, 여느 논자와 달리 마르크스는 기계 그 자체의 특성과 기계의 자본주의적 사용을 구분하면서 후자의 파괴적 효과를 문제삼고 있다. 그는 자본주의적 기계 사용에 따른 노동의 비인간화를 착취와 소외라는 개념을 통해 비판했다. 이러한 구분에 따른 비판과 대안은 기계 그 자체에 적대적이면서 금욕적 삶을 이상화했던 칼라일이나 기술과 생명의 조화를 강조했던 멈퍼드의 그것과는 방향이 다르다.*

> 기계 그 자체는 노동시간을 단축시키지만 자본주의적으로 사용되면 노동시간을 연장시킨다. 기계 그 자체는 노동을 경감시키지만 자본주의적으로 사용되면 노동강도를 높인다. 기계 그 자체는 자연력에 대한 인간의 승리이지만 자본주의적으로 사용되면 인간을 자연력의 노예로 만든다. 기계 그 자체는 생산자의 부를 증대시키지만 자본주의적으로 사용되면 생산자를 빈민으로 만든다.**

1829; 박상익, 〈칼라일의 회심〉, 토머스 칼라일, 《의상철학》, 박상익 옮김, 한길사, 2008; 이영석, 《산업혁명과 노동정책》, 107쪽.

* 스마트폰의 문제점 하나는 노동자의 노동자성을 지워버리고 그들을 개인사업자화한다는 사실이다. 아래 기사에서 음식점 업주의 인터뷰는 '배달앱'을 사용하는 업주들의 이해(기술의 자본주의적 사용)를 잘 담고 있다. "배달원을 고용하면 월급을 포함해 보험 처리 등 복잡한 게 많다. 경쟁도 치열하다. '배달앱' 을 활용한 배달서비스를 이용하면 수수료만 지급하기 때문에 크게 신경 쓸 것이 적다." 관련 기사로 《머니투데이》, 〈'2000원' 에 목숨 건 질주, 사각지대에 몰리는 '배달의 청년'〉(2015.4.6.)을 참조 하라.

** 카를 마르크스, 《자본론 I (하)》, 560쪽.

일과 여가가 분리되다

마지막으로 노동이 공장이라는 특정한 시공간에 구속되면서 노동과 비노동 요소들은 분리되기 시작했다. 이때부터 일터와 집의 분리, 작업 장소와 거주 장소의 분리, 직장 생활과 가정 생활의 분리, 노동시간과 여가시간의 분리같이 일과 그렇지 않은 시간work/nonwork의 경계가 물과 기름처럼 선명해졌다. 일과 쉼이 한데 섞여 하나의 생태계를 이루던 상태에서 작업 공간 내 일 이외의 요소, 이를테면 낮잠, 게임, 잡담, 노래, 음주 등은 철저히 분리됐다. 일 이외의 요소들은 노동시간과 작업장이라는 시공간과 구별되는 특정한 시공간에서만 존재할 수 있게 됐다.

여기서 우리는 '분리'의 의미를 더 적극적으로 해석할 필요가 있다. 작업장에서 노동 이외의 여타 나머지 요소들은 모두 '비효율적인' '비생산적인' 것으로 여겨져 깨끗하게 제거되어야 했다.* 노동 이외에 비기능적인 것으로 처리된 모든 요소들은 솎아져 퇴근 이후나 주말로 재배치되어야 했다는 의미다.

시간표는 사회적 시간의 배치를 의미하는데, 여가 프로그램들의 시간표는 공장 리듬에 맞춰 짜여졌다. 전통사회에서 축제는 농번기를 가능한 한 피해서 열렸고 일요일에는 철저히 제한됐다. 일요일은 정치, 재판, 비즈니스, 축제, 결혼 등 모든 것이 금지되었기 때문이다. 축제는 일요일을 제외하고 요일에 상

* 크리시스, 《노동을 거부하라!》, 48쪽.

관없이 열렸다. 그런데 계절, 종교, 관습, 농경 리듬에 기초하던 전통사회의 여가 의례와 달리, 근대사회의 여가 이벤트는 대공장으로 표상되는 산업 리듬에 동기화되면서 대부분 '주말'에 맞춰졌다. '월요일 소풍'이나 '점심시간에 펍에 가기' '오후 시간에 낮잠 자기' 등은 더 이상 산업 리듬에 맞지 않는 옷이 되었다.* 공장 리듬이라는 새롭고 낯선 규칙이 일상의 모든 시간표를 전혀 다르게 조직한 것이다.

토요일 반휴일 캠페인은 주중과 주말의 구분을 더욱 선명하게 했다. 캠페인은 성월요일의 음주 관행보다는 토요일 오후의 오락·레저·스포츠가 '건전하고' '문명적'이라고 선전했다. 토요일 반휴일이 제도화되면서 여가 프로그램들은 주중에서 주말로 빠르게 이동했다. 일례로 19세기 초반까지도 월요일에 하는 결혼식은 절반에 달했고 월요일에 출발하는 기차 소풍도 상당했지만, 19세기 중반을 지나면서 맨체스터나 블랙번 등 '기계를 집중 배치'한 공장 지역을 중심으로 주중 결혼 풍습과 주중 기차 소풍은 빠르게 줄어들었다.**

일과 여가가 분리된 이후 여가 활동들은 특정한 의미로 채

---

* Douglas Reid, "Weddings, weekdays, work and leisure in urban England 1791~1911: The decline of Saint Monday revisited", Ibid., pp. 135~163; Chas Critcher, "The politics of leisure: Social control and social development", Ibid., p. 53.

** Douglas Reid, "The decline of Saint Monday 1766~1876", Ibid.; Suzan Major, "The million go forth: Early railway excursion crowds, 1840~1860", Ibid., p. 18.

색됐다. 그것은 노동력을 재생산하는 데 유용한 것들만 사회적으로 용인됐다는 점이다. '합리적 오락 운동'의 오락·스포츠 같은 근면 신체, 교양 시민을 주조하는 데 기능하는 것들은 장려된 반면, 그렇지 않은 오락·레저·스포츠는 에너지를 훼손하는 것이자 비정상적인 것으로 내몰렸다. 그냥 쉰다는 것조차 에너지 낭비로 처리됐으며, 쉬는 방식과 내용도 산업 질서에 부합하는 것들로 채워졌다.

3

근면 신체를 만드는 장치들

대공장으로 표상되는 산업사회는 '근면한' 신체를 요구했다. 근면 신체는 비가 오나 눈이 오나 정해진 시간에 맞춰 출근을 하고, 정해진 시간 동안에는 특정한 작업을 반복해야 했다. 이는 거의 모든 노동자들의 처지에서 볼 때 상당히 낯선 것, 뭔가 몸에 배지 않는 것이었다. 산업사회의 '근면industry'은 이전 시대의 '부지런함diligence'과는 전혀 다른 성질로 공장 리듬에 철저히 따라야 하는 '낯선' 행동 양식이었다. 이는 새로운 생산양식이 요구하는 새로운 신체, 새로운 인간형의 핵심 요소가 된다.

근면 신체는 다양하고도 전방위적인 장치를 통해 오랜 시간에 걸쳐 형성됐는데, 혹자는 이러한 과정이 노동자 민중의 '무규율성을 교정하는 대대적인 작업'이었다고 지적했다. 다시 말해 근면 신체 만들기는 '게으름과 방탕함에 대한 전방위적인 공격' '잡초를 제거하려는 전투'였다. 바우만이 말하듯 노동 훈련, 구빈원 수용, 학교 교육, 기계의 도입은 '게으름뱅이들' '방탕한 이들'을 뿌리 뽑기 위한 장치들이었다. 이렇게 규율 장치들은 무엇보다도 결근, 지각, 조퇴와 같은 '일관성 없는' 작업 습관을 폐기하고 그들을 거대 기계의 규칙성에 딱 맞도록 훈련시키는 데 있었다. 여성주의 역사가 실비아 페데리치가 《캘리번과 마녀》에서 자본주의가 만들어낸 최초의 기계는 증기엔진이나 시계가 아니라 바로 인간의 신체, 규율이 내면화된 신체라고 지적한 대목은 눈여겨볼 만하다. 이탈리아 정치철학자 조르주 아감벤의 논의도 이와 상통한다. 그는 《호모 사케르》에서 자본주의의 승리는 일련의 기술들을 통해 자본주의 체제가 요구하는 '유순한 신체'를 산출해낸 규율적 통제에 있었음을 강조한다.*

기계의 도입, 노동자들의 기질 통제

근면 신체를 만드는 데 다양한 장치들이 어떻게 결합했는지 에드워드 톰슨의 논의를 빌려와보자. 첫째, 기계의 도입으로 노동이 동기화되면서 규칙성, 시간 엄수, 계산 능력, 시간 운영의 정확성, 신속함 같은 태도가 생겨났다. 노동의 동기화 정도가 낮았던 산업화 이전 시기에 일의 태도는 과업 중심적이었다. 기계

---

* 아코스 파울리니, 〈산업혁명: 영국에 있어서 공장제의 성립〉, 앞의 책, 277쪽; 이영석, 《산업혁명과 노동정책》, 102쪽; 조르주 아감벤, 《호모 사케르》, 박진우 옮김, 새물결, 2008, 37쪽; 지그문트 바우만, 《새로운 빈곤》, 199쪽; 실비아 페데리치, 《캘리번과 마녀》, 황성원·김민철 옮김, 갈무리, 2011, 217~218쪽; 이범, 〈생산력과 권력〉, 《학회평론》 8호, 1998.

의 배치는 노동자들을 한데 묶어 작업 과정을 관철시킬 수 있는 방법이자 노동자들의 '방자하고 고집스러운' 기질을 통제할 수 있는 방편으로 여겨졌다. 이런 이유에서 앤드루 유어는 방적기를 노동자들의 일관성 없는 작업 습관을 거둬버리는 데 탁월하다고 보았고 그래서 이를 '철인'이라고 불렀다.*

> 기계는 산업 운영에 있어서 규율을 의미했다. 만약 증기기관이 매주 월요일 아침 6시에 가동된다면, 노동자들은 가동시간에 부합하고 규칙적이고 지속적인 근면성을 갖도록 훈련될 것이다. …… 나는 또한 기계로 인해 계산이 습관화되리라는 것을 발견할 수 있었다.**

공장이 증기를 도입하면서 많은 노동자들은 산업의 규칙성을 따라야 했다. 기계의 배치가 빠르게 진행된 블랙번의 경우, 도덕주의자들이 그렇게 넌더리 나 하던 성월요일 풍습이 급격히 쇠퇴했다. 월요일 결혼식은 1821년 48퍼센트에서 1861년 14퍼센트로 급감했다. 주중에 출발하던 기차 소풍도 주말로 빠르게 이동했다.***

---

* 유어가 21세기에 태어났다면 '스마트폰'을 철인이라고 부르지 않았을까 싶다. 노동의 빈틈을 모조리 제거하는 것은 물론 퇴근 이후에도 노동자를 일의 연장선상에 올려놓았기 때문이다.

** 에드워드 톰슨, 〈시간, 노동규율, 그리고 산업주의〉, 앞의 책; 크리시스, 《노동을 거부하라!》, 66~67쪽.

*** Douglas Reid, "Weddings, weekdays, work and leisure in

관리 장치의 도입, 근면 신체를 위한 규율 장치

둘째, 노동의 일관성을 유도하기 위한 임금 유인책이나 출퇴근 기록과 같은 관리 장치도 근면 신체를 만들기 위한 규율 장치에 해당한다. 관리 장치는 세 차원으로 나눌 수 있는데, 우선 욕설, 조인트 까기, 따귀 때리기, 채찍질 같은 폭력을 동원하는 '억압적' 관리 장치를 들 수 있다. "이러한 것들은 첫 세대 공장 노동자들의 '구태의연한' 습관을 쫓아버리고 그들에게 시간경제 관념을 심어주는 데 동원된 가장 중요한 조치였다."* 다음으로 벌금이나 인센티브, 시간표, 출퇴근 카드, 로그시간 기록, 시간동작 연구, 표준 작업 매뉴얼 같은 '과학적' 관리 장치를 들 수 있다. 이를테면, 시간동작 연구는 특정한 직무를 수행하는데 필요한 시간과 동작을 측정해 표준화된 매뉴얼에 적용시켜 생산성을 극대화하는 관리 프로젝트였다. 〈모던 타임스〉의 자동급식기는 시간동작 연구가 핵심인 테일러의 과학적 관리법을 비틀어 표상한다. 회사 사장은 '빌로우스 피딩 머신'을 도입해 노동을 할 때 낭비 시간을 솎아내고 노동시간을 더욱 조밀하게 재편하려 한다. 채플린은 이를 비틀어 보이면서 '과학적 관리법'을 풍자한다. 마지막으로 '이데올로기적' 관리 장치로 세계의

---

urban England 1791~1911: The decline of Saint Monday revisited", Ibid., p. 157.

* 아코스 파울리니, 〈산업혁명: 영국에 있어서 공장제의 성립〉, 앞의 책, 280쪽.

공장, 세계일류, 삼성맨, 현대맨, 도요타맨, 모범근로자, 핵심인재, "공장을 가정처럼" "사장을 아버지처럼", "땀을 흘려라! 돌아가는 기계 소리를 노래삼아" 같이 노동자를 특정한 주체로 호명해 동원하는 방식이다.

공장 일은 보통 하루 종일 서 있어야 했는데 창틀에 앉아서 잡담이라도 하면 벌금을 물어야 했다. 벌금과 관련해 엥겔스가 《영국 노동자계급의 상태》에서 언급한 맨체스터 공장의 규칙을 보자.

> 작업 시작 10분 후 정문을 폐쇄한다. 그 후에 온 사람은 아침식사 시간까지 들어갈 수 없다. 이 시간 동안 작업을 하지 않은 사람은 누구나 직기당 3펜스의 벌금을 물어야 한다. 기계가 작동 중인 동안 자리를 비우는 직공은 한 직기당 한 시간에 3펜스의 벌금을 물어야 한다. 작업시간 중 감독자의 허가 없이 작업실을 떠나는 사람은 3펜스의 벌금을 물어야 한다. …… 다른 노동자와 대화를 하거나 신호를 보내고 휘파람을 부는 행위가 발견될 때는 6펜스의 벌금을 물어야 한다. …… 또 다른 공장 규칙을 보면 3분을 지각한 노동자는 15분에 해당하는 임금을 벌금으로 물어야 하고 20분을 지각한 노동자는 하루 일당의 1/4을 벌금으로 물어야 한다. 아침식사 시간까지 공장에 오지 않은 노동자는 월요일의 경우 1실링, 다른 날에는 6펜스의 벌금을 물어야 한다.*

* 프리드리히 엥겔스, 《영국 노동자계급의 상태》, 219~220쪽.

영화 〈모던 타임스〉의 한 장면. 사장은 '빌로우스 피딩 머신'을 도입해 노동을 할 때 낭비 시간을 제거하고 노동시간을 더욱 조밀하게 재편하려 했다. 채플린은 이를 비틀어 보이면서 '과학적 관리법'을 풍자한다. 채플린의 트레이드마크가 된 트램프 복장은 조립라인의 속도를 따라가지 못해 튕겨져 나간 소외된 비정상인을 표상한다.

도덕주의 팸플릿, 문명과 미개의 선악 구분

셋째, 빅토리아 시대에 쏟아져 나온 도덕주의 팸플릿은 선악 구분을 활용해 여가의 이미지를 극명하게 대비시켜 나갔다. 건강한 노동력의 재생산을 필요로 했던 산업자본은 도덕주의 팸플릿을 대대적으로 차용했다. 물론 도덕주의 용법이 새로운 것은 아니었지만 선악 구분의 근거는 이전과는 달랐다. 도덕주의 팸플릿은 결근율을 높인다는 이유에서 독주를 파괴적인 음주 습관으로 치부한 반면, 맥주를 건전한 것으로 그렸다. 몸 풋볼같이 신체를 훼손하는 형태의 오락을 '사회적 악'으로 규정한 반면, 체력 단련 식의 스포츠 활동을 바람직한 것으로 권장했다. 성월요일을 야만, 질병, 범죄의 온상으로 문제화한 반면, 토요일 반휴일을 합리적 대안인 것처럼 장려했다. 유혈적인 오락·스포츠를 미개하고 시대에 뒤떨어진 것으로 계열화한 반면 합리적 오락 운동을 문명적인 것으로 연결 지었다.

선악 구분법의 논리를 선명하게 관찰할 수 있는 사례는 윌리엄 호가스의 〈진 골목〉과 〈맥주 거리〉(1751)일 것이다. 그림은 선악에 기초한 대비를 알레고리적으로 묘사하는데, 신체를 훼손하는 독주를 악으로 묘사하고 내일의 노동을 위해 가볍게 마시는 맥주를 이상적인 것으로 치켜세웠다. 그림은 당시 진 규제법Gin Act(1751)을 지지하면서 그린 것으로 노동자 민중의 독주 습관이 매춘, 살인, 절도 등 범죄를 비롯해 심각한 사회문제를 낳기에 진의 폐해를 막고 대신 맥주를 권장하는 내용이다.*

* 18세기 초반 영국은 가톨릭 국가인 프랑스와 스페인으로부터 브랜디 수입을 금지하고 국내에서 진을 직접 생산하도록 했다. 세금을 상당히 낮췄다. 맥주strong beer의 세금이 4실링 9펜스였던 것에 비해 진은 갤런당 2펜스에 불과했다. 런던에만 8,500여 개의 술집이 생겼다. 길거리 행상을 통해서나 식료품점 이곳저곳의 상품 진열대에서도 진을 살 수 있었다. 술값이 싸 인기가 많았다. 진은 노동자 빈민의 술이 되었다. 진은 소화불량이나 통증을 치료하는 데도 쓰였고 겨울엔 추위나 배고픔을 달래는 데도 쓰였다. 일당의 일부를 진으로 받는 사람도 있었다. 그런데 암시장의 불법 밀주를 비롯해 무허가는

윌리엄 호가스의 〈맥주 거리〉(왼쪽)와 〈진 골목〉. 그림에서는 내일의 노동을 위해 가볍게 마시는 맥주를 이상적인 것으로 치켜세우고 독주는 악으로 묘사한다. 〈맥주 거리〉는 번영하는 이상 사회를 상징하고 〈진 골목〉은 범죄와 질병이 들끓는 아수라장의 세계를 담고 있다.

말할 것도 없고 엉망인 술들이 기승을 부리고 사람이 먹을 수 없는 재료들까지 들어간 독성 있는 진까지 등장했다. 점차 진은 사람들을 무기력하게 했고 몸을 상하게 했다. "1페니면 취할 수 있고 2펜스면 고주망태가 될 정도"라는 말이 나올 만큼 진의 악명은 높았다. 진으로 인한 사회문제가 심각해졌다. 런던 동쪽이나 웨스트민스터 지역 도시 슬럼가는 특히 그랬다. 진 중독 때문에 가재도구까지 파는 사람들이 생겨났고 빚을 져서 감옥에 가거나 자살이나 죽음으로 내몰리기도 했다. 민중의 아편이라 불릴 정도였다. 당시 런던의 사망률은 출산율을 추월했다. 이에 영국 의회는 1736년 진을 포함한 모든 증류주의 세금을 인상했는데, 특히 진을 생산·판매하려면 1년에 50파운드의 엄청난 허가비를 내야 했다. 그렇지만 진 소비는 한동안 계속됐다. 노동자 민중은 "진 없이는 국왕도 없다No gin, no King"며 폭동을 일으키기도 했다. 현실성 없었던 진 규제법은 1743년 폐지되었다가 1751년에 다시 개정돼 판매 규제를 강화했다. 이번에는 생산·유통·판매 할 것 없이 적발되면

진과 맥주를 어떻게 대비했는지 살펴보자. 〈맥주 거리〉의 색체는 전체적으로 밝다. 곧게 뻗은 건물들이 그림의 중심을 차지한다. 건물 옥상에서는 일꾼들이 착실하게 일하는 모습이 눈에 띈다. 맥주는 건강한 노동에 대한 정당한 보상임을 강조한다. 강건함과 유쾌함이 그림 전체에 감돈다. 반면 대장장이의 왼손에 들린 프랑스인의 모습은 '심신을 훼손하는 유해한 진'을 프랑스로 돌려보낼 것을 형상화한다. 그에 비해 전당포 건물만이 기울어져 쓰러져 있을 뿐이다. 그림 정면에 있는 사람들은 맥주를 마시면서 오후 시간의 여유를 즐기고 있다. 〈맥주 거리〉는 성장하는 영국의 미래, 번영하는 이상 사회를 상징한다.

반면, 〈진 골목〉의 색체는 전체적으로 어둡다. 허름하고 무너져가는 건물들이 많다. 질병과 죽음의 기운이 그림 전체를 지배하고 있다. 오른편 뒤쪽의 건물들은 쓰러지기 일보 직전이다. 목매어 죽은 시체가 그대로 방치돼 있다. 그림 중앙의 만취한 여성은 코담배를 만지작거리는 데 정신이 팔려 아이를 난간 밑으로 떨어트린다. 그녀의 오른 다리는 괴사 정도가 이미 상당하

감옥이나 구빈원에 가야 했다. 밀수품 거래도 사실상 차단했다. 진 소비량은 크게 꺾였다. 1830년 통과된 맥주 판매법Sale of Beer Act은 맥주에 붙은 모든 세금을 없앴고 2기니의 수수료만 내면 누구나 맥주가게를 열 수 있도록 허가했다. 1830년에만 2만 4,000개의 술집이 문을 열었고 6년 뒤엔 5만 6,000개로 늘어났다. 맥주의 생산과 소비에 대한 세금을 낮추면 노동자 민중이 독주를 마시는 습관이 줄어들 수 있다고 믿었다. 더 자세한 내용은 Ellen Castelow의 "Mother's ruin", Historic UK, 2013과 로드 필립스의 《알코올의 역사》, 윤철희 옮김, 연암서가, 2015, 200~212쪽, 282~284쪽을 참조하라.

다. 그 옆에는 죽음을 상징하는 검은 개와 술에 찌들어 죽기 일보직전의 남자가 쓰러져 있다. 개가 먹던 뼈를 가로채는 노인은 마치 굶주린 인간 군상을 보여주는 듯하다. 그 앞 난간에는 나태함과 정신적 타락을 상징하는 달팽이가 젊은이에게 기대어 있다. 전당포 앞에서 여성은 가재도구를, 목수는 공구를 맡기고 돈을 빌리려 한다. 오른편의 'KILLMAN'이라 쓰인 간판 앞에는 많은 이들이 몰려들어 싸우고 있다. 〈진 골목〉은 범죄와 질병, 죽음과 타락이 들끓는 아수라장 속에서 퇴화하는 인간들의 세계를 그리고 있다.*

시간 설교와 학교 교육, 산업주의 이데올로기

넷째, '시간은 금'임을 설파하는 청교도의 설교 또한 근면 신체를 조직한 핵심 장치 가운데 하나다. 시간 설교는 "일 분 일 초를 소중한 물건처럼 써라"와 같은 시간의 유용성 관념을 강조했고 "게으름은 지옥으로 가는 길"과 같은 시간 낭비를 죄악시하는 수사를 반복했다. 톰슨은 청교도의 시간 설교를 사람들의 내면에 도덕 시계를 나누어주는 것이라고 비유했다. 인간의 유한성을 날카롭게 몰아세우고 시간의 합리적 사용을 강조하는

* 데이비드 빈드먼, 《윌리엄 호가스: 18세기 영국의 풍자화가》, 장승원 옮김, 시공사, 1998, 180~183쪽; 문희경, 〈한 푼에 취하고 두 푼이면 만취: 영국 빈민을 사로잡은 진 광풍〉, 안태희 외, 《18세기의 맛》, 문학동네, 2014.

감리교의 훈계 또한 마찬가지다. 물론 시간 설교의 내용이 새로운 것은 아니지만 근면 신체를 주조하기 위한 산업주의 이데올로기와 강력하게 조응하면서 두드러졌다.

한 논자에 따르면, "시간경제 관념, 곧 '시간은 금'이라는 원칙을 공장 노동자들에게 주입시키고 시간을 정확하게 지켜 작업장에 출석케 하는 것을 노동자의 의식 속에 규범으로서 뿌리내리게 하는 데 성공하기까지 다시 말해 새로운 행동방식과 작업 습관으로 내면화시키는 데 성공하기까지는 통틀어 대략 두 세대 내지 세 세대가 걸렸다".*

마지막으로 시간 규율을 명문화한 학교 교육을 지적하지 않을 수 없다. 톰슨은 학교를 근면한 습관을 기르는 훈련소, 질서와 규칙의 표본, 산업예비군을 양성하기 위한 기초교육의 장, 시간 절약을 주입시키는 곳이라고 설명한다. 공장 주변에 세워져 노동자 자녀들을 대상으로 한 학교는 '게으르고 방탕한 기질' '일관성 없는 생활 습관'을 어릴적부터 뿌리 뽑기 위한 규율 장치, 유순한 노동력을 길러내는 양성소라는 것이다.

> 아이들을 어떤 식으로든 하루에 최소 열두 시간 이상 무언가를 하게 하는 것은 아이들이 노동으로 돈을 벌든 아니든 상관없이 매우 유용하다. 이렇게 자라난 세대가 규칙적인 작업에 익숙해지

---

* 아코스 파울리니, 〈산업혁명: 영국에 있어서 공장제의 성립〉, 앞의 책, 280쪽.

면 이런 일들을 즐겁다고 느낄 수 있게 될 것이다.*

톰슨은 산업화 과정이 시간 규율의 형성 과정으로 극도로 가치 개입적이었다고 지적한다. 시간 규율은 성장과 이윤을 목적으로 한 합리화의 증대 과정으로 특정한 목적을 전제로 했다는 이야기다. 품행 개조 장치들은 '느슨한' 노동을 더 조밀한 노동으로, '어림짐작의 노하우'를 더욱 과학적인 계량에 기초하게, '게으르고 방탕한' 기질을 유순한 형태로, '일관성 없는' 작업 습관을 규율에 부합하도록, '종전처럼 그것에 만족'하는 태도에서 더 많은 것을 끝없이 욕구하고 욕망하는 태도로 만들기 위한 것이었다.**

바우만은 《새로운 빈곤》에서 공장은 상품 생산뿐만 아니라 특정한 주체를 생산한다고 말한다. 공장의 기계 리듬에 '부합하는' 새로운 인간형인 '공장주체'에게 그냥 쉰다는 것은 부끄러운 일이 된다. "일하지 않는 자는 먹지도 말라"는 문구를 되뇌일 뿐이다. 공장주체에게 쉰다는 것이 의미가 있을 때는 미래의 노동을 위해 힘을 비축할 때만 가능하다. '건강한' 방식으로 노동력을 재생산할 때만 허용된다. 그렇지 않은 모든 것은 비정상으로 치부되고 주변화된다. 공장 리듬은 근본적으로 자유시간의 포기와 관련된다. 한 톨의 자유시간까지도 생산시간

---

* 크리시스, 《노동을 거부하라!》, 74쪽 재인용.

** 에드워드 톰슨, 〈시간, 노동규율, 그리고 산업주의〉, 앞의 책, 86쪽.

화하는 공장 리듬은 노동자의 일상생활은 물론 심성 구조, 가족 관계 및 사회관계까지 침투해 삶 전체를 물들인다. 공장의 질서가 사회의 질서로 침투되는 과정을 바우만은 사회의 공장화라고 일컫는데, 공장화된 사회에서 '느슨한' 시간, '한갓진' 시간은 사라져야 할 것이 된다.*

만약 공장 리듬이 요구하는 행동 양식에 부합하지 못한다면, 노동자는 무능력, 쓸모없음으로 처리된다. 채플린의 트레이드마크가 된 트램프 복장은 조립라인의 속도를 따라가지 못해 튕겨져 나간, 다시 말해 공장 리듬에 몸을 맞추지 못해 더 이상 성과를 낼 수 없는 비정상인, 즉 소외된 인간을 그리고 있다. 영화에서 작업복과 스패너, 턱시도와 지팡이는 극명하게 대립하면서, 전자는 산업사회의 정상성을 후자는 비정상성을 상징한다. 하비가 말하듯 한 사회에서 정상인이 되기 위해서는 특정한 생산양식의 규율에 부합해야 한다. 트램프 복장에 지팡이를 들고 유독 커다란 신발을 신고 뒤뚱거리듯 걷는 채플린은 공장 리듬에 조응하지 못한 비정상인을 표상한다.

---

* 지그문트 바우만, 《새로운 빈곤》, 13~36쪽.

4

노동자와 빈민의 궁핍한 삶

"노동시간은 보통 하루에 14시간 내지 16시간에 달했다." 하루 14~16시간, 얼마만큼의 고통을 수반하는 시간인지 가늠이 안 될 정도다. 공장조사위원회의 기록(1833)이 말해주듯 당시 노동시간은 상상 이상이었다. 노동시간이 무제한적이고 가차 없이 연장됐던 것은 기계가 수공업적 도구를 대체하면서 작업 과정이 노동자의 상태와는 상관없이 기계의 운동, 자본의 운동에 맞춰졌기 때문이다. 자본은 투하된 고정자본의 회전 기간을 줄이기 위해 노동시간을 무제한적으로 연장했다. 하루 14~16시간의 장시간 노동은 물론 야간노동, 2교대 상설작업, 곱빼기 노동이 난무했다. 노동시간은 그야말로 생존의 한계까지 치달았다. 공장은 자본이 구축한 새로운 종류의 감옥으로 불리기도 했다.*

---

* 양동휴, 〈산업혁명〉, 양동휴 외, 《산업혁명과 기계문명》, 31쪽. 한편, 임금은 낮았다. 기계제 공장의 미숙련 노동자나 직포공은 주당 10실링을 받았다. 제화공, 양복공, 가죽공 등 전통적인 수공업 기술자들은 주당

19세기 중반 노동시간 및 최장 노동시간

	노동시간	최장 노동시간
면공장1(증기력)	12시간 45분	12시간 52분
면공장2(증기수력겸용)	12시간 27분	13시간 30분
면공장3(수력)	12시간 4분	12시간 55분
모직공장1(증기력)	11시간 38분	15시간 31분
모직공장2(증기수력겸용)	11시간 43분	15시간 55분
모직공장3(수력)	11시간 29분	16시간 17분
전체	12시간 5분	13시간 42분

출처: 1833년 공장조사위원회 보고서*

엥겔스는 공장 노동을 현대판 자본주의 노예제에 빗대면서 공장 노동이 야기하는 문제들을 쟁점화했다. "과거 노예들과의 유일한 차이점은 과거 노예들이 공공연히 노예로 간주된 반면 현대의 노동자는 노예라는 사실이 감추어져 있는 것이다. 노동자는 겉보기에 자유스럽다. 왜냐하면 노동자는 한꺼번에 영속적으로 팔려가는 것이 아니라 하루, 일주일 또는 일 년 단위로 팔리기 때문이며, 더욱이 어떠한 소유자도 노동자를 다른

16~18실링을 받았다. 방적공은 직급이 낮은 경우 18실링을, 직급이 높은 경우 28실링을 받았다(1845년 기준). 직종별 임금 수준에 대한 내용은 김택현, 《차티스트운동, 좌절된 역사에서 실현된 미래로》, 105쪽을 참조하라.

* 이영석, 《산업혁명과 노동정책》, 77쪽.

사람에게 팔지 않으며 대신 노동자가 스스로를 팔지 않을 수 없게 되어 있기 때문이다."* 그는 면밀한 사회조사에 기초해 신분적 예속에서는 벗어났지만 자신의 노동력을 팔아야만 생존이 가능한 당대 노동자들의 현실과 자본주의적 착취 구조의 상관성을 밝히는 데 집중했다. 여느 사회조사가들의 도덕중심적 귀착과는 다른 지점이다.

장시간 노동을 일삼는 공장제에 비판적이었던 집단 가운데 토리파 급진주의자들이 있었다. 이들은 기계화와 공장제에 적대적이었다. 토리파 급진주의자들은 노동시간 규제, 기계의 가동시간 제한, 기계에 대한 과세, 임금의 규정과 같은 반자본적인 요구들에 관해 노동자들과 같은 입장을 취했다. 특히 무제한적인 장시간 노동과 아동노동의 폭력성을 문제화하는 데 앞장섰다. 그렇지만 이들은 공장 노동에 대한 고발과 비판이 공장제 이전 사회로 복귀하는 길이라고 보았다. 노동 해방이나 새로운 사회의 건설보다는 훼손된 사회의 회복을 주장했다.**

그 가운데 공장 노동을 고발하는 데 앞장서고 1830~1840년대 10시간 노동운동을 주도한 리처드 오슬러는 공장의 아이들을 서인도제도의 노예에 비유하면서 공장제를 '백인 노예제'라고 비판했다. 그가 《리즈 머큐리》에 투고한 〈요크셔 노예제〉(1830)는 당시 아동노동의 실태를 신랄하게 보여준다. 아래는

---

* 프리드리히 엥겔스, 《영국 노동자계급의 상태》, 115쪽.

** 이영석, 《산업혁명과 노동정책》, 108~109쪽.

아동노동에 대한 사회적 관심을 불러일으킨 중요한 텍스트다.*

> 노예가 영국의 땅에서 사라지게 된 것은 우리의 자부심이다. 그런데 요크셔 노동자들은 지옥 같은 식민지 노예제의 희생양보다 더 처참한 상태에 놓여 있다. 솔직히 말하자. 7~14세에 불과한 수천의 남녀 아이들이 매일 아침 6시부터 저녁 7시까지 오직 30분간의 식사시간만을 제공받은 채 줄곧 혹독한 노동을 한다. 영국인이라면 이를 읽고 얼굴을 붉힐 것이다. 가엾은 아이들아! 너희는 흑인노예의 안락조차 없이 탐욕의 성채에서 희생당하는구나! 너희들은 자유계약자란다. 야만적인 주인보다 더 악독한 공장주의 탐욕이 요구하는 시간대로 작업하지 않으면 안 되는구나! 너희는 자랑스러운 자유의 땅에 살면서도 자신이 노예라는 것, 흑인노예가 누리는 그 안락마저 없는 노예임을 절감하고서 한탄하는구나!**

공장 내 아이들의 비율은 3분의 1가량에서 절반에 달했다. 6~18세의 아이들은 하루 평균 12시간을 넘게 일했다. 아이들

---

* Cecil Driver, *Tory Radical: The Life Of Richard Oastler*, Oxford University Press, 1946.

** Richard Oastler, "Slavery in Yorkshire", *Leeds Mercury* 16 Oct., 1830; John Hargreaves, "Introduction: Victims of slavery even on the threshold of our homes", *Slavery in Yorkshire: Richard Oastler and the Campaign against Child Labour in the Industrial Revolution*, University of Huddersfield Press, 2012, pp. 9~11; 이영석, 《산업혁명과 노동정책》, 129쪽.

영화 〈올리버 트위스트〉의 한 장면. 리처드 오슬러는 아동노동을 '백인 노예제'라고 비판했다. 6~18세의 아이들이 하루 평균 12시간을 넘게 일했다. 공장 내 아이들의 비율은 3분의 1가량에서 절반에 달했다.

이 제공받은 것은 숙식과 일주일에 1실링도 안 되는 용돈이 전부였다. 물론 그 이전 시기에도 아동노동은 가내수공업의 일부분이었다. 아이들을 '작은 어른'으로 대했다. 하지만 공장제의 아동노동은 가족이나 부모의 보호 아래에 있지 않았을뿐더러 '솜밟기' '솜줍기' '실감기' 같은 한 가지 일만을 기계의 속도에 맞춰 아침부터 저녁까지 쉼 없이 계속해야 했기에 이전의 그것과는 달랐다.

아동노동 실태(1833~1844)*

산업	아동 연령분포	하루 평균 노동시간	16세 미만 아동노동의 비율
면직	8~18	13	35
모직	6~18	12~13	40
견직	6~18	12~14	46
아마	7~14	12~13	40
탄광	4~12	8~18	22

당대 노동 현실을 소설의 형태로 생생하게 드러낸 저작으로는 단연 찰스 디킨스의 작업이 눈에 띈다. 그의 모든 소설이 그렇듯《어려운 시절》(1854)은 당시 공장도시의 야만적인 노동 현실을 날카롭게 묘사했다. 디킨스는 코크타운에서는 심하게 일하는 것 외에는 어떤 것도 볼 수 없다고 그렸다. 코크타운에 대한 묘사를 길게 인용해보자.

> 붉은 벽돌의 도시 …… 만약 공장 연기와 재가 허락했다면 붉은색이었을 벽돌로 이루어진 도시였다. 그러나 실제로는 야만인의 물감 칠한 얼굴처럼 부자연스러운 붉음과 검정의 도시였다. 그곳은 기계와 높다란 굴뚝의 도시였는데, 그 굴뚝으로부터 연기의 뱀이 끊임없이 영원히 기어나와서 결코 풀어지지 않았다. …… 도

* 양동휴, 〈산업혁명〉, 앞의 책, 35쪽 재인용.

시에는 검은 운하가 하나 있고 고약한 악취를 풍기는 염료 때문에 자줏빛으로 흐르는 강이 하나 있었다. 창으로 꽉 찬 거대한 건물 더미가 있는데 거기서는 하루 종일 덜컹거리고 덜덜 떠는 소리가 들렸고, 우울한 광기에 사로잡힌 코끼리의 머리 같은 증기기관의 피스톤이 단조롭게 상하운동을 했다. 서로 똑같이 닮은 큰 길이 몇 개 있었고 한층 더 닮은 작은 거리가 많이 있었다. 그 거리에는 마찬가지로 꼭 닮은 사람들이 같은 시간에 같은 포도에서 같은 소리를 내며 같은 일을 하기 위해 출퇴근하면서 살고 있었다. 그들에게 매일은 어제나 내일과 꼭 같았고 매해는 작년이나 내년과 꼭 같았다. 코크타운의 이런 속성은 그 도시를 지탱하는 노동과 대체적으로는 떼어놓을 수 없는 것이었다.

의회보고서임에도 대중적으로 많이 읽힌 에드윈 채드윅의 〈대영제국 노동인구의 위생상태에 대한 보고서〉(1842)는 공장노동자들의 절망적인 생활상을 가감 없이 기록한 것으로 유명하다. 이는 상당한 사회적 파장을 불러일으켰고 이후 공중위생법을 제정하는 데 주요 근거가 되기도 했다. 보고서 가운데 공장도시의 모순점들에 대한 사례를 인용해보자.

더럼 시는 다른 오래된 도시나 읍내처럼 매우 불규칙하게 건설돼 있고 사면이 웨어 강에 둘러싸여 있는데, 이 강은 자주 범람하고 거기엔 숲이 깊게 우거져 있다. 이 숲은 여름과 가을에는 열기, 습기, 그리고 부패하는 물질들이 결합해 말라리아의 원천이

> 된다. 이곳의 길거리는 매우 좁고 집들이 얼마나 서로 뒤에 바싹 붙여 지어졌던지, 많은 경우 거처들로 들어가는 입구는 좁은 통로이거나 골목 뒷길로 가파르게 올라가거나 내려가야 하는데, 거기마다 적합한 정화기나 하수구가 없는 관계로 오물이 축적되도록 방치돼 있어서 인분 악취가 지속적으로 발산된다. 대부분의 집들은 매우 오래됐고 파손된 상태이고 어떤 것들은 기후에 대한 방어조차 안 된다. 노동자계급들의 대부분은 이런 셋방들에 거주하는데, 그들은 방 두 개 이상을 사용하는 경우가 거의 없고 주로 단칸방에 살면서 거기서 청결과 안락함을 가져오는 데 필요한 모든 일들을 수행해야 하는 것이다.*

이 보고서는 1830년대 초 경제 파탄과 노동자 폭동에 대한 조사차 설치된 왕립구빈법조사위원회가 내놓은 것이다.

'암울한 철의 시대' '현대판 자본주의 노예제' '백인 노예제' '노예의 굴' '검은 악마의 맷돌dark Satanic Mills' 같이 참혹한 노동 현실을 담아내는 표현들은 다양했다. 이외에 공장제에 대한 반감을 전면에 드러낸 피터 개스켈은《장인과 기계》(1836)에서 공장 노동을 인간성, 도덕성, 가족 가치를 파괴하는 주범이라고 비판했다. "기계 생산은 인간 노동의 가치를 저하시키고, 그

---

* Edwin Chadwick, *Report on the Sanitary Condition of Labouring Population of Great Britain*, Michael Walter Flinn(ed.), Edinburgh, 1965, p. 94; 송승철·윤혜준, 〈산업혁명의 재현〉, 앞의 책, 75~76쪽 재인용.

인간 노동을 모두 파괴한다. 기계 제조에 종사하는 사람들에 관한 한 예외이나, 심지어 이들도 기계를 만드는 기계에 잠식당한다"고 개탄했다. 공장 노동을 인간성을 파괴하는 해악으로 바라본 개스켈이 시급히 요구한 대책은 일종의 '공장의 도덕경제'였다.*

하루에 16시간 동안 탄광 통로에서 석탄통을 끄는 대여섯 살 아이들의 노동 실태를 보고 읊은 엘리자베스 브라우닝의 시 〈아이들의 울음〉(1843)이나 차티스트운동의 일환으로 봉제공을 주인공으로 내세워 산업사회의 문제를 폭로하고 노동자계급의 권리를 강조한 찰스 킹즐리의 《앨턴 로크》(1850), 그리고 산업화로 인한 맨체스터 하층 노동자들의 비참한 삶과 전통 가정의 붕괴를 그린 엘리자베스 개스켈의 첫 번째 소설 《메리 바턴》(1848)과 대규모 기계제 공업이 확산되던 시기 신흥 산업자본가들과 법의 보호 없이 착취당하는 노동자들 사이의 갈등을 다각도로 그려낸 《북과 남》(1855)도 당대 노동 현실을 신랄하게 문제 삼은 것이다.**

---

* Peter Gaskell, *Artisans and Machinery: Moral and Physical Condition of the Manufacturing Population*, Parker, 1836; 이영석, 《산업혁명과 노동정책》, 111쪽.

** Elizabeth Barrett Browning, "The cry of the children", *Blackwood's Magazine* August, 1843; Charles Kingsley, *Alton Locke*, Champman and Hall, 1850; Elizabeth Gaskell, *Mary Barton*, Champman and Hall, 1848; Elizabeth Gaskell, *North and South*, Champman and Hall, 1855.

> 오 형제여, 저 아이들의 울음이 들리는가?/ 슬퍼할 나이도 안 된 아이들의 울음이./ …… 어린 양은 목장에서 노래하고/ 어린 새는 둥지에서 지저귀고/ 어린 사슴은 그늘에서 뛰놀고/ 어린 꽃은 바람에 나부끼는데/ 오 형제여, 어리고 어린 우리 아이들은/ 슬피 울고 있다!/ …… 이 자유의 나라에서

마지막으로 대중 삽화 잡지 《펀치》를 창간한 저널리스트 메이휴는 현장조사에 기초한 기사를 1849년 10월부터 1850년 12월까지 《모닝 크로니클》에 82차례나 연재했는데, 이를 묶어 낸 《런던의 노동자와 빈민》(1851)은 도시 노동자와 빈민의 참담한 실상과 '저주받을 새로운 환경'을 노골적으로 드러내 커다란 반향을 일으켰다.*

헨리 메이휴는 상당 기간 발품을 팔아 쥐잡이꾼, 과일 행상, 굴 파는 사람, 오렌지 파는 아일랜드 사람, 월플라워 파는 소녀, 구운 감자 팔이, 커피 행상, 구두닦이, 약초장수, 서적상, 지팡이 팔이, 향신료 상, 개 장수, 교차로 청소부, 헌책 파는 노인과 인터뷰하면서 도시의 하층 노동자들과 빈민들의 궁핍한 삶을 상세하게 담아냈다. 기사에 그려진 수많은 인터뷰이들은 디킨스 소설의 캐릭터로 등장하기도 했다.

'영국에서 노동자 빈곤 자체에 대한 사실적 탐구는 메이휴

---

* Henry Mayhew, *London Labour and the London Poor*, George Woodfall and Son, 1851.

가 처음으로 시도했다'고 할 정도로 그는 사회조사가의 면모도 갖추었다. 그래서인지 그의 작업은 탐사 저널리즘의 원형으로 평가받는다. 나아가 여느 사회조사가와 달리 노동자 빈민의 사회문화적 측면들, 이를테면 언어, 교육, 종교, 복식, 태도, 놀이, 심지어 성생활에도 주목했다. 눈여겨볼 점은 노동자의 열악한 삶과 빈곤의 원인을 개인 차원이 아니라 저임금, 부의 불평등, 도시의 모순 같은 사회구조 차원에서 파악했다는 사실이다.*

이렇게 노동 문제를 '발견'해 '문제화'하는 작업들이 기사, 보고서, 시, 소설, 기고문, 사회조사, 삽화 등 다양한 형태로 구체화되면서 노동 문제가 사회 정책으로 의제화될 수 있었던 주요 근거로 작용했다.

---

* Eileen Yeo and Edward Palmer Thompson, *The Unknown Mayhew*, Schocken Books, 1972, pp. 51~54; 이영석, 〈19세기 런던: 사회사적 풍경들〉, 앞의 책; 조용욱, 〈사회상태, 사회적 정보, 사회조사: 영국, 1780~1914〉, 《영국연구》 4호, 2000, 42쪽. 참고로 인터넷 홈페이지 www.romanticlondon.org에서는 일종의 도시 안내서인 Richard Phillips의 *Modern London*(1804)에 실린 삽화들을 볼 수 있는데, 당시 다종다양한 행상들의 생생한 이미지를 런던 지도에 맵핑하면서 볼 수 있다.

5

시간에 맞선 투쟁, 러다이트운동

노동시간을 둘러싸고 자본과 노동이 직접적인 대립관계에 놓이면서 시간을 둘러싼 투쟁은 본격화됐다. 노동시간을 단축하려는 집단과 노동시간을 늘리려는 집단 간의 대대적인 전쟁! 노동시간을 둘러싼 계급투쟁은 이전 사회에서는 존재하지 않았던 것으로 자본주의 사회의 독특한 모습이다. 《자본론》에서 마르크스는 시간을 둘러싼 계급투쟁은 "대공업의 발생지인 잉글랜드에서" 제일 먼저 일어났고, 이는 근대 산업사회의 고유한 산물이라고 말한다.*

시간투쟁의 방식은 "무엇보다 산업화와 함께 늘어난 노동시간을 줄이는 것, 즉 노동시간 단축운동의 형태를 띠었다."** 우리가 노동운동의 역사를 노동시간 단축투쟁의 역사라고 말

---

* 데이비드 하비, 《데이비드 하비의 맑스 『자본』 강의》, 365쪽; 카를 마르크스, 《자본론 I (상)》, 353쪽.

** 안정옥, 〈현대 미국에서 시간을 둘러싼 투쟁과 소비적 현대성〉, 서울대 박사학위 논문, 2002, 18~21쪽; 벤저민 클라인 허니컷, 《8시간 VS 6시간》, 150쪽.

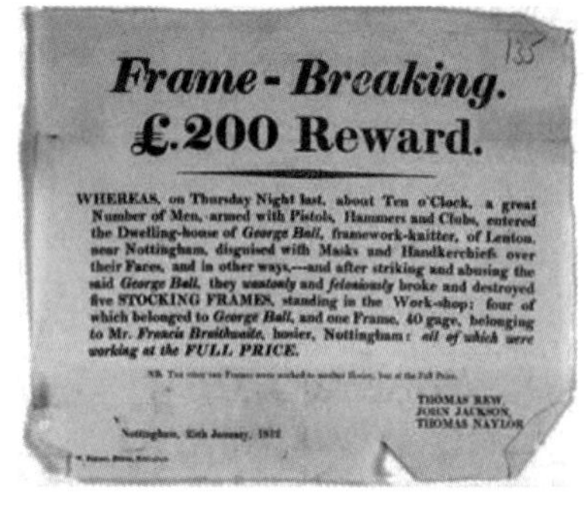

러다이트운동 이미지(왼쪽)와 현상금 포스터. 러다이트운동은 노동자들의 기계 파괴를 통한 저항운동이다. 이는 '기계의 인간 대체'에 대한 두려움과 저항을 동시에 담고 있다. 현상금 포스터에는 프레임 파괴에 대한 보상금으로 200파운드를 내걸고 있다. 200파운드는 주당 20실링을 받는 방적공의 4년치 임금에 해당하는 거액이다.

하는 이유다. 노동시간 단축투쟁에서 등장한 언어들은 휴식, 건강, 치유, 가족 친교, 사회적 교제, 레크리에이션, 참여, 연대, 자유, 평등, 통제력, 행복, 문화, 자연, 민주주의, 전환, 해방, 인권, 인간다움이었다.* 이에 자본은 노동시간 단축을 공포, 죄악, 범죄, 부도덕, 무질서, 게으름, 방탕, 부패, 퇴폐, 생산성 하락, 경쟁력 감소, 시기상조, 능력 낭비, 시간 낭비라는 이유로 거부했다.

시간투쟁의 초기 형태는 러다이트운동에서 찾을 수 있다.

---

* 노동시간 단축 이후의 삶을 어떤 어휘로 표현할 수 있을까? 켈로그의 6시간제 실험을 다룬 벤저민 클라인 허니컷의《8시간 VS 6시간》은 노동시간 단축의 경험들과 의미들을 노동자들의 이야기로 생생하게 엿볼 수 있는 귀중한 자료다.

러다이트운동은 19세기 초 발생한 노동자들의 기계 파괴를 통한 저항운동이다. 당시 기계에 대한 노동자들의 분노와 두려움은 상당했다. 노동자들은 기계가 노동시간을 무제한적으로 연장하고 싼값의 저숙련 노동자만 늘리고 임금을 깎아내리고 숙련을 파괴하고 결국 일터에서 자신들을 쫓아내는 주범이라고 간주했다. 러다이트운동은 '기계가 인간을 대체하는 것'에 대한 두려움과 저항을 동시에 담고 있다.

러다이트라는 이름은 네드 러드Ned Ludd라는 가상의 인물에서 따온 명칭이다. 이는 관리 당국의 감시를 피하기 위한 전략이기도 했다. 사실 러드라는 이름이 어디에서 왔는지는 정확히 알 수 없지만 알려진 이야기에 따르면, 도제였던 네드 러드가 주인의 편직기를 해머로 파괴했다는 사실이 알려지면서 그 이름이 유래했다고 한다. 또 다른 이야기로는 노팅엄 지역의 영웅적인 인물 킹 러드의 이름에서 유래했다는 설이 있다. 여기에는 무언가 불의에 맞서 싸우는 저항 정신을 드러내기 위한 목적이 담겼다.*

저항의 방식으로 노동자들은 직기의 프레임을 부수거나 라인을 뜯는 등 핵심 부품을 파괴하고, 공장을 불태우고, 대중들에게는 암울한 현실 속 미래의 희망을 전파했다. 러다이트운

---

* Suzanne Jeffrey, "Rebels against the machine", *Socialist Review* 169, 1993; Kirkpatrick Sale, "The achievements of 'General Ludd': A brief history of the Luddites", *The Ecologist* 29(5) Aug/Sep, 1999.

동은 시간이 지나면서 좀더 훈련된 형태를 갖추고 무장된 형태를 띠기도 했다. 러다이트운동은 일종의 기계에 맞선 투쟁이자 산업사회의 미래에 대항한 저항이었다. 그것은 분명 낯선 질서에 대항해 자신들을 방어하기 위한 원초적 저항 가운데 하나였다.*

러다이트운동은 중북부의 직물공업 지대에서 집중적으로 발생했다. 1811년 가을에는 노팅엄셔에서 그리고 1812년 초에는 요크셔의 웨스트 라이딩에서 잇따라 발생했다. 요크셔에서는 1812년 내내 공장 파괴, 프레임 절단 등이 이어졌다. 랭커셔에서는 1813년까지 일어났다. 러다이트들은 미들턴의 버튼 공장이나 웨스트휴턴 공장에서 군대와 전투를 벌이기도 했다. 그런데 '기계를 감추거나 파괴하는 행동'은 19세기 전반기에만 발생했던 것은 아니다. 19세기 중반에도 이어졌다. 셰필드의 칼 제조업 분야에서는 기계 파괴 운동이 1860년대에도 발생했다.**

---

* Suzanne Jeffrey, "Rebels against the machine", *Socialist Review* 169, 1993; 데이비드 하비, 《데이비드 하비의 맑스『자본』강의》, 396쪽. 한편 또 다른 해석으로는 러다이트운동이 기계에 대한 저항이라기보다는 급료 삭감 등에 항의하는 전통적인 방식의 시위였으며 기계 자체에 대한 대중적 적대감의 발로는 아니었다는 지적이 있다. 이에 대한 자세한 설명은 Eric Hobsbawm, "The Machine Breakers", *Past and Present* 1(1), 1952와 김세움·고선·조영준의 〈기술진보의 노동시장에 대한 동태적 영향〉, 한국노동연구원, 2015, 60쪽을 참조하라. 한편, 기계 기술에 대한 러다이트식 저항의 현대판 사례로 유나버머Unabomber로 불렸던 시어도어 카진스키의 선언과 테러를 들 수 있다. 자세한 내용은 시어도어 카진스키의 《산업사회와 그 미래》, 조병준 옮김, 박영률출판사, 2006을 참조하라.

** 요크셔는 잉글랜드에서 가장 컸던 행정구역으로 북동부에 있으며 요크,

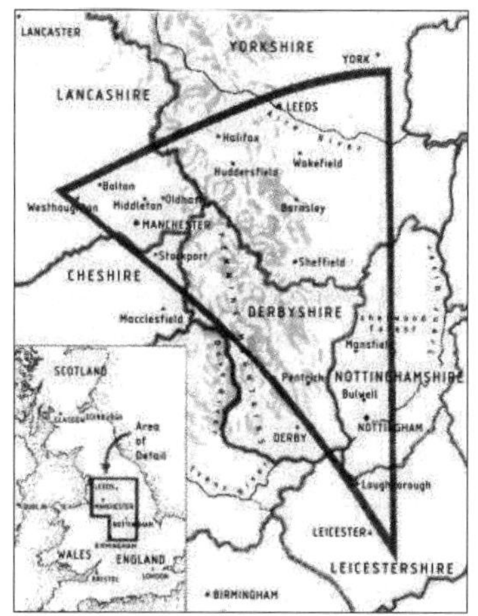

러다이트운동 발생 지역.* 러다이트운동은 주로 랭커셔, 요크셔, 노팅엄셔 등 중북부의 직물공업지대에서 발생했다.

1813년 1월 초 요크셔에서는 러다이트운동 가담자에 대한 재판이 열렸다. 당시 재판 기록에 따르면, 64명이 체포되었는데 리더 조지 멜러를 포함한 17명은 기계 파괴죄로 살인, 폭동, 강도와 같은 형량의 교수형에 처해졌고, 25명은 오스트레일리아로 유배되었으며, 나머지 22명은 무죄로 풀려나거나 보석을 받았다. 교수형 판결은 1812년 통과된 프레임-파괴법Frame-Breaking

---

리즈, 굴리, 허더즈필드, 셰필드, 브래드퍼드 등의 도시를 포함한다. 랭커셔는 잉글랜드 북서부의 행정구역으로 랭커스터, 블랙번, 프레스턴, 미들턴, 맨체스터 등이 포함되어 있다. 노팅엄셔는 노팅엄, 애슈필드, 맨스필드 등의 도시를 포함한다.

* DOD, "The luddites' war on industry: A story of machine smashing and spies", *Do or Die* 6, 1997.

Act에 따른 것으로 이는 프레임 파괴를 중죄로 규정하고 사형에 처한다는 법안이었다. 법안 통과 후 1812년 2월 29일부터 1813년 4월 12일까지 기계 파괴죄로 인한 교수형이 잇따랐는데, 이에 대해 50여 개의 기사를 실었던《리즈 머큐리》는 러다이트 처형을 "침통하면서 고통스러운 장면"이라고 전했다.

요크셔 지역 러다이트운동 연표

날짜	비고
1811년 3월 11일	노팅엄셔에서 직기공장의 편직기 프레임을 파괴하는 러다이트운동이 발생함
1812년 1월 15일	요크셔에서 러다이트운동이 처음으로 보고됨. 치안판사는 리즈에 운집한 군중을 해산시킴. 그 가운데 기계 파괴 음모죄로 한 명이 체포됨
1812년 1월 19일	리즈의 오틀랜드에 있는 기모공장에서 화재 발생. 방화로 추정됨. 요크셔 러다이트의 타깃은 주로 기모기였음
1812년 2월 14일	프레임-파괴법이 통과. 프레임 파괴를 중죄 중의 중죄로 규정하고 사형에 처한다는 법안
1812년 2월 22일	허더즈필드의 한 작업장이 공격받음. 전단기 프레임이 파괴됨
1812년 3월	허더즈필드에 러다이트운동이 지속적으로 발생. 제조업자위원회는 러다이트 체포에 현상금으로 100기니를 내걸었음
1812년 4월 1일	웨이크필드의 한 공장에 300~600여 명의 무장한 군중들이 공장을 공격. 기모기가 파괴되고 프레임이 절단되는 등 총 700파운드의 재산 피해 발생함

1812년 4월 27일	허더즈필드 출신의 제조업자 윌리엄 호스펄이 암살됨
1812년 5월 11일	기계 파괴죄로 사형을 선고했던 총리 스펜서 퍼시벌이 암살됨. 그러나 그 암살은 러다이트운동과는 관련이 없었음
1812년 8월 18일	리즈의 콘 마켓에서는 '여성 러다이트'에 의한 폭동이 발생함
1812년 9월 3일	헬리팩스 지역의 한 기모공장에서 공장 파괴 발생. 몰리 지역의 한 공장에서 전단기가 파괴됨
1813년 1월 2일	요크 성에서 러다이트 가담자에 대한 재판 열림. 리더 조지 멜러(22세), 윌리엄 소프(22세), 토머스 스미스(23세)가 살인죄 판결을 받음. 판결 며칠 뒤인 1월 8일 아침 9시 성벽 뒤에서 처형됨

러다이트운동이 미친 사회적 효과를 살펴보자. 우선 러다이트운동으로 임금이 어느 정도 올랐다. 공장주는 기계 파괴에 대한 두려움 때문에 기계 도입을 꺼렸다. 정부와 자본의 동맹은 더욱 공공연해졌다. 노동 통제를 위한 무력 수단 사용을 정당화했다. 러다이트운동이 주춤해지면서 노동자들의 분노는 한편으로는 노동조합운동으로 다른 한편으로는 의회개혁운동으로 타올랐다. 마지막으로 러다이트운동은 기계 문제를 사회 전면에 부각시켰다. 전부는 아니더라도 기계는 결코 중립적이지 않으며, 한 사회의 공통성에 해가 된다는 점이 명료해졌다.*

* Maxine Berg, *The Machinery Question and the Making of Political Economy 1815~1848*, Cambridge University Press, 1980; Kirkpatrick Sale, "Lessons from the Luddites", *The Nation* 5(Jun),

러다이트운동처럼 시간에 '맞선against' 형태로 나타났던 노동자들의 저항은 점차 낯선 규칙들이 확산되고 시간 규율이 부과되면서 시간에 대항해서가 아니라 시간에 '대한about' 투쟁으로 변모했다. 톰슨에 따르면, "제1세대 공장 노동자들은 고용주로부터 시간의 중요성을 교육받았다. 제2세대는 노동시간단축위원회를 결성해 10시간 노동운동을 펼쳤다. 제3세대는 시간외 수당 또는 150퍼센트의 초과수당을 위해 파업했다. 그들은 시간이 곧 돈이라는 교훈을 너무나도 잘 깨우쳤고 그 범주들 안에서 저항하는 법을 배웠다".*

러다이트운동에 대해 마르크스는 "19세기의 첫 15년간에 영국의 공장지대에서 발생한 대규모 기계 파괴는 주로 증기직기의 사용 때문에 일어났으며 러다이트운동이란 이름으로 알려지고 있는데, 이는 반자코뱅 정부에게 매우 강압적인 수단을 취할 구실을 주었다"고 하면서, "노동자가 기계 그 자체와 자본에 의한 기계의 사용을 구별하고, 따라서 물질적 생산수단 그 자체를 공격하는 것으로부터 그것을 이용하는 사회 형태를 공격하는 것으로 옮길 줄 알게 되기까지에는 시간과 경험이 필요했다"고 평가한다.** 이는 기계의 물리적 형태와 기계의 사회적

1995; Kirkpatrick Sale, "The achievements of 'General Ludd': A brief history of the Luddites", *The Ecologist* 29(5) Aug/Sep, 1999.

* 에드워드 톰슨, 〈시간, 노동규율, 그리고 산업주의〉, 앞의 책; 벤저민 클라인 허니컷, 《8시간 VS 6시간》, 88쪽.

** 데이비드 하비, 《데이비드 하비의 맑스 『자본』 강의》, 396쪽; 카를 마르크스, 《자본론 I (하)》, 544쪽.

형태, 즉 기계 그 자체와 기계의 자본주의적 사용 간의 구분을 지적하는 중요한 대목이다.

6

시간에 대한 투쟁, 공장법*

톰슨이 말하듯 공장법은 "노동일의 길이를 정치적으로 제한" 하는 방식의 시간에 대한 투쟁이다. 다시 말해 노동이 중심이 되는 사회에서 자유시간을 확보하기 위한 제도투쟁인 것이다. 마르크스는 공장법으로 제도화된 "노동일의 표준화는 노동일의 한계를 둘러싼 자본계급과 노동계급 간의 장기간에 걸친 내전의 산물"이라고 말한다.**

공장법의 초기 형태는 1802년 '도제의 건강과 도덕에 관한 법률'로 거슬러 올라간다. 토리파 로버트 필은 구빈원 도제들의 복지를 위한 법을 내놓았다. 이 법은 아동노동을 국가 차원에서 제한한 최초의 규제이기도 하다. 법안 내용은 ① 벽과 천정의 세척 및 통풍 설비, ② 의복 지급, ③ 식사시간을 제외한 노동시간을 12시간으로 제한하고 저녁 9시 이후의 야간노동을 금지,

---

* 이 장은 이영석의《산업혁명과 노동정책》을 참고했으며, 더 자세한 내용은 이 책을 참조하라.

** 카를 마르크스,《자본론 I (상)》, 296쪽.

④ 남녀 도제에게 별개의 숙소 제공, ⑤ 예배 기회 부여, ⑥ 공장 순시관 도입, ⑦ 전염병이 발생할 경우 의사 진료 제공, ⑧ 위반 공장주에 대한 벌금 등이었다. 그러나 1802년 법은 적어도 3명의 도제와 20명의 성인 노동자를 고용하고 있는 면직물과 모직물 공장에만 적용됐다. 대상도 제한적이었고 관리 감독도 사실상 유명무실했다. 시행 규칙은 형식적이었고 감독 조항은 부재했으며 처벌 규정은 모호했다.

로버트 필은 이후 1815년 면직, 모직, 마직 분야 10~18세 어린이의 노동시간을 10시간 30분으로 제한하고 한 시간 반의 식사시간과 30분의 교육시간을 제공하는 새 법안을 제출했다. 그렇지만 법 제정 과정은 상당히 지지부진했다. 결과적으로 규제 범위를 면공장으로 한정하고 9~16세 어린이의 노동시간을 12시간으로 제한(한 시간의 식사시간 제공)하는 '면공장규제법'(1819)이 통과됐다. 이 또한 대상 범위도 제한적이었고 공장순

8시간 노동 슬로건. 로버트 오언은 스코틀랜드의 뉴라나크에서 '8시간 노동, 8시간 여가, 8시간 휴식' 슬로건을 내걸고 일련의 사회개혁을 실험했다. 그림은 1856년 멜버른 노동절에 사용됐던 것이다.

시관제 규정이 삭제돼 엄격한 시행은커녕 거의 유명무실했다.

노동시간의 문제가 사회문제가 되는 시기 로버트 오언을 비롯한 사회개혁가들은 노동시간 단축을 제도화하고 아동노동에 대한 사회적 관심을 불러일으키는 데 집중했다. 그 가운데 '사회주의'란 표현을 처음으로 쓴 웨일스 출신의 오언은 스코틀랜드의 뉴라나크에 있는 자신의 방직공장에 10시간 노동제를 도입하기도 했다. 13~18세까지의 소년에게는 하루의 절반만 일하도록 했으며, 7~12세까지의 아동에게는 노동을 전면 금지하고 학교 교육을 받도록 했다. 그가 세운 유치원은 세계 최초의 유치원으로 알려져 있으며 재밌는 사실은 협동조합을 운영해 그 조합의 수입으로 교육 비용을 충당했다는 점이다.《사회에 관한 새로운 의견》(1813~1816)은 뉴라나크에서 실시한 사회적 실험들을 담은 책이다. 1817년에는 '8시간 노동, 8시간 여가, 8시간 휴식Eight hours labour, Eight hours recreation, Eight hours rest' 슬로건을 내걸고 8시간 노동 캠페인을 벌였다.

그렇다고 오언의 개혁이 기존 생산관계의 폐기나 정치적 변혁 또는 계급투쟁의 방식을 의미하는 것은 아니었다. 오언은 노동환경, 주거환경, 교육환경을 개선해 품행과 품성을 개조하는 데 주목했다. 그는 노동자 민중이 어릴 적부터 좋은 환경에서 좋은 습관을 익히도록 한다면 현재와 같은 비참함과 무지에서 벗어날 수 있고 새로운 사회를 만드는 게 가능하다고 보았다.*

이후 1831년 휘그파의 존 홉하우스는 기존의 면공장규제법을 확대하는 내용의 공장법을 의회에 제출했다. 일명 홉하우스 법이라 불리는 1831년 법안은 ① 1802년 공장법을 제외한 기존 공장법 폐지, ② 규제 대상을 모든 섬유공장으로 확대, ③ 18세 이하의 어린이들은 노동시간을 12시간으로 제한하고 토요일에는 9시간으로 규정, ④ 20세 이하 노동자의 야간작업 금지를 포함했다. 여기서 야간작업은 저녁 7시 30분부터 아침 5시 30분 사이의 노동이었다. 그렇지만 홉하우스 법 또한 제대로 집행되지 않았다.

1802년부터 1831년까지 초기 공장법의 특징을 요약해보면, ① 작업환경 개선, ② 고용연령 및 노동시간 제한, ③ 아동의 교육 및 종교에 관한 규정, ④ 공장주의 의무와 법 시행을 위한 감독 및 처벌에 맞춰졌다. 그러나 초기의 공장법은 효력을 거의 발휘하지 못했다. 법 집행을 관장할 감독관제가 없었기 때문이다. 법에 개의치 않고 벌금을 내더라도 공장을 가동시키는 게 낫다고 보는 공장주들이 많았을 정도로 공장법의 효력은 상당히 떨어졌다.

1830년대 들어서면서 '공장 운동'은 세분화됐다. 초기에는 요크셔 지역의 토리파 급진주의자들과 랭커셔 지역의 면방적공들이 주도해나갔다. 우선, 리처드 오슬러는 "요크셔 노예제"

---

* 윤혜준, 〈기계의 철학과 기계문명의 이상〉, 앞의 책, 105~110쪽. 참고로 오언의 글《사회에 관한 새로운 의견》(하승우 옮김, 지식을만드는지식, 2012)은 번역되어 있고, 원문은 홈페이지 http://la.utexas.edu/users/hcleaver/368/368OwenNewViewtable.pdf에서 확인할 수 있다.

를 신문에 투고해 공장 아동 문제를 고발하고, 14세 미만 어린이의 노동을 10시간 이내로 규제할 것을 요구하면서 요크셔 지역의 토리파 급진주의자들과 허더스필드와 리즈 지역 노동자를 주축으로 '시간단축위원회'를 재편했다. 시간단축위원회의 네트워크는 전국으로 빠르게 확대됐다. 전역에 26개의 위원회가 설치됐는데, 요크셔에 12개, 랭커셔에 11개, 스코틀랜드에 2개, 노팅엄에 1개였다. 시간단축위원회의 운동은 1847년 10시간법이 통과될 때까지 이어졌다.

한편, 랭커셔 지역의 면방적공들은 1829년 6개월에 걸친 장기 파업에 힘입어 의회청원이라는 방식을 넘어서 더욱 적극적으로 시간 단축 운동을 전개했다. '면공장아동보호협회'를 중심으로 공장법 위반 공장을 적발해 치안판사에게 고발하는 활동을 펼치기도 했다. 노동자들이 주도한 일종의 공장 고발 운동이었다. 랭커셔 지역의 면방적공들은 노동운동의 핵심이었는데, 그중 맨체스터는 '가장 야만적인 상태'이면서도 가장 강력한 노동조합의 사령부이자 차티스트운동의 중심지였고 많은 사회주의자들의 집결지이기도 했다.*

대파업 실패로 지역 단위 노동운동의 한계를 절감한 존 도허티는 1829년 12월 근대적 형태의 전국 단위 노조인 '대영제국방적공일반조합'을 조직해 각 지역의 임금투쟁을 지원했다. 이후 1830년 7월에는 방적공 노조를 기반으로 20여 개 직종,

* 프리드리히 엥겔스, 《영국 노동자계급의 상태》, 286쪽.

150여 개 조합에 달하는 전국 단위의 '전국노동보호협회'를 결성했다. 초기에는 랭커셔 지역의 노동자들이 가입했고 시간이 지나면서는 요크셔, 스태포드셔, 체셔, 노팅엄 노동자들도 가입해 1831년에는 회원수가 10만 명에 달할 정도로 성장했다. 이후 시간단축위원회와 결합해 10시간법 캠페인을 주도했다.*

근대적인 표준노동일이 시작되다

한편, 1832년 선거법 개정에 힘입어 선거에서 승리한 휘그파는 대공장주와 공장 노동에 대한 들끓는 비판 여론을 무마하기 위해 공장조사위원회를 조직했다. 대자본과 휘그파는 공장 노동에 대한 비판 여론을 진정시키고 아동노동에 의존하고 있던 중소 규모의 수력 공장 자본의 우위에 서고자 했다. 일정 시간이 지나면서는 '표준노동일'을 지지하기도 했으며, 토리파의 10시간법 비판에 대응하는 대항 전략으로서 학교 교육과 감독관 도입을 주장했다. 자본 간 권력투쟁 또는 정치 세력 간 권력투쟁 가운데 의도하지 않은 사회적 결과로 노동시간 단축이 정치 전략으로 선택되었음을 보여주는 대목이다.

공장조사위원회는 공장주에 대한 설문조사, 공장의 어린

---

* 조지 더글러스 하워드 콜, 《영국 노동운동의 역사》, 김철수 옮김, 책세상, 2012, 106~108쪽.

이를 포함한 노동자와의 인터뷰, 구빈감독관이나 의사와 같은 다른 관계자들의 증언 청취, 아동의 건강진단 및 신체검사 등 다양한 실태조사를 벌였다.* 공장조사위원회의 보고를 보면, "공장주는 간혹 5~6세부터, 사실상 종종 7세부터, 대개는 8~9세부터의 아이들을 부리기 시작했다. 노동시간은 보통 하루에 14시간 내지 16시간(식사시간, 휴식시간을 제외하고)에 달했다. 감독이 아이들을 데리고 학대하는 것을 공장주는 허락할뿐더러 종종 자신도 폭력을 썼다". 이렇게 공장조사위원회 보고는 전국 단위의 아동노동의 실상을 비롯해 열악한 노동조건을 드러내는 데 역할을 했다.

> 가장 유해한 현상은 기형이 너무도 널리 퍼져 있을 뿐만 아니라 허약하고 병적인 체질도 넓게 퍼져 있다는 사실이다. 그 결과 많은 사람들이 일찍 사망하게 되거나 또는 건강이 몹시 손상된 채로 일생을 살아갈 수밖에 없다.

> 공장 노동자는 병역에는 적합하지 않다. 그들은 여위고 매우 약해 보인다. …… 공장 노동자들 사이에서는 40세는 이미 노령이다. 맨체스터에서는 노동자들의 이러한 조로는 매우 평범한 사실이며, 40세 된 사람은 누구나 10세 내지 15세가량 더 들어 보인다.

---

* 이영석, 《산업혁명과 노동정책》, 141쪽.

> 또 임산부라 하더라도 출산 직전까지 공장에서 일할 뿐만 아니라, 분만하고 나서 어떤 사람은 일주일 후에, 어떤 경우에는 3일 내지 4일 후에는 곧바로 공장으로 되돌아와서 일하며, 평상시 시간대로 일을 한다.*

공장조사위원회는 공장 조사를 바탕으로 기존의 공장법이 전혀 지켜지지 않는다는 현실을 비판하고 감독관 도입을 촉구했다. 이를 계기로 1833년 법은 감독관을 도입하는 동시에 감독관의 권한과 의무를 상세하게 규정했다. 특기할 만한 것은 감독관이 치안판사에 준하는 법적 권위를 부여받았다는 점이다. 또한 정기적인 보고서 제출을 의무 사항으로 넣었다. 공장조사위원회는 이를 골자로 ① 법적 보호연령 상한선을 13세로 하고 14세 이상을 자유계약 노동자free agent로 간주, ② 법적 보호연령에 해당하는 어린이에게 교육 기회 제공, ③ 법적 보호아동의 노동시간 단축으로 성인 노동시간 단축이 줄어드는 것을 방지하기 위한 교대제 실시, ④ 감독관 도입 등을 권고 사항으로 하는 법안을 제안했다.

공장조사위원회의 제안을 상당 부분 수용한 형태로 1833년 '대영제국 공장 아동 및 연소자의 노동 규제법'이 만들어졌다. 법안 내용은 ① 13세~18세 미만 연소자의 12시간 이상 노

---

* 위 세 개의 인용문은 프리드리히 엥겔스, 《영국 노동자계급의 상태》, 192~202쪽에서 인용.

동 금지("아침 5시 30분에 시작해 저녁 8시 30분에 끝나야!"), ② 단계적으로 9세~13세 미만 아동의 노동시간을 8시간으로 제한, ③ 9세 미만 아동의 고용 금지, ④ 18세 이하 연소자의 야간노동 완전 금지, ⑤ 적용 범위를 면업에서 양모, 아마, 견공업까지 확대, ⑥ 14세 이하 어린이의 경우 하루 2시간씩 의무적으로 학교 교육 실시, ⑦ 공장 감독관 배치 등이다. 감독관은 언제나 공장을 방문해 노동자들의 증언을 듣고 치안판사에게 고발할 수 있게 했다.

1833년 공장법에 대해 마르크스는 "의회는 1802년부터 1833년까지 5개의 노동관계 법들을 통과시켰지만, 교활하게도 이 법률들의 강제적 실시와 그에 필요한 인건비 지출은 한 푼도 의결하지 않았다. 그 법률들은 사문서에 지나지 않았다"고 비판하면서 "근대적 산업에서의 표준노동일은 1833년 공장법에서부터 비로소 나타났다"고 평가했다.* 또한 자유계약 노동자의 범주에 들지 않는 (13세 이하) 어린이를 보호하는 최초의 법률로 '사회 정책사의 중대한 전환점'이라고 의미를 부여했다. "착취당하는 부류를 보호할 필요가 있을 때 국가가 개입할 수 있다"는 인식을 권리로 구현한 사례다. 1833년 공장법은 이전의 공장입법에 비해 현실적이었으며 "사회악의 많은 부분을 제거"했다는 평가를 들을 정도로 사실상의 효력을 가진 최초의 공장법이었다. 또한 아동의 학교 교육을 법률로 규정한 획기적

* 카를 마르크스, 《자본론 I (상)》, 353쪽.

인 사건이었다.*

그러나 14세 이상의 연소자들에 대해서는 자유계약 노동이라는 자유방임의 원칙이 고수됐다. 또한 교대제 시행으로 성인노동자의 노동시간이 오히려 늘어나는 폐해를 낳았다. 1833년 법은 역설적으로 아침 5시 30분부터 저녁 8시 30분까지의 시간 안에서 소년에게는 12시간, 아동에게는 8시간의 노동시간과 식사시간을 마음대로 지정할 수 있도록 했다. 이에 공장주들은 소년과 아동을 부단히 교체하는 편법을 활용했다. 이런 탓에 감독관들은 복잡한 장부를 보고 법정 노동시간과 식사시간·휴식시간의 제공을 감독하는 일이 힘들어졌다.

공장법의 변화

시기	내용
1802년	'도제의 건강 및 덕성 보호법'
1805년	직물공단체의 최저임금법 청원운동 전개, 부결(1808)
1810년	광부들의 총파업
1811년	중북부의 직물공업 지대에서 러다이트운동 발생
1812년	직물공들의 총파업이 군대와 법률의 압력에 의해 무력화됨

* 이영석, 앞의 책, 158쪽; 양동휴, 〈산업혁명〉, 앞의 책, 56~61쪽.

1813년	러다이트운동에 가담한 17명의 노동자들이 기계 파괴죄로 교수형
1815년	의회개혁운동(1815~1832)
1815년	로버트 오언의 제안을 담은 수정법안을 로버트 필이 의회에 제출 필이 일부 완화한 법안을 '공장 아동 실태에 관한 조사위원회'에 권고
1818년	애트킨슨 화재 사건을 계기로 공장 규제를 요구하는 청원운동 일어남 필 법안은 하원에서 다수의 지지로 가결
1819년	규제 범위를 면공장으로 한정하는 '면공장규제법' 통과
1824년	단결금지법 폐지 (1799년 이후 25년간 발효)
1829년	랭커셔 면방적공의 장기간 파업
1830년	토리파 급진주의자들 '시간단축위원회' 구성
1831년	면공장규제법을 강화한 휘그파 존 홉하우스의 법안이 수정을 거쳐 입법화됨
1832년 12월	선거법 개정, 총선에서 새롭게 선거권을 부여받은 중간계급이 자유방임을 주장하는 휘그파를 지지 (노동자계급의 선거권은 불인정)
1833년	대공장주와 휘그파는 왕립위원회 구성, 공장 실태조사
1833년	'대영제국 공장 아동 및 연소자의 노동 규제법' (18세 미만의 12시간 이상 노동 금지, 표준노동일을 제도화)
1834년	노예제 폐지, 신구빈법 시행
1838년 5월	노동자들이 6개의 요구사항을 담은 인민헌장 발표

1844년	1833년 공장법의 문제를 보완한 '공장 노동에 관한 수정법률' (학교 수업 제도화, 여성노동을 12시간으로 제한)
1846년 6월	곡물법 폐지안 확정
1847년	곡물법 폐지로 퇴각한 토리파는 위기 전환의 일환으로 '10시간 노동법' 상정, 가결
1850년	공장법 보완 수정 (교대제 금지)
1853년	공장법 보완 수정 (릴레이제도 전면 금지, 10시간 노동이 확립)
1866년	국제노동자대회 (제1차 인터내셔널, 8시간 노동을 하루 노동시간의 법적 한도로 제안)
1867년	선거법 개정 (대부분의 도시 임금노동자에게 선거권 부여)

1833년 공장법은 나름 의미 있는 결과였지만 토리파 급진주의자들은 여기에서 더 나아가 공장 노동에 대한 비판 여론을 회피하려던 대자본과 자유방임주의의 이해가 관철된 결과를 비판하면서 더욱 적극적으로 8시간 노동일을 내세웠다. 토리파 급진주의자들은 오언주의자들과 함께 공장 노동자의 8시간 노동일 관철을 목표로 총파업투쟁(1834년 4월)을 벌였다. 그러나 총파업은 2주 만에 군대에 의해 진압되고 실패로 끝났다.*

---

* 같은 해 이루어진 제도 변화 가운데 눈에 띄는 것은 신구빈법의 시행이다. 1834년 시행된 신구빈법은 ① 노동 능력이 있는 경우에는 구호를 제공하지 말 것, ② 구호를 받으려면 구빈원에 들어갈 것, ③ 구빈원의 생활조건은 노동자의 최저 생활수준보다 낮게 유지할 것을 제정했다. 신구빈법 지지자들은 이를 통해 빈민구제에 들어가는 전체 비용을 줄여 세금

그렇지만 박애의 이름으로 새로운 법안 상정을 외친 토리파가 다수 의석을 차지해 토리 내각이 들어섰다. 당시 수상의 자리에 오른 로버트 필*은 1833년의 공장법의 문제점을 보완하기 위한 조치로 1844년 '공장 노동에 관한 수정법률'을 발의했고, 이는 하원에서 179 대 170으로 가까스로 통과됐다. 법안 내용은 ① 18세 이상인 여성의 노동시간을 12시간으로 제한, ② 공장 아동의 연령 확인, ③ 여성과 아동의 야간작업 금지, ④ 아

부담을 낮추고, 빈민 수용시설을 통해 거리의 거지를 없애고, 가난한 사람들이 근면하게 살도록 자극을 줄 수 있다고 보았다. 신구빈법으로 돈이건 식량이건 모든 형태의 구호물 지급이 금지됐다. 빈민들에게 제공된 유일한 혜택은 전국에 새로 세워진 구빈원에 들어갈 수 있는 허가였다. 이전까지 빈민들은 자신들이 스스로 생계를 유지할 수 없는 경우 교구가 그들의 굶주림을 막아줄 의무가 있다는 것을 당연히 받아들였다. 그들은 주일마다 받는 시혜금을 권리로서 당당하게 요구했다. '신이 갚아줄 것'이라 보았다. 교구는 자선의 기회를 사회적 의무로 여겼다. 그런데 부르주아지는 이를 지나친 부담으로 여겼고 빈곤을 개인의 나태한 결과로 치부했다. 멜서스, 시니어 모두 구빈법이 노동자들의 근로의욕을 감소시켜 빈곤을 심화시키는 원인이라고 지적해왔다. 구빈원이야말로 나태함과 게으름을 근절하고 노동 능력을 발휘케 하는 이상적인 작업장으로 제시됐다. 신구빈법으로 인해 빈곤이 부도덕한 것으로 여겨졌고, 또한 구빈원의 착취를 당연한 것으로 여겼으며, 노동 능력이 있는 성인 남성의 경우 노동시장에 그대로 방출됨으로써 부르주아지가 노동력을 더욱 값싸게 구매할 수 있게 되었다. 자세한 설명은 프리드리히 엥겔스의 《영국 노동자계급의 상태》, 335~337쪽을 참조하라.

* 로버트 필(1788~1850)은 랭커스터 출신으로 앞서 1802년 도제법을 내놓았던 로버트 필(1750~1830)의 아들이다. 수상을 두 차례나 지냈으며(1834~1835, 1841~1846), 토리당을 보수당으로 탈바꿈하는 데 큰 역할을 했다. 아일랜드 대기근 시기에는 보수당 내부 대다수의 반대에도 불구하고 곡물법 폐지를 앞장서서 통과시켰다. 그는 곡물법 폐지가 아일랜드를 구제하기 위한 핵심 조치라고 보았다. 그렇지만 곡물법 폐지의 여파로 바로 사임했다.

동과 미성년자의 릴레이제도 금지, ⑤ 감독관의 규정 상세화, ⑥ 작업환경 개선 및 사고예방 규정 등이었다. 여기서 '야간'은 저녁 6시부터 다음날 아침 6시까지로 규정했다. 또한 공장법은 18세 이상의 여성노동자도 연소자와 같은 수준의 보호 대상에 포함시키고(12시간 노동 및 야간노동 금지), 어린이에 대해서는 고용연령을 한 살 낮추는 대신 6시간 30분의 반나절 노동을 적용하고, 학교 수업을 받을 수 있도록 했다. 가족의 자녀교육 기능을 교육제도로 이관함으로써 가족과 노동의 분리를 제도화했다. 공장주에게는 아동이 받는 공임의 12분의 1을 수업료로 거둘 것을 의무화했다. 그리고 공장법의 역사에서 처음으로 노동자의 안전, 특히 기계사고의 위험을 방지하는 규정을 마련했다.*

자유무역 천년왕국의 시기

한편 1815년 이후 지속되던 곡물수입제한법이 1846년 6월 폐지되면서 다시 휘그 내각이 출범했다.** 이 시기는 곡물법이 폐

---

* 프리드리히 엥겔스, 《영국 노동자계급의 상태》, 216쪽.

** 곡물법은 수입되는 밀에 높은 관세를 부과하는 것으로 외국과의 경쟁에서 귀족지주계급의 수익을 보호하는 장치였다. 이로 인해 빵의 가격은 비싸질 수밖에 없다고 보았던 산업부르주아들은 자유무역주의자 리처드 코브던과 존 브라이트가 주도해 결성한 곡물법반대동맹을 중심으로 곡물법 폐지를 위한 캠페인을 벌였다. 이들은 곡물법을 폐지해야 바로 빵값을

지되고 수입세가 철폐되는 등 자유무역의 천년왕국이 선언되던 시기였다. 공유지를 기반으로 상부상조하던 '도덕경제'의 요소들이 자본주의 시장경제의 원리로 전면 대체되어갔다. 자유주의의 물결이 거세지는 시기였지만 10시간 운동이 정점에 달한 시기이자 차티스트운동이 마지막 불꽃을 태우던 시기이기도 했다.

> 1846~47년은 영국 경제사에서 하나의 획기적인 시대를 이룬다. 곡물법이 폐지되었고 면화와 기타 원료에 대한 관세가 폐지되었으며 자유무역이 입법의 지침으로 선포되었다. 한마디로 말해 천년왕국이 시작된 것이다. 다른 한편, 이 동일한 해에 차티스트운동과 10시간 노동일을 위한 운동이 그 절정에 달했다. 이 운동은 복수심에 불타고 있던 토리당을 그 동맹자로 삼게 되었다. 브라이트와 코브던을 선두로 하는 배신적 자유무역론자들의 발광적인 반항에도 불구하고, 그처럼 오랫동안 투쟁해온 10시간 노

내릴 수 있다고 선동했다. 요체는 곡물법으로 빵값이 높게 유지되고 있고 산업부르주아들은 더 높은 임금을 지불해야 했기에, 곡물법을 폐지하면 빵값을 떨어트리고 임금을 낮출 수 있어 결국 산업경쟁력을 높인다고 보았다. 한편 아일랜드 대기근의 여파로 곡물 가격이 치솟았는데 이를 낮추기 위한 일환으로 해외 곡물 수입안은 더욱 지지를 받았다. 결국 곡물법이 폐지되면서 해외 곡물의 관세가 대폭 인하됐고 귀족지주계급은 상당한 타격을 입었다. 산업자본은 '좀더 낮은' 임금으로 상품시장을 확대할 결정적 계기를 마련했다. 마르크스의 표현대로 곡물법 폐지는 토지귀족에 대해 산업자본이 거둔 승리의 마침표였다. 자세한 설명은 프리드리히 엥겔스의《영국 노동자계급의 상태》, 329쪽과 데이비드 하비의《데이비드 하비의 맑스 『자본』 강의》, 280쪽을 참조하라.

동법안이 드디어 의회에서 통과되었다.*

"자유무역론자들에 대한 복수를 노리던" 토리파는 1847년 6월 8일 10시간 노동법을 통과시켰다. '10시간 노동법'은 1848년 5월 1일부터 10시간 노동을 실시하고, 18세 이하 미성년과 모든 여성의 노동일을 10시간으로 제한했다. 1847년 공장법 통과는 오랫동안 아동노동 규제와 10시간 노동운동을 주도했던 리처드 오슬러의 문제 제기가 관철되는 순간이었다. 30여 년 전부터 노동시간 단축을 촉구했던 오언의 개혁 일부가 실현된 것이기도 했다.

그런데 10시간 노동법 이후 공장주들은 소년과 여성노동자들을 해고하기 시작했으며 합법의 테두리 내에서 아동을 변칙적으로 투입하는 경우도 늘어났다. 식사시간을 노동일 이전 혹은 이후에 제공하는 공장들도 많았다. 성인 남성노동자들에게 거의 폐지되었던 야간노동을 다시 들여왔다. 소년과 여성들이 전부 퇴근한 뒤 8~13세의 아동을 저녁 8시 30분까지 성인 남자들하고만 일을 시키는 관례가 퍼졌다. 소년과 여성을 활용한 변칙적 교대제가 다시 성행했다.

이후 1850년 추가 공장법은 소년과 여성의 노동을 주중에는 10.5시간, 토요일에는 7.5시간으로 제한했다. 식사시간 30분은 동시에 주어져야 하고, 노동시간은 아침 6시부터 저녁 6시

* 카를 마르크스, 《자본론 Ⅰ (상)》, 359쪽.

사이로 제한할 것을 규정했다. 그 결과 교대제가 불가능해졌다. 그러나 아동노동을 활용한 변칙적인 교대제는 계속됐다.

아동노동을 활용한 변칙적 교대제가 성인 노동자의 노동시간을 연장시키기 위한 의도와 결합되자 노동자들의 불만이 쏟아져 나왔다. 이에 따라 1853년 보완입법을 통해 "아동을 오전에 그 뒤 저녁에는 여성을 사용하는 것"을 금지했다('한 조는 여성, 한 조는 아동이라는 두 개 조의 릴레이로 성인 노동자의 노동시간을 15시간까지 늘리는' 릴레이제를 전면 금지). 이를 계기로 성인 남자를 포함한 모든 노동자의 10시간 노동이 제도화됐다.

폭력적인 노동시간의 길이를 제도적으로 제한한 공장법은 역설적으로 자본가들로 하여금 상대적 잉여가치를 획득하기 위한 방법을 모색하도록 자극했다. 이를테면 자동 뮬기의 개발과 보급을 가속화했다. "노동일의 단축에 대응해 모든 기계에 대규모의 개량이 가해졌다." 둘째, 속도를 통해 생산성을 향상시키고자 했다. "방추와 직기의 속도는 2배 이상 늘어났다." 셋째, 노동일의 빈틈을 제거하는 데 집중했다. 식사시간이나 휴게시간을 줄이려는 갖가지 편법들을 끌어들였다. 공장 감독관들은 10시간제가 실시된 이후 생산 감소가 나타나지 않은 것은 개량기계의 도입과 아울러 기계의 속도 증가, 새로운 시간 규율이 도입되었기 때문이라고 결론지었다. 그렇지만 공장법은 아동, 연소자, 부녀자를 보호 대상으로 규정함으로써 그들의 노동시장 진출을 부분적으로 차단했다. 공장법은 값싼 노동력의 노동시장 유입에 제동을 가한 셈이었고, 그에 따라 면공업의 노동시장은 방적공에게 유리하게 돌아갔다. 또한 공장법은 살인적인 노동 착취를 문제 삼았던 일련의 비판들의 산물이었다.*

* Chris Nyland, "Capitalism and work-time thought", John Hassard(ed.), *Sociology of Time,* Macmillan, 1990, pp. 139~142; 데이비드 하비, 《데이비드 하비의 맑스『자본』강의》, 365쪽.

5장

시간이 모든 것이며 인간은 아무것도 아니다

1

인간은 시간의 잔해일 뿐

“휴가는 언제 가? 시간이 없어서! 집엔 안 내려가? 시간이 없어서! 저녁에 한잔할까? 시간이 없어서! 당신은 늘 말합니다. 시간이 없다고. 그래서 우리는 더 빨라지기로 했습니다. 더 빠른 속도는 더 많은 시간이 될 테니까”라는 한 통신사의 광고는 시간 부족에 시달리는 현대인의 애환을 절절하게 표현한다.

얼마 전 〈비정상회담〉(2016.3.21)에 시간 관리에 관한 흥미로운 사연이 소개됐다. “이제 막 대학교에 입학한 신입생입니다. 치열한 수능 전쟁도 무사히 치러냈겠다, 이제 즐길 일만 남았다고 생각한 저에게 최근 예상치도 못한 고민이 생겼는데요. 바로 갑자기 많아진 시간을 어떻게 관리해야 할지 몰라 불안하다는 겁니다. 고등학교 때까지는 정해진 스케줄대로 따라다니기만 하면 됐는데 대학에 오니 갑자기 제가 하루 스케줄을 알아서 정해야 하더라고요. 성공한 사람들의 시간 관리법을 알려주는 베스트셀러도 읽고 그대로 따라 해봤는데 너무 힘들었습니다. 그래서 멍도 때려보고 여유롭게 시간을 써봤는데 요즘같이 자기계발이 중요한 시대에 다들 바쁘게 사는데 시간을 허투루 막 써도 되는지 싶어 또 걱정이 되더라고요." 자기계발의 시대에 자유시간, 여유의 의미가 무엇인지를 되묻는 재밌는 사연이다.

통신사의 광고나 TV 프로그램의 사연은 시간 부족의 문제와 강박적인 시간 관리를 잘 드러낸다. 항상 부족한 시간에 쫓겨서 스트레스를 받는 사람들을 '타임 푸어족'이라고 할 정도로 무언가를 하지 않으면 늘 불안한 사람들이 많아지고 있다. 한 취업 포털 사이트에서 직장인의 스트레스를 묻는 조사 결과, 응답자의 71.6퍼센트가 "항상 시간이 부족"하다고 느꼈고, 40퍼센트는 "바쁘지 않으면 죄책감이 든다"고 답했다.* 〈타임푸어족… 일할 시간 항상 부족해〉〈안 바쁘면 너무 불안… 타임푸어 지수-불안감 비례〉 같은 기사 제목만 봐도 그렇다.

우리는 왜 '시간이 없다'고 되뇌는가? 우리는 왜 끊임없이 '시간을 관리'하려 하는가? 강박적인 시간 관리는 인류의 보편적인 특징인가? 아니면 지금 이 시대의 고유한 산물인가?

이에 답하기 위해서는 모든 시간을 생산시간으로 삼는 자본주의 사회의 성질을 짚어야 한다. 자본주의는 임금노동 중심의 상품생산 체계다. 여기서 모든 것은 상품이 된다. 노동은 시장에서 '교환 가능한 노동력'으로 양화되어 팔릴 때에만 임금을 받는 노동자로 존재할 수 있다. 마르크스의 표현대로 '특별

---

* 〈직장인 72%, "나는 타임푸어족"… 원인은 '슈퍼맨 콤플렉스'〉, 《중앙일보》, 2015.8.20.

한' 상품이다. 자연은 물론 사랑과 영혼까지 상품의 대상이 된다. 상품화의 속도는 가속화된다. 삶의 모든 영역이 상품화의 법칙에서 자유롭지 못하다. 사실 상품화를 벗어난 지점을 찾기가 더 어려울 정도다. 모든 것의 상품화는 자본주의 사회만의 고유한 특징이다.*

자본주의 사회는 상품 생산뿐만 아니라 소비 방식은 물론 사회관계 방식이나 심성 구조까지 주도한 사회다. 다시 말해, 상품 생산뿐만 아니라 자본주의적 체계에 부합하는 특정한 인간형을 생산한다는 말이다. 시간을 금으로 여기고 언제 어디서나 '끝도 없이' '쉼 없이' 시간 관리에 힘쓰는 그런 인간형 말이다. 자본주의 사회는 이것이 전체의 심리적 토대가 된 사회인 것이다. '시간 강박증'이라 일컬을 정도로 시간 관리에 열을 올리는 작금의 우리는 바로 자본주의적 시간 주체의 화신이다. 그러고 보면 강박적인 시간 관리는 언뜻 비정상으로 보이지만 따지고 보면 자본주의 사회의 정상 상태인 것이다.

'시간은 금'이라는 불문율을 가슴에 새기고 사는 자본주의 사회의 우리는 더 빨리 걸으려 하고 식사는 빠른 시간 안에 '끝

---

* 모든 것을 상품으로 만드는 성질은 부르주아지의 근원이다. 참고로 부르주아지의 특성에 대한 엥겔스의 묘사를 보자. "그들은 금전적인 이득을 가져다주지 못하는 것은 '어리석은' '비현실적인' 것으로 치부한다. …… 화폐 관계 이외에 어떠한 관계도 인식하지 않는다. …… 그들은 자유경쟁이 절대로 제한받아서는 안 된다고 믿는다." 여기서 엥겔스가 말하는 부르주아지는 '곡물법의 폐지를 지지했던 영국 부르주아의 자유주의 분파'를 지칭한다. 자세한 설명은 프리드리히 엥겔스의《영국 노동자계급의 상태》, 326쪽을 참조하라.

내려 한다'. 빠른 걸음걸이, 빨리 먹는 식습관은 '자본주의에 적합한 신체'임을 상징한다. 강박적인 시간 태도는 여러 곳에서 나타난다. 항상 업무들의 우선순위에 신경 쓰고 여러 가지 일을 한 번에 하려 한다. 자투리 시간도 무언가로 채우려 한다. 속도를 우선시하는 건 기본이다. '느림'을 수용하기 어렵다. 아무것도 하지 않은 채 남는 시간을 그냥 흘려보내는 일에 몹시 불안해한다. 뭔가 계속해야 한다고 재촉받는 느낌이다. 시간을 계획해 무언가로 촘촘히 채워야 할 것 같다. 그렇지 않으면 뒤처지는 듯한 느낌을 받는다. 그냥 '멍 때린다'는 게 쉽지 않다. 자신의 자유시간조차 여유롭게 보내는 것이 불가능하다. 죄책감을 느끼기까지 한다. 시간을 효율적으로 사용해야 한다는 생각 그 자체 때문에 또다시 스트레스에 시달린다. 이러한 강박, 불안, 죄책감은 효율적인 시간 관리를 곧 능력으로 여기고 시간 단위당 생산성을 끊임없이 높여야 하는 운명에 놓여 있는 시간 주체의 심성 구조다. 그러고 보면 편집증적인 시간 관리는 자본주의적 심성 구조라고 말하는 것이 더 적절하다.

조너선 스위프트의 《걸리버 여행기》(1726)는 소인국 릴리퍼트에서 겪은 에피소드를 통해 현대인의 시간 강박을 재치 있게 풍자하고 있다. 소인국 사람들은 난생 처음 걸리버를 보았을 때 걸리버가 호주머니에 숭배하는 신을 모시고 있다고 생각했다. "그는 그것에게 자문을 구하지 않고는 거의 어떤 일도 하지 않았다. 그는 그것을 자신의 신탁이라고 불렀으며, 그것이 인생의 모든 행위들에게 시간을 정해주었다." 소인국 사람들이 "훌

륭한 엔진에 반은 은이고 반은 어떤 투명 금속으로 이루어진 둥근 물체"라고 가리킨 것은 바로 시계였다. 걸리버는 시간 강박적인 현대인을 표상한다.

시간 강박적인 현대인을 표상하는 또 다른 사례로 미하엘 엔데의 《모모》(1970)에 나오는 거리의 청소부 할아버지 베포를 들 수 있다. 베포는 청소도 "한 걸음에, 한 번 숨 쉬고, 한 번 비질을 하고 가끔 서서 우두커니 생각에 잠기다보면 종종 위대한 생각이 떠올랐다"고 말할 정도로 여유가 있는 인물이었다. 그러던 그도 산업자본주의를 대변하는 시간은행의 회색신사에게 마을 사람들이 자신의 시간들을 미래에 저당 잡힌 뒤로는 하루하루 시간에 쫓기며 쉼 없이 비질만을 계속하는 일상을 보내야 했다.

자본주의적 시간관의 특징은 백인과 인디언의 마주침 속에서도 드러난다. 문화인류학자 에드워드 홀은 《생명의 춤》(2000)에서 인디언과 백인의 시간관을 비교한다. 인디언들은 백인들을 '시간'이란 악령이 몸속에 들어앉은 '미친놈'이라고 보았다. 미래를 향해 달려가기만 했지 현재의 삶을 살아가지 못하니 말이다. 한편, 백인들은 인디언들이 그렇게 게으를 수가 없다고 질타했다. 인디언들의 일하는 시간은 전혀 조밀하지 않을뿐더러 시간당 노동량을 턱없이 부족한 것으로 여겼다. 일종의 문화 충돌cultural conflict이다.

홀은 인디언 대 백인의 시간관을 '영원한 현재'에 살며 '지금'을 실천하는 순환적 시간관 대 시간을 과거, 현재, 미래로 구분하고 진보의 원리, 등가의 원리에 따라 시간이 미래로 흐르고 수량으로 측정되는 것으로 보는 직선적 시간관의 충돌이라고 평가한다. 인디언에게 아침의 한 시간과 정오의 한 시간은 각각 고유한 빛과 색깔을 가지는 시간들인 데 반해, 백인에게 그 시간들은 모두 양적으로 균질적인 시간일 뿐이다.* 이외에도 우리는 다른 시간관들의 문화적 충돌, 이를테면 기독교인 대 이슬람인, 식민지 시기 일본인 대 조선인, 도시인 대 농민 간의 충돌 속에서 자본주의적 시간관의 특징을 읽을 수 있다.**

---

* 에드워드 홀, 《생명의 춤》, 최효선 옮김, 한길사, 2000; 제임스 글릭, 《빨리빨리: 초스피드 시대의 패러독스》, 석기용 옮김, 이끌리오, 2000.

** TV 프로그램 〈비정상회담〉에서 각자의 경험을 이야기하는 장면은 국가별 시간관의 차이를 여실히 보여준다. 미국 출신 타일러 라쉬는 예전에 주미 한국 대사관에서 일한 적이 있었는데, 그때 그는 대사가 지역별로 하는 만찬 준비차 각국의 대사관에 연락을 하게 되었다. 그는 그중 가나 대사관의 에피소드를 소개한다. 대사관의 근무시간은 통상 오전 9시부터 오후 5시까지이지만 가나의 경우 10시 30분은 되어야 출근을 해서 9시에 전화해도 연락이 닿지 않았고, 12시부터 2시까지는 점심시간이라 자리를 비우고 3시 30분 이후는 이미 퇴근을 해서 시간 약속을 잡는 게 어려웠다는 이야기였다.
이에 브라질 출신 카를로스 고리토가 가나의 시간관을 지지하면서 브라질에서는 "시간을 지키면 예의 없다"는 말을 하자 다른 출연자들은 어이없어 하며 그저 웃기만 했다. "브라질에서는 학교에서 지각을 해도 괜찮나요?"라는 질문에 그는 담담하게 "네 괜찮아요"라고 말한다. "선생님도 많이 지각하니까!" 그게 서로 간의 예의라고 말한다. 이 말에 다른 출연자들이 상당히 놀라는 표정들이 화면에 잡힌다. 유사한 사례로 그리스 출신 안드레아스 바르사코플로스는 한국의 '빨리빨리' 문화와는 정반대인 그리스의 '아브리오~ 아브리오~' 문화를 소개한다. 뜻은 '내일~ 내일~'이다. 한편, 독일 출신 다니엘 린데만은 거의 기절 직전의 표정을 짓고 있다. 그는 독일의 시간관으로 칸트의 규칙적인 생활습관을 소개했는데, 매일같이 새벽 5시에 기상하고 아침 7시에 강의하고 12시에 점심을 먹고 저녁 10시면 마르크스는《자본론》에서 자본주의적 시간 주체의 특징을 압축적으로 표현한다. "시간이 모든 것이며 인간은 아무것도 아니다. 인간은 시간의 잔해일 뿐"이라는 것이다. 그는 자본주의로의 이행을 '산' 인간을 '시간이 육화된 형태'로 대체하는 과정이라고 묘사했다. 이는 작업장에서 한 노동자의 노동은 다른 노동자의 노동과 거의 구별되지 않으며, 노동자들은 단지 그가 노동에 사용한 시간을 통해서만 구별될 수 있을 뿐이라는 의미다. 산 인간의 질적 특수성들이 '표준화된 노동시간'으로 교환 가능한 임노동 체계에 예속돼 오직 양적 차이로만 환원된다는 말이다. 마르크스는 이것이 자본주의 사회에 존재하고 있는 제반 상태의 궁극적인 상황이라고 보았다.

> 인간이 기계 밑에 완전히 예속되고 노동의 철저한 분업이 진행된 결과 이제 모든 노동이 동질화되었으며 또 노동에 대면하자마자 인간은 사라져버리게 되었으며 그리고 또 이제 시계추가 마치 그것이 두 개의 증기기관의 속도를 측정할 때와 마찬가지로 정확한, 두 명의 노동자의 여러 행위 간의 관계를 계량하는 정확한 측정기가 되어버렸다는 사실 …… 따라서 이제 우리는 더 이상 어떤 사람의 한 시간의 노동이 다른 사람의 한 시간의 노동과 동일

취침을 하는 칸트를 보고 사람들은 몇 시인지 알 수 있을 정도였다고 말한다. 이렇게 독일은 시간 엄수, 근면, 규칙, 질서를 독일인의 도덕, 시민의 도덕, 프로이센의 도덕으로 여겼다. 시간 엄수를 시민의 도덕으로 여겨온 다니엘 린데만에게 가나, 브라질, 그리스의 사례들은 그저 놀라운 일일 것이다.

한 가치를 가진다고 말해서는 안 되며 오히려 한 시간 동안 어떤 사람은 한 시간 동안의 다른 어떤 사람과 동일한 가치를 가진다고 말해야 한다. 시간이 모든 것이며 인간은 아무것도 아니다. 인간은 기껏해야 시간의 잔해일 뿐이다. 질은 더 이상 문제되지 않는다. 단지 양만이 모든 것을 결정한다. 한 시간 대 한 시간, 하루 대 하루! 이는 근대산업의 산물일 뿐이다. 자동화된 작업장에서 한 노동자의 노동은 다른 노동자의 노동과 어떠한 식으로든지 거의 구별되지 않는다. 노동자들은 단지 그가 노동에 사용한 시간을 통해서만 구별될 수 있을 뿐이다. …… 이것이 바로 근대 산업사회 속에서 존재하고 있는 제반 상태의 궁극적인 상황이다.*

* 최형익, 《칼 마르크스의 노동과 권리의 정치이론》, 한국학술정보, 2005, 95~96쪽 재인용.

2

'시간은 금'이라는 불문율

톰슨이 말한 '시간 지향time orientation' 개념은 시간 주체의 태도를 압축한다. 노동시간이 임금과 직접적으로 연동하면서 사람들은 시간단위당 생산성을 최대화하려는 독특한 태도를 가지기 시작했다. 그 특징들을 보면 다음과 같다. 첫째, 시간 주체는 시간단위당 생산성을 최대화하기 위해 가능한 짧은 시간에 업무를 처리하려 하고 정해진 시간 내에 여러 업무를 동시적으로 수행하려 하고 최소한의 노력으로 최대의 결과를 산출하려 한다. 이에 따라 사고방식, 의사 결정, 행동 패턴은 더 신속하고 멀티multi-tasking가 되도록 요구받는다.

"1분 1초를 이윤"으로 여기는 사회에서 시간 주체는 더 빠르게 임무를 수행하려는 속도 추구 경향을 보인다. 속도 그 자체가 긍정적인 가치를 가진다. 생산의 속도는 물론 모든 영역에 걸쳐 삶의 속도는 가속화된다.* 빠른 속도를 필사적으로 쫓아

* 바바라 아담, 《타임워치: 시간의 사회적 분석》, 박형신·정수남 옮김,

야 하는 것은 시간 주체의 의무다. 속도는 시간 주체의 사회적 명령이자 본성이 된다. 시간 집약적인 여가time intensive leisure 패턴은 이 같은 태도의 한 모습이다. 속도 그 자체뿐만 아니라 경쟁 상대보다 더 빨라야 한다는 점 또한 시간 주체가 항상 기억해야 할 사항이다. 경쟁이 시작되면 경쟁의 내용과 과정은 부차적인 것으로 취급된다. 오로지 상대보다 먼저 목표치를 달성하는 게 우선이 된다.

둘째, 어떤 업무를 정해진 시간 내에 끝내지 못할 경우, 시간 주체는 마감 지연을 실패나 무능력으로 연결 짓는다. 반대로, 시간 내 업무를 끝내면, 마감 엄수를 성취나 성공으로 여긴다. 마감 지연은 시간 낭비로 처리되고 마감 기한 내 완수는 시간 절약으로 처리되기 때문이다. 그래서 시간 주체는 강박적으로 마감시간을 엄수하려 한다. 만약 12시까지 업무 처리를 전달받았다면 시간 주체에게 11시 59분과 12시 1분은 단지 2분의 차이가 아니라 성공과 실패를 가늠하는 차이가 된다. 시험에서 만점을 받을 수 있는 독해 능력을 갖추었더라도 '정해진 시간' 내에 문제를 풀지 못하면 그 실력을 인정받기 어렵다.

셋째, 어떤 업무를 일찍 끝내고 시간이 남을 경우, 시간 주체는 남는 시간spare time을 그대로 흘려보내지 않는다. 대신 남는 시간에 또 다른 업무another task를 처리함으로써 시간단위당 생산성을 극대화하려 한다. 남는 시간을 그대로 흘려보내는 것 또한

일신사, 2009, 170쪽.

비효율이라고 여기기 때문이다. 예를 들어 밭 한 이랑을 평소보다 빨리 끝냈다면, 시간 주체는 그 남은 시간을 또 다른 한 이랑을 메는 데 쓰려 한다. 남는 시간을 잡담이나 낮잠으로 때우는 것은 일종의 낭비로 처리된다.

시간 주체에게 시간 낭비는 제1의 죄악이다. 영화 〈신성일의 행방불명〉(2004)은 먹는 것을 죄악시하는 보육원이 배경이다. 이곳에서 자란 주인공 '신성일'에게 먹는 것은 죄다. 마찬가지로 시간을 금으로 여기는 현대사회의 '우리'에게 시간 낭비는 죄악이다. 베버의 설명은 시간 주체의 시간 태도를 압축하고 있다.

> 시간의 낭비는 모든 죄 중에 최고의 중죄이다. 인생의 기간은 각자의 부르심을 확인하기에는 너무나 짧고 소중하다. 사교, 무익한 잡담, 사치로 인한 시간 낭비 그리고 건강에 필요한 6시간 내지 최고 8시간을 상회하는 수면으로 인한 시간 낭비는 도덕적으로 절대적인 비난을 받아 마땅하다.*

시간을 돈으로 여기는 태도는 여타 다른 시간에도 투사된다. 시간 주체는 일하는 시간 외에 다른 시간들 또한 보람 있는 것으로 활용되어야 할 대상으로 계산한다. 남는 시간 1분 1초까

---

* 막스 베버, 《프로테스탄티즘의 윤리와 자본주의 정신》, 125쪽; 크리스 로젝, 《포스트모더니즘과 여가》, 100쪽.

지도 철저히 희소성의 원칙에 따라 배분한다. “시간을 헛되이 보내지 마라” “인생을 헛되이 보내지 마라”라는 설교는 시간 주체의 도덕률moral law을 대변한다. 시간 지향 태도와 도덕주의 논리가 강력하게 결합하는 지점이다.

‘시간은 금’이라는 불문율을 가슴에 새긴 시간 주체는 바캉스에서도, 시간 낭비를 죄악으로 여기게 마련이다. 아무것도 안 하고 멍 때린다는 것조차 불편하게 여긴다. 스스로 자책하고 죄책감을 가지기까지 한다. 휴테크라는 말처럼 쉼과 휴식도 계산의 대상이 된다. ‘아무 생각 없이 멍하니 있는 일’은 ‘멍 때리기 대회’와 같은 아주 특별한 이벤트에서나 가능해 보일 뿐이다.

3

문제는 자본주의 시스템

한병철은《피로사회》에서 오늘날의 우리는 긍정성의 과잉, 정보의 홍수로 대표되는 성과사회에 내던져진 성과주체로 끝없는 자기착취에 시달린다고 진단하면서, 시간 강박을 벗어던지고 자유시간의 가치를 제고하기 위해 '깊은 심심함'이 필요하다고 제안한다. 깊은 심심함은 '무위의 시간'으로 신체적 또는 정신적 이완의 정점에 이르게 하고 새로운 경험을 가능하게 한다고 본다. 아무것도 하지 않으며 오로지 멍 때리는 시간 속에서 자기 자신을 대상화할 기회와 가능성을 얻고 '깊은 사유'에 머무르게 한다는 이야기다.

그런데 시간이 금임을 불문율처럼 새기고 사는 이 시대의 정상 인간들에게 또는 강박적인 시간 관리가 정상 상태로 여겨지는 이 시대의 우리들에게 깊은 심심함은 정말 가능한 것인지 되묻지 않을 수 없다. 시간 낭비를 죄악으로 여기고 모든 시간을 생산적인 것으로 뽑아내는 체제에서 '깊은 심심함'은 과연 가능한 문제 설정인가?

불가능한 문제 설정이지 않을까 싶다. 깊은 심심함이 불가능한 이유는 자본주의 사회에서 시간 자체는 교환가치의 법칙에 따르는 희귀하고 값비싼 것이기 때문이다. 자유시간은 언제나 노동시간과 관련해서만 존재하는 비노동시간으로 전락했다. 여기서 자유시간은 여지없이 휘발해버린다. '비어 있는' 시간은 최소화되어야 한다. 자유시간이란 가능한 한 절대적 한계까지 쥐어짜져야 하는 운명에 처해 있다. 그래서 자유시간은 사실상 소외된 시간이다.*

"더 빠른 속도"로 일을 처리해도, "초 단위 시간관리"로 시간을 쥐어짜도, 아침형 인간형 또는 저녁형 인간형이 된다 해도, 자기주도적으로 시간을 관리한다 해도 자본주의적 시간 시스템 안에서 자유시간은 영원히 미끄러질 수밖에 없는 꿈에 그친다.

보드리야르는 《아메리카》에서 "모든 것을 제한하는 강박증적인 사회. '시간을 아껴 써라! 에너지를 절약하라! 돈을 저축하라! 우리의 영혼을 구하라! 저타르! 저에너지! 저칼로리! 저섹스! 저속!' 이상하게도, 모든 것이 풍부한 이 세계에서 모든 것이 아껴져야 하고 절약되어야 한다"고 지적한다. 이러한 사회에서 진정한 바캉스란 '절대로 도달할 수 없는 세계'에 불과하다고 보았다.**

---

* 바바라 아담, 《타임워치: 시간의 사회적 분석》, 164쪽.

** 장 보드리야르, 《아메리카》, 주은우 옮김, 산책자, 2009, 80쪽.

자본주의 사회에서 우리의 자유시간은 이중으로 소외되었다. 노동시간과 대비되는 방식으로만 취급된다는 의미에서 소외되었다. 자유시간은 쓸모없는 시간으로 언제나 최소화되어야 한다. 자유시간의 진정한 사용가치인 '시간을 흘려보내는 것' '특별한 목적 없이 시간 그 자체를 보내는 것' '시간을 써버리는 것'이 더 이상 불가능하다는 의미에서 소외된 것이다.

자유시간은 또한 생산력으로서의 시간이라는 신화에 묶여 있기 때문에 소외되었다. 자본주의 사회에서 자유시간은 더 이상 '해방된' 시간이 아니다. 그저 '소비하는' 시간으로 자본의 질서, 상품의 질서가 미소지으며 관리하는 시간이다. "주크박스에 1프랑을 넣으면 2분간의 조용함을 '다시 살 수' 있다"는 이야기는 우리 시대 자유시간의 의미를 함축한다. 여기서 자유시간은 자유를 가장한 채 사회적 차이를 드러내는 소비의 한 항목일 뿐이며, "오락-도덕에 구속된" 상품 시간이라는 의미에서 해방된 시간은 아니다.*

이 시대의 정상 인간들은 시간 빈곤, 시간 기근, 시간 박탈, 시간 소외, 시간 강박 등 무엇이라 표현하든 기본적으로는 절대적인 시간 부족 상태에 있다. 시간의 양이 많아졌다고 해서 시간 강박이 해소되는 게 아니듯이 문제의 핵심은 한 톨의 자유시간까지 쥐어짜져 생산시간으로 만드는 자본주의 시스템에 있다.

---

* 장 보드리야르, 《소비의 사회》, 임문영 옮김, 계명대출판부, 1998, 241~255쪽; 크리시스, 《노동을 거부하라!》, 55~59쪽.

4

시간 박탈의 세계

때로는 영화 속 가상세계가 우리의 현실을 진짜보다 더 리얼하게 드러내는 듯하다. 영화의 초현실이 꼭 비현실적인 것만은 아니라는 말을 실감나게 하는 영화를 살펴보자.

〈매트릭스〉를 만들었던 워쇼스키 자매의 〈주피터 어센딩〉(2015)은 상당히 섬뜩한 영화다. 영화 말미에는 우주 왕족이 영원을 구가할 수 있었던 비밀이 드러나는데, 인간의 '생명'을 추출해 그 에너지를 마시기에 그럴 수 있었다는 마지막 장면은 그야말로 반전이다.

영화에서 우주의 모든 행성을 지배하는 여러 왕족들 가운데 아브라삭스 왕족은 가장 막강한 권력을 갖고 있다. 지구 또한 아브라삭스 왕족이 지배하는 농장 가운데 하나다. 지구의 인간들은 농장의 수확물로 그려진다. 아브라삭스 왕족이 최고의 권력을 차지하게 된 것은 지구에서 나오는 농작물을 에너지 삼아 영원을 구가하기 때문이다.

여기서 핵심은 '시간'인데 이는 인간 농작물에서 추출한 생명 에너지다. 〈매트릭스〉에서 인체를 기계에 필요한 '배터리'에 비유했던 장면과 닮았다. 아브라삭스 왕족은 100명의 인간 농작물이 담겨 있는 2리터들이 유리병에 담긴 생명 에너지로 몇 번이고 세포를 교체하면서 10만 년을 살아간다.

외계 왕족의 인간 수탈이라는 이야기를 자본의 노동 착취라는 관점에서 읽는다면 마지막 장면이 건네는 메시지는 더욱 명쾌해진다. 왕족은 자본을, 아브라삭스 왕족은 대자본을, 행성은 공장을, 왕족들의 행성 쟁탈전은 자본들의 전 지구적 경쟁을, 지구의 인간은 노동자를, 수확된 인체는 상품을, 유리병에 담긴 생명 에너지는 착취한 이윤을 상징한다. 우리의 시간 빈곤의 이유가 이런 거 아냐라고 생각하면 섬뜩할 정도다.

시간을 소재로 다룬 영화들은 꽤 많다. 대부분은 시간 여행을 소재로 다룬다. 〈백 투 더 퓨처〉(1985)를 비롯해 〈어바웃 타임〉(2013)이나 〈타임 패러독스〉 〈엣지 오브 투모로우〉(2014), 〈터미네이터: 제네시스〉(2015)까지. 그런 걸 보면 시간 여행을 통해 과거와 미래를 바꾸고 싶어 하는 인간의 욕망은 보편적인가보다. 이외에 산업화의 문제점을 누구보다 재치 있게 그려낸 〈모던 타임스〉나 나이를 역행하는 한 남자의 순애보를 그려낸 〈벤자민 버튼의 시간은 거꾸로 간다〉(2008) 또한 많은 사람들에게 회자되는 시간에 관한 영화다. 상상력 넘치는 여러 영화들 가운데 〈인타임〉(2011)은 시간 그 자체가 생명인 가상세계를 그리는 그야말로 획기적인 영화다.

모든 비용을 시간으로 차감하는 세계

〈인타임〉의 핵심 역시 '시간'이다. 더 정확하게 말하면 소재는 시간이고 시간 착취와 불평등한 시간 분배를 주요하게 다룬다.

시나리오상 사람들은 25세가 되면 노화를 멈추고 왼쪽 팔뚝에 새겨진 '카운트 바디 시계'에 1년(8,760시간)을 제공받는다. 팔뚝에는 연, 주, 일, 시, 분, 초 단위(YYYY-WW-D-HH-MM-SS)로 남은 시간·생명이 표시된다. 재밌는 건 이 시간-생명으로 임금을 받고, 음식을 사고, 버스를 타고, 집세를 낸다는 점이다. 이 시간-생명은 전자화폐와 같은 역할을 한다. 이를테면 커피 1잔은 4분, 맥주 6병 1묶음은 1시간, 버스 요금은 2시간, 하루 일당은 6시간, 권총 1정은 3년, 스포츠카 1대는 59년이다. 모든 비용은 자신의 몸에 새겨진 시간-생명에서 차감된다. 마이너스는 없다. 시간-생명의 13자리가 0이 되는 순간 그 즉시 사망한다. 시간을 다 쓴다는 것은 생명이 다함을 의미한다. 영화는 이렇게 모든 비용이 시간으로 계산되는 가상의 미래 사회를 그린다.

에피소드 하나를 보자. 주인공의 엄마 역 올리비아 와일드는 은행에서 버스 요금으로 쓸 1시간어치의 시간만 남겨두고 밀린 대출금을 갚는다. 집으로 가기 위해 버스에 오르려는데 버스기사는 버스 요금이 올라서 2시간어치를 내야 탈 수 있다며 제지한다. 시간 잔액이 1시간 30분밖에 없었던 그녀는 '30분이 부족해' 버스를 탈 수 없었다. 그녀는 어쩔 수 없이 목적지까지

필사적으로 뛰어야 했다. 그래야 일당을 받은 아들이 기다리는 곳에 도착할 수 있었기 때문이다. 죽을 힘을 다해 뛰었지만 아들을 몇 미터 앞에 두고 시간-생명을 다 쓴 그녀는 생을 마감하고 만다.

시간이 생명 자체인 이곳에서 '시간을 그냥 흘려보내는 일'이란 있을 수 없다. 더군다나 매일매일 일을 해도 시간이 빠듯하게 주어지니 시간 잔액이 여의치 않은 사람들은 항상 바삐 움직인다. 시간이 생명인 가상세계를 그린 〈인타임〉은 자본주의 사회에서 시간 낭비는 불가능한 것이란 사실을 극적으로 묘사한다.

데이톤 사람들은 우리네 자화상

집값, 식료품비, 의료비 등 의식주를 비롯한 모든 것을 시간-생명으로 해결해야 하는 상황에서 데이톤 사람들은 시간 잔액을 조금이라도 더 채우기 위해 매일매일 노동에 시달려야 한다. 벌어도 벌어도 시간 부족에 허덕인다. 데이톤 사람들에게 고된 노동은 생명 연장을 위한 최후 수단이라고 표현하는 게 적절하다. 이들에게 쉼과 여유 부리기란 고려의 대상이 될 수 없다.

그런데 영화는 시간 부족이 모든 사람에게 해당하는 것은 아니라고 말한다. 〈인타임〉은 시간이 불평등하게 분배되는 양상을 극명하게 대비시킨다. '데이톤' 구역의 사람들은 고작 하루 이틀치의 시간-생명을 갖고 살아간다. 남자 주인공인 팀버레이크는 이곳 데이톤 출신이다. 일종의 시간 빈곤국에서 시간 부족에 시달리는 사람들을 표상한다. 이에 반해 '뉴그리니치' 구역의 사람들은 몇백 년 몇천 년에 해당하는 시간-생명을 구가한다. 일종의 시간 제국에서 독점한 시간을 향유하는 사람들이다. 여자 주인공 아만다 사이프리드는 여기 출신이다. 예상할 수 있듯이 데이톤의 일상 풍경과 뉴그리니치의 그것은 많이 다르다.

그런데 데이톤 출신인 팀버레이크가 시간이 풍요한 세계인 뉴그리니치 지역으로 넘어가 레스토랑에서 식사하는 장면이 나온다. 팀버레이크가 식당 문을 열고 들어설 때부터 식사하는 내내 레스토랑에 있던 사람들은 팀버레이크를 힐끗힐끗 쳐다본다. 그가 잘생겼기 때문에 그런 것이 아니다. 걷는 속도나 먹는 속도가 이상하리만치 빨랐기 때문이다. 시간이 넘쳐나는 뉴그리니치 사람들에게 바쁨과 서두름이란 굉장히 낯설고 생경한 것이었다.

쉼과 여유 부리기가 불가능한 데이톤 사람들! 영화 속 쉼의 불가능성은 가상세계의 이야기가 아니라 장시간 노동에 휩싸인 우리네 삶을 고스란히 환기시킨다. 지하철에서 빠른 걸음으로 달리듯 걷는 사람들, 뛰면서도 스마트폰으로 가장 빠른 환승칸을 찾는 사람들, 느릿느릿 가는 자동차를 보면 숨 막혀 하는 사람들, 신호대기에서 조금이라도 늦게 출발이라도 하면 클랙슨을 울려대는 사람들, 주문한 음식이 빨리 나오길 재촉하는 사람들, 자판기 커피가 나오기도 전에 손을 넣고 기다리는 사람들, "지난 세 달에 한 번 쉰 게 고작"이라고 하소연하는 사람들까지 그 모습들은 수도 없이 많다. 그러고 보면 우리 모두는 시간 빈곤국인 데이톤 사람들마냥 시간에 쫓겨야 하는 사람들이다. 시간 박탈, 시간 빈곤, 시간 기근, 시간 압박, 시간 강박 등 어떠한 것으로 표현해도 핵심은 여유시간의 부족이다. 본질적 핵심은 모든 시간을 생산시간으로 만드는 자본주의적 시간 체계와 불평등한 시간 분배 체계에 있다.

자유시간이 가능한 세계가 있을까

시간 빈곤이 정상인 세계에서 우리는 한갓지고 주체적인 시간을 어떻게 확보할 수 있을까? 주체적인 시간을 위한 시간 권리는 가능한 것일까? 정말 가능한 문제 설정일까? 〈주피터 어센딩〉이나 〈인타임〉은 모두 쉼과 여유 부리기라는 게 애초부터 불가능한 문제 설정이라고 말한다. 영화가 보여주듯 시간 빈곤의 세계에서 자유시간의 가능성을 모색하는 모든 것은 허구에 불과하다. 자유시간이 가능한 세계, 그것은 비현실이다. 아브라삭스 가문이 지배하는 착취 시스템을 해체하지 못하는 한 그렇다는 말이다.

두 영화의 결말은 나름 해피앤딩으로 끝난다. 〈인타임〉의 팀버레이크는 뉴그리니치 사람들이 독점하고 있는 '시간은행'

을 폭파해 은행 금고에 꼭꼭 쌓여 있던 수억 년의 시간-생명을 데이톤 사람들에게 노동을 했느냐와는 별개로 나눠줬다. 〈주피터 어센딩〉의 주인공은 시간을 착취해 영원을 구가하던 권력체계의 핵심인 아브라삭스 왕족을 처단한다. 물론 두 영화의 초현실적인 결말은 작금의 현실과는 판이하다. 두 영화의 결말은 숙명처럼 시간 빈곤에 시달리는 현대인의 닿을 수 없는 로망을 담고 있는 것은 아닌가 싶다.

6장

사람들은 왜 한계를 추구할까

1

—

매너가 사람을 만든다

영화 〈킹스맨〉은 청소년관람불가 외화 최초로 600만 명을 돌파했다. 국내외 청소년관람불가 영화를 통틀어 〈내부자들〉(900만, 2015년), 〈친구〉(818만, 2001년), 〈타짜〉(685만, 2006년), 〈아저씨〉(628만, 2010년)에 이어 5위에 해당하는 기록(613만, 2015년)이다. 〈킹스맨〉은 흥행 기록뿐만 아니라 "매너가 사람을 만든다manners maketh man"라는 명대사를 남겼다. 이는 주인공 콜린 퍼스가 불량배들을 처치하기 위해 펍의 문을 잠그면서 단호하게 내뱉은 대사로 영화 흥행만큼이나 금세 유행을 탔다. 대사는 영화를 패러디한 〈무한도전〉 식스맨 특집에서도 수차례 언급됐다.

영화에서 '매너'는 여러 가지 항목으로 표현된다. 정중한 몸가짐, 젠틀한 태도, 귀족적일 필요는 없지만 신사적인 말투, 브로그 없는 옥스퍼드 구두, 만년필, 새빌 로에서 맞춘 더블 슈트, 1815년산 나폴레옹 브랜디, "보드카 말고 진으로 베르무트 병은 열지 않고 그냥 바라보며 10초간 저어서" 만든 마티니, 맥주 기네스, 샴페인 멈 등으로 구성된다. 주인공 해리가 갖춘 매너 항목들은 불량배들의 껄렁껄렁한 몸가짐과 저속한 말투, 헐렁한 티셔츠 심지어 악당 발렌타인의 혀 짧은 미국식 영어와 대비된다. 〈인어공주〉에서 주인공 에리얼이 마법으로 사람의 외형을 갖췄어도 포크로 머리를 빗는 행동은 에리얼이 아직 인간의 세계에 속하지 못함을 표현하는 것처럼, 불량배들의 껄렁껄렁한 몸가짐과 말투는 아직 그들이 '사람다운 사람'이 덜 됐음을 말해준다.

우리는 '매너'의 하위 항목들이 무엇인지도 궁금하지만 누가 그 매너를 말하는지, 그 매너를 갖춘다는 건 구체적으로 어떤 형상인지, 그렇지 않은 부류는 어떻게 처리되는지 질문하지 않을 수 없다. 우리는 매너의 기준 그 자체를 질문함으로써 매너와 비매너, 정상과 비정상, 문명과 야만을 가르는 경계가 어떻게 만들어지는지를 문제 제기할 수 있다.

모든 사회는 '특정한' 형태의 매너나 에티켓을 '정상'으로 내세우고 그 정상 규범에 부합하는 방향으로 사회질서를 구축해나가게 마련이다. 반면 그렇지 않은 것들을 비정상으로 분류하고 배제한다. 그런데 분명한 것은 정상과 비정상이라고 부를 수 있는 상태 사이에는 광범위한 회색지대가 존재한다는 점이다. 또한 거기에는 좋은가 나쁜가 혹은 정당한가 그렇지 않은가를 따지는 해석상의 게임이 난무한다. 정상과 비정상, 신사와 비신사, 문명과 야만, 매너와 비매너 간의 경계를 둘러싼 역사 세력들의 역학관계에 따라 구분 기준이 때로는 왼쪽으로 때로는 오른쪽으로 이동한다. 그 경계는 임의적이고 논쟁적이다.

2

문명사회의 행동 양식

행동 양식은 사회 구조의 단면

역사사회학자 노베르트 엘리아스는《문명화 과정》에서 "식사 때의 행동 양식은 그 사회의 구조 변동에 상응한다"고 말한다. "식사 중의 행동 양식만이 동떨어져 변하는 것은 아니고 식사 태도는 사회 전체적인 양식의 단면"이라는 이야기다. 이를테면, 우리는 축구 경기의 규칙만이 동떨어져 변하는 것은 아니고 축구 규칙은 사회 전체의 행동 양식의 한 단면이라고 말할 수 있다.*

엘리아스가 설명하는 식탁 풍경의 변화를 보자. "고기가 식탁 위에 올려지는 방식은 중세로부터 근대에 이르기까지 엄청난 변화를 겪었다. 중세에는 종종 죽은 동물이나 동물의 커다

* 노베르트 엘리아스,《문명화 과정 1》, 박미애 옮김, 한길사, 1996, 195쪽.

란 부위 전체가 식탁 위에 올랐다. 생선과 일부 조류는 깃털까지 포함해 통째로 차려졌고 토끼나 양도 한 마리 전체가 올랐다. 송아지는 4등분해 놓였다. 18세기까지도 식탁 위에서 고기를 잘 자르는 것이 '교양 있는' 사람에게 중요한 덕목이었다. 고기를 부위별로 정확하게 잘 자르는 방법은 어릴 적부터 배워야 하는 교육과 훈련이었다. 고기를 잘라 나누어주는 것은 영광스러운 일이었다."*

영화 〈미스터 터너〉에는 주인공의 아버지가 특별한 날을 맞아 돼지머리를 준비하는 장면이 나온다. 재밌는 점은 통째로 삶은 돼지머리가 그대로 식탁 위에 올려졌다는 점이다. 돼지머리가 놓인 위치는 식탁 가운데가 아니고 가장 연장자인 아버지 앞이다. 아버지는 귀안쪽살, 코살, 눈밑살, 입술살, 혀살 등 여러 부위를 썰어가면서 아들에게 건네는데, 특별히 "볼살을 더 먹으련?" 하며 직접 썰어 건네는 장면은 꽤나 인상적이다. 이 장면은 식탁 위의 동물성, 부위별로 고기를 정확하게 잘 자르는 방법, 그것을 권위로 여기는 태도, 그 권위를 인정하는 상대방의 자세를 담고 있다. 우리는 간접적으로나마 이러한 식사 중의 행동 양식이 19세기 중반까지 이어졌음을 확인할 수 있다.

그러던 것이 시간이 지나면서 점차 달라지게 된다. "식탁 위에서 고기를 자르는 일이 사냥, 펜싱이나 춤과 같이 사교적인 남성에게 필수 능력으로 꼽히지 않게 된다. 방향은 분명하다.

---

* 노베르트 엘리아스, 《문명화 과정 1》, 263~264쪽.

영화 〈미스터 터너〉의 한 장면. 아버지는 특별한 날을 맞아 돼지머리 요리를 준비한다. 아버지가 아들에게 특별한 부위인 볼살을 '직접 썰어내 건네는' 장면이다. 그런데 시간이 지나면서 식탁 위에서 고기를 자르는 일이 사냥이나 춤과 같이 사교적인 남성에게 필수 능력으로 꼽히지 않게 됐다.

도살된 동물을 식탁 위에서 직접 자르는 행위를 봐도 식욕을 느끼는 수준으로부터 도살된 동물과 연관된다는 기억을 되도록 피하고자 하는 수준으로 식탁의 풍경은 변화한다. 사람들은 '동물성'을 느끼게 하는 모든 요소를 제거하려 한다."* 사람들이 통째로 올려진 고기를 자르는 행위를 점차 불쾌하다고 여기게 되면서 고기 절단 같은 행위는 사회생활의 무대 뒤로 옮겨졌다. 도살·해체 작업은 사람들의 일상생활에서 분리돼 전문가들의 영역으로 넘어갔다. 식욕을 느끼는 지점도 달라졌다.

식탁 위 동물성의 제거를 비롯해 《문명화 과정》에서 이야기하는 에티켓 있는 행동 양식은 다음과 같다.** ① 세련된 예절

---

* 노베르트 엘리아스, 《문명화 과정 1》, 265~266쪽.

** 《문명화 과정》의 논의 배경은 17~18세기 기사귀족에서 궁정귀족으로 권력의 헤게모니가 넘어가는 시기다. 궁정을 중심으로 한 권력 네트워크가

의 요구: 맨손으로 식사하는 행동, 손가락을 핥는 행동, 소리 내면서 먹는 행동, 칼로 이를 쑤시는 행동, 칼을 막대기 잡듯 손 전체로 잡는 행동, 칼을 상대방에게 건넬 때 칼날이 상대방의 얼굴 쪽으로 향하게 하는 행동 등을 금지하거나 자제되어야 했다. ② 생리적 기능 참기: 생리적 활동은 수치심을 유발하는 것으로 점차 사회생활의 무대 뒤로 축출되었다. 방귀나 설사는 소리 내지 않을 것, 하품은 하지 말 것, 기침이나 재채기 삼가기 등이 여기에 해당한다. ③ 즉각적인 충동과 감정의 분출 억제: 본능적이고 충동적인 감정 분출을 자기 스스로 통제하는 태도가 요구됐다. 공포와 분노, 기쁨과 슬픔을 갑작스럽게 또는 강하게 분출하는 일은 점차 무대 뒤켠으로 격리됐다. 감정 분출의 억제는 19세기에 들어서면서 도덕의 형식으로 정당화됐다. ④ 조심성 있는 행동 요구: 침 삼키는 행동을 무례한 것으로 여겼던 과거와 달리 침 뱉는 행동을 불결한 것으로 보았다. 벗은 육체를 불쾌해하거나 수치스러워하는 태도가 증가했고 실내에서도 몸을 가리기 위한 잠옷이 등장했다. ⑤ 무분별한 폭력의 억제: 사회적으로 허용되던 것 가운데 하나였던 고문은 제한됐다. 기사귀족을 상징했던 칼의 사용은 일상에서 하나둘씩 규제됐다. ⑥ 정확하게 계산하고 미래의 결과를 예측하는 신중한 사고의 필요: 멀리 내다보고 예측하는 행동과 장기적인 안목이 강조됐다. 바

확대되면서 그 과정에서 칼로 표상되는 기사적인 것과는 다른 새로운 형태의 행동 양식(식습관은 물론 언어 및 의복 에티켓 등의 변화)이 만들어졌는데, '문명화 과정'은 이러한 변화의 총체를 포함한다.

로 눈앞의 일들에 휘둘리는 것이 아니라 과거의 원인과 미래의 결과들로 엮어지는 연쇄고리를 신중하게 고려해야 할 필요성이 늘어났다.*

공공장소에서 흥분해서는 안 된다

근대 문명사회 이전에는 강한 감정 분출을 사회적으로 용인하는 정도가 상대적으로 높았다. 충동적인 감정을 더 자유롭게 분출했으며, 폭력의 사용은 사회적으로 허용된 것 가운데 하나였다. 몹 풋볼이나 곯리기 게임에서 보았던 것처럼, 강한 감정 분출과 폭력 사용은 꽤나 일상적이었다.**

근대 문명사회에 들어서 폭력은 억제되고 감정 분출은 자제된다. 행동은 에티켓에 따르고 자기통제는 점차 내면화된다. 본능적인 흥분을 분출할 기회는 점차 줄어든다. 특히 공공장소에서 강한 감정을 분출하는 일은 사라진다. 무대 위에서 그러한 모습은 에티켓 없는 행동으로 치부되고 아주 드문 경우에나 발견된다. 감정의 억제는 도덕의 형식으로 정당화되고 점차 인성

---

* 노베르트 엘리아스, 《문명화 과정 1》, 192, 222, 257, 267, 275, 317, 330, 339~352쪽.

** Robert van Krieken, "Nobert Elias and process sociology", George Ritzer and Barry Smart(ed.), *Handbook of Social Theory*, SAGE Publications Ltd., 2001.

구조의 일부가 된다.*

엘리아스와 더닝의 구체적인 설명을 들어보자. "공공장소에서조차 슬퍼하면서 몸서리치는, 또는 폭력적인 흥분으로 사납도록 싸우는 모습이 정상으로 간주되는 시대는 끝났다. 이러한 상황을 뜻밖에 목격하는 사람은 당혹스러움을 느끼거나, 흥분해서 넋을 잃는 사람 또한 수치심을 느낀다. 문명사회에서 성인은 정상적이라는 인정을 받기 위해서 갑작스럽게 흥분하지 않도록 스스로 자제하기를 요구받는다."**

성인이 공적 장소에서 '넋 놓고' '마음껏' 오열하는 것은 이제 더 이상 정상적인 행위로 간주되지 않는다. 무대 뒤에 있어야 할 것들이 무대 전면에 등장했을 때 사람들은 생경하고 기괴하다고 반응한다. 공공장소에서 강렬한 웃음이나 오열은 정신이상의 항목으로 처리되기도 한다. 오직 어린아이들만이 흥분하고 날뛸 수 있고 칭얼대거나 울음보를 터트릴 수 있다. 그렇지 않은 경우에 '통제의 상실'은 비정상, 심지어는 범죄로 분류되기도 한다.***

---

* Norbert Elias and Eric Dunning, "The quest for excitement in leisure", Ibid., pp. 65~72.

** Norbert Elias and Eric Dunning, "The quest for excitement in leisure", Ibid., p. 65; 크리스 로젝, 《여가와 문화》, 266쪽.

*** Norbert Elias and Eric Dunning, "The quest for excitement in leisure", Ibid., p. 64.

여가는 감정과 에너지를 분출하는 창구

문명사회에서 '본능적인' 강한 감정은 억제되어야 할 대상이다. 그렇다고 모든 감정이 억압된다는 것은 아니다. 문명사회에 '부합하는' '적절한' 방식의 감정 분출은 허용된다. 그것은 여가라는 특정한 무대에서만 가능하다.*

여가는 '적절한' 흥분과 쾌락을 사회적으로 '용인하는' 장소다. 문명사회에서 감정 억제가 인성 구조로 내면화되어 있기는 하지만, 여가는 사회적 규제나 자기통제가 느슨해지는 지점이다. 고대 그리스의 디오니소스 축제나 중세의 카니발이나 장날축제 등의 여가 의례가 여기에 해당한다. 근대 문명사회에서도 스포츠, 음악, 춤, 공연, 드라마, 영화, 게임 등은 적절한 흥분과 쾌락을 용인하는 장소다. 이렇게 여가 의례나 이벤트의 형태

---

* 미국 프로야구 피츠버그에서 활약하고 있는 강정호는 애리조나와의 경기(2015년 8월 19일)에서 국내에서 뛸 때는 한 번도 하지 않은 행동을 보여 놀라움을 안겨줬다. 접전이었던 게임에서 자신의 실책으로 동점이 됐고 또한 잘 친 타구도 아쉽게 무산되자 강정호는 덕아웃에서 헬멧을 내던지며 자신의 감정을 강하게 분출했다. 재밌는 것은 이에 허들 감독은 감정 조절의 문제로 치부하는 게 아니라 "의기소침하는 것보다 낫다. 난 우리 선수들이 화가 나 불타오르는 것을 더 좋아한다"며 관망했다는 점이다. 현지 반응도 "신입이 이럴 필요는 없을 것 같은데" "왜 그렇게 심각한 거야" "철 좀 들어"라고 질책하기도 했지만 많은 경우 강정호의 행동을 옹호했다. 우리는 메이저리그의 덕아웃에서 분에 못 이긴 선수들이 폰 부스를 배트로 부수거나 배트로 의자를 내려치거나 글러브로 전등을 깨버리는 등의 사례를 심심치 않게 볼 수 있다. 이렇게 보면 강정호의 헬멧 투척은 메이저리그에서는 '가능한' 감정 분출 방식인가보다.

로 강한 감정을 분출할 수 있는데, 엘리아스와 더닝은 이를 모방적 여가mimetic leisure라고 일컫는다.*

사람들은 모방적 여가를 통해 대리적으로 감정을 분출하고 일상생활에서 거부되던 것들을 즐긴다. 오락·레저·스포츠는 일상생활의 억제되어 있던 본능적 감정들을 안전한 또는 제도화된 방법으로 쏟아낼 수 있게 한다. 여가는 일상의 경계를 넘어서려는 기대를 충족하고 감정을 분출하게 하는 창구다.

본능적인 흥분이 사라져가는 사회, 다시 말해 강한 감정 분출이 억제되는 사회에서 삶은 더욱 판에 박힌 일상처럼 변해가고 감정은 더욱 메마르게 된다. 노동의 단조로움은 지극히 작은 예일 뿐이다. 이러한 사회에서 놀이·흥분의 보상적 기능은 점차 증가한다. 여가 활동에서의 흥분 추구는 문명화된 일상생활에서의 감정 억제에 대한 보충물이다. 여가는 새로운 기분전환의 기회를 제공한다. 일종의 '재미없는 사회'의 보충물로서 여가는 비현실적인 환상세계를 맛보는 시공간이기도 하다.**

지금까지의 논의를 소결하면, 여가는 노동과 같이 여가 없는 공간non-leisure spaces과는 다르게 의무나 책임이 완화된 시공간으로, 억제되어 있던 감정과 에너지를 분출할 수 있는 창구다. 여가는 단순히 의무나 책임으로 이루어진 생활에서 '해방'되거

---

* Norbert Elias and Eric Dunning, "The quest for excitement in leisure", Ibid., pp. 65~71.

** Norbert Elias and Eric Dunning, "The quest for excitement in leisure", Ibid., pp. 71~73.

나 '탈출'하는 것을 의미하는 게 아니다. 여가는 양심의 가책이 느슨하게 얽혀 있는 시공간에서의 새로운 긴장 추구 활동으로 즐거움, 쾌활함, 활동성 그 자체가 목적인 활동이다.

여가를 통해 긴장 추구 활동을 하면서 우리는 일상의 규칙을 대상화하고 그 규칙에 도전할 수 있다. 다시 말해, 여가의 시공간에서 우리는 '무한해지거나 경계 없이' 존재할 수 있다. 여기서 '대상화한다'는 말은 당연하게 여겨지는 상식이나 통념에 의문을 품고 비판적으로 바라보기 위한 실천을 의미한다.

물론 일상 규범의 대상화가 여가에서만 나타나는 것은 아니다. 여가의 시공간에 의무나 책임이 전혀 없는 것도 아니다. 그렇지만 여가는 책임과 의무를 덜 필요로 하는 시공간이기 때문에, 사람들이 통념적으로 생각하는 것보다 더 전복적인subversive 특성을 가진다.

한 예로 크리스 로젝은 산업화 시기 중요한 정치 활동의 기원이 술집에 있다는 사실은 우연이 아니라고 한다. 반노예제를 주장했던 사람들은 술집에서의 모임을 통해 캠페인을 구체화해나갔다고 말한다. 술집은 먹고 마시고 춤을 추고 게임을 하는 공간이자 집회를 위한 회당이었다. 카페를 일례로 설명하는 하버마스의 공론장 개념도 마찬가지다. 광장 주변의 카페와 살롱에서 사람들은 당대 사회문제들에 대해 자유롭게 갑론을박하면서 민주적 대안을 만들어나갔다. 카페는 정치 풍자의 공간이자 데모의 거점이기도 했다. 이렇게 술집과 카페는 단순히 커피나 술을 마시는 곳을 넘어서 사람과 사람을 연결하는 만남의 장소, 사랑방 구실을 했던 것은 물론 결사체들의 의사소통을 가능케 하는 통로 역할을 했다.*

이렇게 여가 공간에서 억압의 이완은 사람과 사람이 마주칠 기회와 가능성을 열고 기성 질서의 가치에 의문을 품을 뿐만 아니라 기존 사물의 질서, 존재의 질서에도 문제를 제기한다. 그래서 여가는 일상 규범의 대상화, 상식과 통념에 의문 품기, 관계의 확장, 카니발적 전복성을 담고 있다고 말하는 것이다.

---

* 크리스 로젝, 《여가와 문화》, 286쪽; 시모다 준, 《선술집의 모든 역사》, 120~121쪽, 285쪽.

3

한계를 넘어서려는 강렬한 욕망

엘리아스가 말하는 '자연스러운' 감정 분출을 억제하고 쾌락의 분출을 약화시키는 사회, '재미없는 사회'는 베버가 말한 무감정이 지배하는 관료제의 쇠우리iron cage나 리처가 말한 매혹이 사라진 무채색의 세계disenchanted world, 바흐친이 말한 축제성이 사라져 지긋지긋하리만큼 단조로운 일상과 상통한다.*

그런데 엘리아스의 모방적 여가 개념은 억제된 감정을 사회적으로 '용인하는' 수준에서 '적절한' 방식의 감정 분출을 설명하고는 있지만, 사회적 기준 너머의 쾌락을 추구하려는 행동과 감정들에 대해서는 포착하지 못한다. 재미없는 사회, 무채색의 세계에서 사람들은 종종 물리적 한계, 신체적 한계, 문화적 한계, 도덕적 한계, 법·제도적 한계를 넘어서까지 자신을 이끌

---

* George Ritzer, *Enchanting a Disenchanted World: Continuity and Change in the Cathedrals of Consumption*, SAGE Publications, Inc., 1999; 막스 베버, 《프로테스탄티즘의 윤리와 자본주의 정신》, 1996; 미하일 바흐친, 《프랑수아 라블레의 작품과 중세 및 르네상스의 민중 문화》, 33쪽.

리는 대로 다루곤 한다.*

사람들은 왜 경계를 넘어서려 할까? 왜 한계를 추구하려 할까? 다양한 해석이 있을 텐데, "재미있으니까" "스릴 있으니까" "이럴 때 내가 살아 있다는 걸 느끼니까"와 같은 표현은 극한 경험을 다루는 많은 텍스트에서 흔하게 발견된다. 얼마 전 중국의 한 동물원에서 리프트를 타고 이동하던 한 남성이 사자 우리 쪽 아래로 뛰어내린 일이 있었다. 흥분한 사자들이 몰려들어 위험천만한 상황이 벌어졌지만 안전 그물망이 설치되어 있어 별다른 사고는 없었다. 그런데 자진 추락한 이유로 내놓은 답변이 "스릴을 느끼고 싶은 충동에 뛰어내렸다"는 것이다.** 허무맹랑한 사례라고 볼 수 있지만 제도화된 여가 양식으로는 포착할 수 없는 한계 추구 행동의 동기를 제대로 담고 있다.

이외에도 질식할 것 같은 일상에서 탈출 추구, 경계경험 그 자체가 주는 초월적이고 관능적인 매력, 말로 형언할 수 없는 충만감이나 황홀감 같은 일종의 '다른 세계'를 경험할 기회, 다른 세상으로 건너가는 느낌, 아드레날린 러시, 절대적인 현재성, '재미없는' 현대적 합리성에 대한 도전·저항까지 다양한 동기를 들 수 있다.*** 이러한 경험들은 경계를 탈주하면서 발생하

---

* Jack Katz, *Seductions Of Crime: Moral And Sensual Attractions In Doing Evil*, Basic Books. 1988; Stephen Lyng, *Edgework: The Sociological of Risk-Taking*, Routledge, 2005, p. 7.

** 〈리프트에서 뛰어내린 남자… 흥분한 사자들 '아찔'〉, SBS, 2015. 12. 19.

*** Gary Alan Fine and Lori Holyfield, "Secrecy, trust, and

는 쾌락(즐거움, 재미, 존재감, 탈출감)을 제공하고 동시에 일상의 경계를 초월할 수 있는 문제 제기를 가능하게 하는 지점이다.

한계 추구 행동은 어떠한 형태로 나타날까? 다양한 형태가 있을 텐데, 위험 감수 활동, 리미널, 잉여 에너지, 도덕적 초월, 위반 경험으로 간추릴 수 있다.

위험 감수 활동, 실패할 경우 죽을 수도 있다

많은 사람들은 신체적 한계, 물리적 한계를 무릅쓰고라도 위험을 감수하는 일에 몰입한다. 위험 감수 활동risk-taking activity은 즐거움과 재미를 위해 자신을 물리적 한계의 가장자리까지 가게 하는 활동이다. 로젝은 이를 자신의 육체적·정신적 안녕과 질서정연함을 의도적으로 위험한 상태로 몰고 가는 행위라고 말한다.*

---

dangerous leisure: Generating group cohesion in voluntary organizations", *Social Psychology Quarterly* 59(1), 1996, pp. 22~38; Patrick O'Malley and Stephen Mugford, "Crime, excitement and modernity", Gregg Barak(ed.), *Varieties of Criminology*, Praeger, 1994, pp. 189~211; Hunter Thompson, *Hell's Angels: A Savage Journey to the Heart of the American Dream*, Warner, 1966; Jack Katz, *Seductions Of Crime: Moral And Sensual Attractions In Doing Evil*, Ibid., p. 22; Jeff Ferrell, *Crimes of Style: Urban Graffiti and the Politics of Criminality*, Northeastern University Press, 1993.

* 크리스 로젝, 《자본주의와 여가이론》, 151쪽.

이런 활동의 예로 스카이다이빙이나 스피드 경주, 암벽등반, 산악자전거, 익스트림 스키, 카야킹, 프리다이빙, 파쿠르, 오지탐험, 윙슈트 플라잉, 90도에 가까운 절벽을 질주하는 '죽음의 벽' 레이싱 등의 극한 스포츠를 들 수 있다. 많은 경우 스포츠와 같이 안전장치를 통해 안전을 보장한 형태로 위험을 재미나 스릴의 한 요소로 활용한다.

그런데 위험을 제도적으로 통제하지 않은 채 스릴을 추구하는 형태가 있는데, 사회학자 스티븐 링은 그렇게 한계의 가장자리까지 자신을 밀고 나가는 행동을 '경계행동edgework'이라고 표현한다.* 그는 일례로 브릿지데이Bridge Day를 든다. 브릿지데이는 세계에서 가장 길고 높은 다리(267미터) 가운데 하나로 알려진 미국의 뉴리버조지브릿지에서 열리는 스카이 점핑 이벤트다. 400~500여 명의 베이스 점퍼들이 낙하산을 맨 채 다리 아래로 뛰어내린다. 점퍼들은 액션캠을 장착해 아찔한 속도감과 극한의 스릴을 담아 공유하기도 한다. 점핑을 보기 위해 관광객도 20만 명이나 모여든다.

그런데 브릿지데이의 초기 형태는 현재와 같이 제도화되어 있지 않아 사건 사고가 잦았다. 스릴을 즐기려는 사람들이 안전장치 없이 세계에서 가장 높다는 다리에서 점프를 감행하

---

* Stephen Lyng, "Edgework: A social psychological analysis of voluntary risk taking", *American Journal of Sociology* 95(4), 1990; Stephen Lyng, *Edgework: The Sociological of Risk-Taking,* Routledge, 2005.

는 경우가 비일비재했다. 이곳에서의 점핑이 인기를 끌자 안전장치를 의무화하고 10월 셋째주 토요일 오전 9시부터 오후 3시까지로 제한해 브릿지데이를 진행하기 시작했다. 행사일 하루를 제외하고 나머지는 점핑을 금지하고 있다.

브릿지데이 초기 형태처럼 법적·신체적 경계를 넘어 극한의 스릴을 추구하는 행동들은 다양한 형태로 나타난다. 영화 〈하늘을 걷는 남자〉는 110층 높이의 빌딩에서 아무런 안전장치 없이 줄을 탔던 실존 인물 필리페 페티를 다룬다. 그는 세계무역센터가 오픈하기 전인 1974년에 두 빌딩 사이를 밧줄로 연결해 그 위를 걷는 데 성공했다. 사람들이 "왜 죽음을 감수하면서까지 이런 일을 하는 거죠?"라는 질문에 그는 "내게 이건 삶이다"라고 답한다. 그러고 보면 그에게 줄타기는 단순 묘기 이벤트가 아니라 줄타기 그 자체를 통해 존재감을 확인하는 순간일 것이다. 법적 한계는 물론 신체적 한계, 물리적 한계, 심리적 한계를 넘어서 밧줄 위에 첫발을 내디디려는 그의 퍼포먼스야말로 경계행동의 전형이지 않을까 싶다.

경계행동은 일상에서도 자주 발견된다. 달리는 기차(의 지붕이나 창문)에 매달려 서핑을 하는 트레인 서핑, 자동차 두 바퀴의 모서리만 이용해 운전하는 모서리 스키 주행, 수십 미터 높이의 절벽 위에서 강 아래로 뛰어내리는 다이빙, 고층 난간이나 창문에 매달리는 턱걸이, 댐 위에서부터 자전거를 타고 내려오는 바이킹, 다리의 난간 위나 건물 옥상의 난간 위를 걷기 등이 여기에 해당한다. 링은 이러한 활동이 도전에 실패할 경우 죽음이나 최소한 중상을 입고 끝날 수도 있다는 위험까지 내포한 스릴 추구 활동이라고 말한다.*

리미널, 일시적인 해방을 만끽하다

리미널liminal은 통과의례에서 나타나는 집단적 흥분 상태로 일상의 위계가 일시적으로 해제되는 순간을 말한다. 리미널은 어원상 '문지방' '문턱'이라는 뜻에서 나왔는데, 안과 밖의 중간적인 상태, 모호한 경계를 의미한다.

인류학자 빅터 터너는 《의례의 과정》(1969)에서 아프리카 엔뎀 부족의 의례 과정을 분석하는데, 통과의례에서 입문자는 일상적인 구조에서 벗어나 위계가 해제된 곳에서 잠시 머물다가 다시 일상으로 복귀하는 과정을 거친다고 보았다. 의례 과정상의 집단적인 흥분 상태는 일상의 위계가 일시적으로 해제되고 사람들은 모두가 하나라고 느끼는 상태에 도달하게 한다. 초월을 용인하는 시간으로 기존의 사회적 위계와 도덕적 질서가 해제되는 순간이다. 터너는 바로 그 순간이 리미널한 시공간이라고 말한다.**

---

* 〈유럽 청소년 위험천만 '열차 지붕 타기' 유행〉, 《서울신문》, 2015. 9. 2.; 〈목숨 걸고 장난! 러시아 청년들 '고층빌딩 묘기' 논란(영상)〉, 《더팩트》, 2015. 8. 30.; Stephen Lyng, "Edgework: A social psychological analysis of voluntary risk taking", Ibid., pp. 858~859; 크리스 로젝, 《여가와 문화》, 260쪽.

> 리미널한 현상은 …… 종종 전복적이고, 문화구조에 대해 급진적인 비판을 하면서, 유토피아적인 대안 모델을 제시하기도 한다. …… 리미널한 현상은 일상의 다양한 언어에 대해 이야기하려는 목적으로 고안된 메타언어를 구성한다. 그러한 메타언어 안에서 당연시됐던 일상의 공리들은 의심스러운 것이 되고, 신봉되었던 상징들은 되돌아보게 되고 새롭고 예기치 못한 가치를 생성하기도 한다.*

터너는 현대사회의 여가 장면이 부족의 통과 의례 과정에서 나타나는 리미널한 상태와 유사하다고 말한다. 스페인 북부 팜플로나에서 매년 7월 6일 정오부터 14일 자정까지 9일간 열리는 산 페르민San Fermin 축제에는 100만 명 이상이 몰린다. 매일 아침 8시에 열리는 엔시에로encierro라는 소몰이 행사가 있는데, 이는 오후 투우장에서 쓰일 6마리의 소들이 사육장에서 투우장까지 800여 미터의 골목길을 질주하는 게임이다. 그런데 이 질주에는 200~300여 명의 참가자도 함께 달린다. 황소와 사람들이 뒤엉키는지라 매년 수십 명의 부상자가 속출하고 심지어 사망자가 나오기도 한다. 그럼에도 참가자의 행렬은 끝이 없을 정도다. 이 축제의 공간에 수천수만 명의 사람들은 왈츠를 추면서

** 크리스 로젝, 《여가와 문화》, 253~257쪽; 벤저민 클라인 허니컷, 《8시간 VS 6시간》, 333~334쪽.

* Victor Turner, *The Ritual Process*, Chicago University Press, 1969; Victor Turner, *Blazing the Trail*, University of Arizona Press, 1992, p. 57.

물과 포도주를 붓고 노래를 부르며 이리저리 뒤섞이는 가운데 집단적 흥분 상태에 다다른다. 이것은 일상에서는 불가능했던 것들을 축제 공간에서 맘껏 표출하는 장면일 것이다.*

말레이시아에서 열리는 힌두교의 전통 축제인 타이푸삼Thaipusam은 사흘에 걸쳐 진행되는데, 마지막 날에는 고행 예식이 열린다. 여기에서 사람들은 신 앞에 사죄하는 참회와 속죄의 방식으로 쇠꼬챙이로 볼이나 혀를 뚫거나 쇠갈고리를 팔뚝이나 등에 뚫어 걸기도 한다. 이는 육체의 고통을 이겨내는 게 죄를 용서받을 수 있는 길이라고 여기기 때문이다. 일상의 시공간에서는 불가능에 가까운 일들이지만 최고조에 달하는 집단 의례의 절정 상태에서는 가능한 일이다.

한편, 터너는 리미널의 정치적 가능성을 포착한다. 리미널은 "마치 지배 질서와 제도로부터 일시적으로 해방된 것처럼 모든 계층적 관계, 특권, 규범, 금지가 일시적으로 파기된 것을 축하하는" 카니발의 시간과 닮아 있다.** 그는 리미널 상태에서 사람들은 일상의 의무와 역할, 기성 질서나 관습들을 한 발 떨어져서 볼 수 있고 사회 변화의 가능성을 엿볼 수 있다고 말한다. 리미널이라는 경계 상태는 나 자신을 둘러싼 일상의 위계 질서

---

* 페루 우앙카벨리카에서 열리는 신년 맞이 축제에서도 황소 뿔에 받히는 위험천만한 사고가 잇따라 발생하고 있지만 투우를 즐기려는 사람들은 오히려 늘어나고 있다. 자세한 소개는 SBS의 〈사정없이 들이받는 '화난 소'… 웃고 즐기는 사람들〉(2016.1.5.)을 참조할 수 있다.

** 미하일 바흐친, 《프랑수아 라블레의 작품과 중세 및 르네상스의 민중문화》, 32쪽.

를 대상화하고 그 질서에 속해 있는 자신과 모든 사물을 다시 보게 만들기 때문이다.

터너의 논의를 적용한 크리스 로젝은 리미널한 여가 사례로 1950년대의 비트문화, 1960~1970년대의 환각적인 마약문화·청년문화, 1980년대의 힙합문화를 언급한다. 이를테면 1960년대의 자유방임 문화는 리미널한 경험을 실험했던 혁신적인 사례에 해당하는데, 이 시기에는 기성 질서에 대한 도전, 성 경험, 마약 복용, 탈사회, 반자본, 반노동 등이 다양하게 실험되었다.*

우리는 여가의 시공간이 리미널한 특성을 가진다고 제안한다. 여가의 시공간에서는 일상의 의무가 완화되고, 기존 질서를 대상화하고, 정상성으로부터 일탈할 수 있고, 관습을 거스르는 행위의 가능성이 높고, 공식성보다는 비공식성이 자연스럽게 나타난다고 보기 때문이다.

잉여 에너지, 규칙과 관습을 변형시킨다

프랑스 소설가이자 철학자인 조르주 바타유는 한계 추구 행동을 잉여 에너지surplus energy로 풀어낸다. 사회에는 언제나 유기체

* 크리스 로젝, 《자본주의와 여가이론》, 148쪽; 크리스 로젝, 《여가와 문화》, 274쪽.

의 자기 보존과 재생산을 위해 소모되는 것 이상으로 남아도는 에너지가 발생하는데 사회는 어떻게든지 그 잉여 에너지를 처리해야 한다. 그렇지 않으면 사회의 필요를 크게 초과하는 잉여 에너지는 전쟁과 같은 폭력의 방식으로 폭발한다는 것이다. 그런데 "여가는 이러한 목적을 위한 가장 간편한 수단"이 된다고 말한다.*

> 한가한 사람은 불의 동학처럼 자신의 생존을 위해 필수적인 생산물을 파괴한다. …… 우리가 알코올과 같은 물질을 섭취한다면, 동일한 결과를 얻는 것과 같다. 알코올 소비는 우리가 더 이상 많은 일을 하지 못하게 한다. 심지어 잠깐이나마 우리의 생산력을 박탈하기도 한다. 게으름 …… 또는 알코올은 이윤 없이 다시 말해, 이득 없이도 자원을 소비시키는 이점을 가진다. 그것들은 간단한 방법으로 우리를 만족시킨다.

바타유에 따르면, 여가는 잉여 에너지를 '태워버리는' 방법 가운데 하나다. 잉여 에너지 분출은 일상생활의 도덕적 억제를 시험하고 변화시키는 힘을 가진다.** 잉여 에너지는 기존의 규칙과 관습을 넘어설 것이고 그 결과 문화적 자극과 변화의 근

---

* Georges Bataille, *The Accused Share*, Zone Books, 1988, p. 27; Georges Bataille, *The Trial of Gilles de Rais*, Amok, 1991, p. 119; 크리스 로젝, 《여가와 문화》, 271쪽.

** 크리스 로젝, 《여가와 문화》, 274쪽.

원으로 작동하지 않을 수 없다고 본다.

잉여 에너지는 하위문화 공간에서 분출될 가능성이 높다. 문명사회의 파놉티콘이 일상생활의 모든 후미진 곳과 깊숙한 틈새까지 감시할 수는 없다. 규제와 관습을 거슬러 잉여 에너지를 태워버리는 장소로서 잉여 공간surplus space은 언제나 발생하기 마련이다. 이곳에서는 봉인되었던 잉여 에너지가 흘러넘친다. 이를테면 히피족, 스킨헤드족, 폭주족, 게이, '싸나이' 등 다양한 하위주체들의 공간, 즉 하위문화 공간이 그 흔한 예이다.

또한 성매매, 마약 거래, 폭력 행위가 나타나는 도시의 우범지대도 잉여 공간에 해당한다. 이런 위험 지역no-go area에서는 '일탈적인' 혹은 '위법적인' 행동을 허용하는 정도가 상대적으로 높다.* 이런 사례로 영화 〈이유 없는 반항〉(1955)이나 〈그리스〉(1978)에서 '치킨 게임'이 벌어지던 해안 절벽이나 하천변 경사로에서의 자동차 경주를 들 수 있다. 치명적인 사고의 위험에도 속도제한장치를 풀고 시속 300킬로미터 이상으로 경주를 벌이는 일명 드래그레이싱이나 롤링** 같은 새벽 폭주도 마찬가지다.

---

* Chris Ryan, *Recreational Tourism*, Routledge, 1991; John C. Crotts, "Theoretical Perspectives on Tourist Criminal Victimisation", *Journal of Tourism Studies* 7(1), 1996, pp. 1~9.

** 드래그레이싱은 두 대의 차량이 정지 상태에서 급가속으로 출발해 최고 속도로 정해진 거리를 직선으로 달려 결승선에 먼저 도달하는 게임이다. 롤링은 3~5대의 차량이 일정 구간까지는 같은 속도로 달리다 정해진 지점에서 급가속을 해 결승선에 먼저 도착하면 이기는 게임이다. 이를테면 터널 입구 지점부터 속도를 올려 터널 끝에 먼저 도착하는 레이싱이다.

이렇듯 여가는 노동, 가족, 정치와 같이 의무와 책임으로 특징지어지는 시공간이라기보다는 양심의 가책이 느슨한 정도로 얽혀 있는 시공간이다. 이러한 여가의 시공간에서 사람들은 일상의 법칙을 대상화하고 기성의 질서에 도전할 수 있는 자유를 찾으려 한다.

한계 추구 경험은 일상에서 사람들의 행동을 속박하는 요소들을 초월하려는 실천이라고 정의할 수 있을 텐데, 바타유는 잉여 에너지가 도덕적·육체적·법적 구속에 의해 결코 억압되지 않으며 규제와 관습을 전복하려는 폭넓은 요구를 위한 기폭제로 작동한다고 말한다.* 잉여 에너지의 분출은 규칙과 관습을 대상화하고 변형시킬 수 있는 힘을 가지며, 기존 사회질서의 도덕적 금기들을 무색하게 만드는 충동을 수반한다.

도덕적 초월, 기존 질서를 조롱하다

한계 추구 행동을 설명하는 개념으로 도덕적 초월moral transcendence을 들 수 있다. 오몰리와 머그포드는 일상의 여가 장면에서 나타나는 많은 행동들은 도덕적인 경계를 초월하려는 것으로 분석해야 한다고 말한다.**

---

* Georges Bataille, *The Trial of Gilles de Rais*, p. 119.

** Patrick O'Malley and Stephen Mugford, "Crime, excitement and modernity", Gregg Barak(ed.), *Varieties of Criminology*,Praeger,

신년 전야제에 군중의 행동 코드는 분명 일상적인 억압이 어느 정도 완화된 모습을 보인다. 신년 전야제에는 자동차 경적을 울리거나 휘파람을 불거나 폭죽을 터트리거나 물총을 쏘거나 소리를 지르거나 낯선 이와 포옹을 하거나 분수 또는 호수에 뛰어드는 일들이 가능하다. 도시의 이완이 도덕적 초월을 상대적으로 가능하게 하는 형태로 표출되는 순간이다. 이때에는 경찰도 가벼운 노출, 만취, 소란, 가벼운 수준의 약물복용에 대해 못 본 체한다.*

도덕적인 경계를 초월하려는 행동에는 신년 전야제 이외에도 '금요일 밤 유흥가에서 고함 지르기' '관광 중 낙서하기' '교통신호 위반하고 길 건너기' '제한속도 위반하기' '난장 파티' 등이 포함된다. 이러한 행동들은 판에 박힌 도덕적-문화적 경계를 시험하고 그 경계에 도전하는 의미를 담고 있다.**

2002년 뉴욕에서 시작된 '노팬츠데이No Pants Subway Ride'는 바지를 입지 않고 지하철을 타는 이벤트다. 이벤트로 자리 잡았다는 말이 정확한 표현이다. 처음에는 재미로 시작된 게 지금은 전 세계적인 연례행사가 됐다. 매년 1월 초가 되면 지하철 안의 익살스런 풍경들이 미디어를 통해 쏟아져 나온다. 추운 날씨에도 하의를 입지 않은 채 아무 일 없다는 듯 행동하는 사람들, 행사 참여차 그 자리에서 바지를 훌떡 벗는 사람들, 시선 둘 곳을

1994.

* 크리스 로젝, 《여가와 문화》, 317쪽.

** 크리스 로젝, 《여가와 문화》, 258~272쪽.

몰라 민망해하는 사람들, 기이한 풍경을 카메라에 담는 사람들까지! 참가자들은 하나같이 '작은 일탈 속에서 느끼는 즐거움'이라고 말한다. 이는 분명 도덕적 통념을 깨는 방식의 한계 경험일 것이다. 그러고 보면 노팬츠데이는 이벤트로 자리 잡은 도덕적 초월이라고 부를 수 있지 않을까 싶다.* 이렇게 기성 질서와 관행을 조롱하고 비트는 모습은 요한 하위징아가 말하는 놀이하는 인간, 호모 루덴스Homo Ludens의 특징과 맞닿아 있다.

위반 경험, 한계를 넘어서려는 강렬한 욕망

위반 경험transgression experience은 제임스 밀러가《미셸 푸코의 수난》에서 '한계의 가장자리까지 자신을 밀고 나갔던' 푸코의 경험들을 설명하면서 사용한 표현이다. 위반 경험은 사회의 강도 높은 법·제도적 구속에서 벗어나기 위한 행동들과 그 행동을 통해 기성 질서를 문제 삼는 실천들을 말한다.

> 무제한적인 탐험을 통해, 의식적인 것과 무의식적인 것, 이성과 비이성, 쾌락과 고통, 극단적으로는 삶과 죽음을 구분하는 경계를 허물고 넘어서는 것이 가능해 보인다. 그래서 진실과 거짓

* 지난 2006년에는 행사 참가자 8명이 구속됐다. 그러나 법원은 지하철에서 바지를 입지 않는 것을 불법으로 볼 수 없다는 판결을 내렸다고 한다.

을 구분지었던 차이가 얼마나 가변적이고 불확실하고 우연적인가를 드러낸다.*

밀러는 푸코의 광기, 질병, 처벌, 섹슈얼리티에 대한 연구들이 사회적 한계를 문제 제기했던 작업이자 인간 행위의 디오니소스적 특성을 탐구하는 작업이었다고 설명한다. 그는 푸코가 1983년 캘리포니아로 떠난 마지막 여행에서 샌프란시스코에 있는 게이 사우나를 들렀을 때, 푸코 자신이 HIV 바이러스를 보유한 사실을 알고 있었을지도 모른다고 지적한다. 푸코는 말 그대로 자신을 또는 타인을 파멸시키는 경험을 통해 한계를 실천하려 했다고 본다.

위반 경험의 또 다른 사례로 곤조gonzo 저널리스트** 헌터 톰슨의 환각 체험을 들 수 있다. 앞선 제임스 밀러의 설명이 해석의 과잉일 가능성을 배제할 수 없지만, 헌터 톰슨은 환각 경험의 사회정치적 의미를 글과 이야기로 직접 표명한 경우다. 그의 대표작《라스베이거스의 공포와 혐오》는 메스칼린, 에테르, LSD, 코카인 등 갖가지 환각제를 맞고 럼주, 데킬라 등 온갖 술을 마시면서 환각과 현실, 정상과 비정상, 광기와 이성의 모호

---

* 제임스 밀러,《미셸 푸코의 수난》, 김부용 옮김, 인간사랑, 1995, 30쪽.

** 헌터 톰슨이 곤조 저널리스트로 불리게 된 데에는 여러 이야기가 있는데, 그 가운데 하나는 그가 뉴올리언스의 전설적인 R&B 피아니스트 제임스 부커의 재즈 연주곡 〈곤조〉를 미치도록 좋아한 데서 나왔다고 한다. 곤조는 미국 남부 속어로서, 수십 년 동안 뉴올리언스 구시가지의 재즈계에서 널리 쓰여왔는데 '자유분방하게 연주하라'는 뜻이다.

한 경계에 선 자신의 환각 경험들과 사회질서의 가장자리까지, 심지어는 죽음의 가장자리까지 자신을 밀고 나갔던 극한 경험들을 기괴하고도 재밌게 묘사한다.《바이 더 티켓》《럼 다이어리》등의 텍스트도 위반 경험의 특징을 엿볼 수 있다.

그런데 한계를 넘어서려는 강렬한 욕망이 푸코나 톰슨에게만 해당하는 것은 아니다. 분명 사람들은 항상 금기된 것이나 다다를 수 없는 것에 매료된다. 왜냐하면 우리는 삶 속에서 일종의 구속적인 한계들을 자주 대면하기 때문에, 한계를 벗어나기 위한 강렬한 욕망은 모든 사람에게 빈번하고 흔한 일이다.*

사회의 강도 높은 일련의 구속들에서 벗어나려 했던 푸코와 톰슨의 위반 경험과 맞닿아 있는 실험을 보자. 위반 실험은 규범과 규칙을 의도적으로 깨는 과정을 통해 사회적 구속을 관찰하는 일종의 실험 연구다. 사회적 규칙, 도덕적 규범, 상식적인 매너 등을 의도적으로 깨보고 이를 통해 현재의 사회 규범과 질서가 어떻게 작동하는지를 포착하고 분석하는 작업이다.

지하철에서 맥주 마시기를 가정해보자. 이러한 행동에 나는 어떠한 감정을 느끼는지, 주변 승객은 어떻게 바라보는지 혹은 어떤 이유로 신고하는지, 역무원은 어떠한 규정으로 제재하려는지 등의 반응을 통해 도덕 규범, 공공 질서, 상식적인 행동의 경계를 가늠해볼 수 있을 것이다. 이외에 엘리베이터 안에서 흥얼거리며 춤추기, 러닝머신 타듯 에스컬레이터 역행하기, 공

---

* 크리스 로젝,《여가와 문화》, 263쪽.

원 호수에서 수영하기, 산 정상에서 야호 외치기, 공공장소에서 키스하기, 지하철 안에서 이어폰 없이 동영상 보기, 연차휴가 15일 연속해서 다 쓰기, 12시 넘어 촛불 들고 걷기, 여성이 길 걸으며 담배 피우기, 휴게실에서 화투 치기 등 또한 상상해볼 수 있는 위반 실험의 사례일 것이다.

4

'비정상적인' 형태의 여가

여가의 시공간은 여가 없는 공간보다 사회적 규제나 억압이 느슨해진 지점으로 억제된 감정을 쏟아낼 수 있는 창구이자 새로운 긴장을 느낄 수 있는 장이다. 그래서 일탈의 발생 가능성이 상대적으로 높다.

범죄학자 잭 카츠는 여가시간이 그렇지 않은 시간보다 일탈의 빈도가 높다고 지적한다. 통계적으로 일탈의 대부분은 비노동시간, 이를테면 주말의 클럽 주변, 노천 술집, 해변가, 유흥가, 관광지와 같은 곳에서 주로 일어난다. 그는 여가의 시공간에서 발생하는 스릴 추구와 일탈 간에는 상관성이 매우 높다고 말한다. 일탈을 기존 논의처럼 객관적인 원인(인종, 계급, 지역 등)에서 찾거나 기능적으로 설명하는 방식이 아니라 당사자의 이해와 경험에 기반을 두고 그 의미를 찾으려 한다. 일례로 가게를 터는 청소년들의 '들고 튀기' 같은 행위는 무력감에서 벗어나 개인 능력을 증명할 수 있다는 멜로성, 성취감, 도덕적 초월감 또는 그 자체의 관능성을 느끼게 하는 스릴을 만들어낸다는 것이다.*

> 주말 또는 금요일 밤, 먹자골목 유흥가는 독특하게 긴장이 완화된 지점으로 감정 에너지를 분출하기 위한 마지막 휴양지다. 만약 어떤 사람이 그 시공간에서도 개인 문제들로부터 벗어날 수 없다면, 아마 그는 그 어떤 곳에도 갈 수 없다.

그런데 어떤 한계선을 넘어서까지 쾌락을 분출하려는 한계 추구 행동은 종종 사회적으로 '허용된' 선을 벗어나곤 한다. 재미 삼아, 호기심 삼아 한 일이 타자를 다치게 하거나 자기를 파괴하는 형태로 이어지는 경우들이 있다. 이를테면 재미 삼아 사이드미러 깨기, 고양이 던지기, 강아지 발로 차기, 동물을 과녁 삼아 화살 쏘기, 포르노 보기 같이 타자에 폭력을 가하는 형태의 행동을 비롯해 바카디 원샷하기, 화주 마시기, 약물 복용 같이 오락 수단을 자기 파괴적인 방식으로 취하는 경우가 여기에 해당한다. 또한 집단적인 폭력의 방식으로 쾌락을 분출하는 방식도 마찬가지다. 크리스 로젝은 각각을 '유독한' '침해적' '야생적'인 형태로 구분하고 이것들을 이른바 '비정상적인' 형태의 여가로 규정한다.

---

* Jack Katz, *Seductions Of Crime: Moral And Sensual Attractions In Doing Evil*, Ibid., p. 22; 크리스 로젝, 《여가와 문화》, 258쪽.

타자에게 해를 가하는 '유독한' 재미

유독한mephitic 형태는 재미나 스릴을 추구할 때 타자에게 해를 입히는 정도까지 나아가는 경우를 가리킨다. 여기서 유독한이라는 표현은 '유독 가스' 또는 '독성 있는 악취'라는 뜻이다. 유독한 형태는 재미나 스릴을 추구하는 과정에서 폭력성을 타자에게 투사하는 방식이다. 사람들은 종종 자신만을 진정하고 의미 있다고 여기고 다른 사람들을 진정하지 않은 것으로 간주한다. 그래서 타자를 단순히 재미나 게임의 대상, 일종의 돌처럼 여긴다. 이를 석화petrification시킨다고 표현한다.

우선 동물을 대상으로 하는 경우로는 해변가에서 재미 삼아 개나 고양이를 바다에 멀리 던지거나 허공에 높이 던지는 사례가 포함된다. 극단적인 사례에 해당할 수 있겠지만, 애완용 악어에게 토끼나 기니피그 등을 산채로 줘 잡아먹게 하는 장면을 찍어 올린 어느 '페북스타'의 동영상이나 믹서기를 이용해 햄스터를 죽이는 장면을 담은 동영상 사례도 동물을 대상으로 한 유독한 형태의 재미 추구 행위가 아닐까 싶다. 한편 친구들끼리 장난치다 해머로 헬멧을 쓴 친구의 머리를 가격하는 사례도 여기에 해당한다. 이와 같이 유해한 형태의 오락은 익명의 사람들abstract mass이 아닌 친밀한 관계intimate relationship에서도 발생한다.

많은 경우 사회적 약자를 대상으로 하는 경우가 다반사다. 한 중학생이 재미 삼아 격투기 선수처럼 로우킥으로 초등학생을 가격하는 모습을 담은 일명 '10대 로우킥' 동영상이 대표적인 사례가 아닐까 싶다. 얼마 전 두 명의 20대가 산책 중인 노인을 재미 삼아 가격해 넉다운시킨 모습을 담은 일명 'KO게임' 사례도 이와 마찬가지다. 또한 거리에서 자신들과 아무런 상관없는 행인을 지목해 구타하고 이 장면을 휴대전화에 담아 다른 친구들에게 전송하거나 인터넷에 올리는 행위인 일명 '해피 슬래핑'도 KO게임과 흡사하다. 여성의 은밀한 신체 부위나 성관계 장면을 촬영해 인터넷상에 올리는 행위도 여기에 해당할 것이다. 여기서 여성은 여자친구를 비롯해 (소년의) 엄마, (중년 남성의) 딸과 아내, (남자형제의) 여동생과 누나 등 주변의 모든 여성을 포함한다. 심지어 술에 취해 의식을 잃은 여성을 대상으로 집단적으로 성관계를 모의하는 행위는 어떤가?*

유독한 형태는 자신의 쾌락 분출을 '진정한' 것이라 여기고 타자를 재미를 위한 타깃 또는 무가치한 '돌덩이'처럼 다루는 방식이다. 익명의 사람들은 자신의 만족을 위한 자원으로 여겨질 뿐이다. 타자에 대한 폭력적이고 학대적인 행동을 '진정한

---

* 〈유럽 10대들 사이에 '해피 슬래핑'(이유 없는 폭력, 살해) 확산〉, 《세계일보》, 2006.10.19.; 〈성폭력 음란 온상 '소라넷' 폐지운동 확산, 왜〉, 《미디어오늘》, 2015.11.8.; 〈소라넷은 남녀를 떠나 모든 사람을 위험에 내몬다〉, 《미디어오늘》, 2015.12.27.; 〈그것이 알고 싶다: 위험한 초대남, 소라넷은 어떻게 괴물이 되었나〉, SBS, 2015.12.26.; 〈모르는 사람에게 주먹질 'KO게임'… 인종갈등〉, SBS, 2015.12.27.; 〈8년간 집에서 170cm 악어 키운 '페북스타'〉, 《한국일보》, 2016.3.4.; 〈햄스터를 믹서기에… 경찰, 학대 동영상 수사〉, 《노컷뉴스》, 2009.12.9.

자아'의 우월감을 행사하기 위한 도구로 정당화해버린다.*

그래서 유독한 형태는 폭력적이고 반사회적인 행동과 연관성이 높다. 극단적인 경우 살인의 원인이 되기도 한다. 연쇄살인을 연구한 논의들은 연쇄살인과 쾌락 간의 밀접한 연관성을 강조한다. 예를 들면 이 시대가 낳은 최악의 연쇄살인자로 불리는 프레드와 로즈 웨스트 부부가 자행한 다수의 살인사건은 '더 자극적인 쾌락' '절정 경험'을 추구하기 위한 것, '취미 삼아' 고통을 가하는 걸 즐기는 방식이었다고 보고된다.** 웨스트 부부는 자신들의 '성적 욕구를 위해' 희생자들을 하인 다루듯 하는 데 재미를 붙였고 희생자들이 '형언할 수도 없는 고통 끝에 죽어가는' 걸 지켜보고 즐겼다고 한다.*** 유독한 형태는 타자의 고통에 괴로워하면서도 얼마간은 쾌락을 느끼는 모양새를 띤다.****

---

* Chris Rojek, "Postmodern work and leisure", John Trevor Haworth and Anthony James Veal(ed.), *Work and Leisure*, Routledge, 2004, p. 62.

** Elliott Leyton, *Hunting Humans: The Rise of the Modern Multiple Murderer*, McLelland & Stewart, 1986; Joel Norris, *Serial Killers*, Doubleday, 1988; Nick Pron, *Lethal Marriage: the Unspeakable Crimes of Paul Bernardo and Karla Homolka*, McLelland-Bantam, 1995; 크리스 로젝, 《여가와 문화》, 308쪽.

*** 프레드와 로즈 웨스트의 연쇄살인을 소재로 한 영국 드라마 〈어프로프리어트 어덜트〉(2011)는 사건의 심문 과정을 통해 살인사건들을 재구성한다. 우리는 이 가운데 연쇄살인과 살인자들의 가학적인 쾌락 간의 연결고리를 엿볼 수 있다.

**** 테리 이글턴, 《악: 우리 시대의 악과 악한 존재들》, 오수원 옮김, 이매진, 2015, 159쪽.

〈비정상회담〉(2015.11.2)에 소개된 일본의 연쇄살인 사례나 중국의 연쇄살인 사례 또한 살인자가 살인을 하면서 자신의 분노와 좌절감을 분출하고 극도의 자극 속에서 희열을 느꼈다고 한 경우들이다. 중국 사례의 경우, 2000년부터 3년 동안 67명을 살해한 사건이 있었다. 경찰이 살인자에게 범죄 동기를 묻는 심문에 그는 "살인할 때 기분이 좋았다"고 말했다. 일본 사례의 경우, 1997년 '고베 아동 연쇄살인'이라 불리는 사건이 있었다. 14세 소년이 2명을 살해했는데, 피해자의 몸에 남겨놓은 편지에는 "자 게임이 시작됐다. …… 나는 살인이 즐거워서 견딜 수가 없어! 사람이 죽는 걸 보고 싶어 죽겠어!"라고 쓰여 있었다.

그런데 타인을 석화하는 방식의 유독한 오락은 특이한 사람들의 특이한 자극 추구 행동만은 아니다. 유독한 형태는 상품 문화와 결합돼 더욱 일상적인 형태로 나타난다. 재미나 스릴, 행복과 사랑까지 모든 경험을 상품화하는 자본주의 체계에서 사람들은 상품화된 코드로 연결되기 때문이다. 상품사회에서 사람들의 쾌락 충족은 상품서비스를 소비하는 방식으로 나타난다. 여기서 타자는 재미를 위한 상품 소비 대상에 불과하다. 그래서 유독한 패턴은 소비자본주의 사회에서 상당히 두드러진다. 섹스 관광에 대한 연구들은 매춘이 하나의 관광 상품으로서 여행객을 유혹하는 기제라고 설명한다.*

---

* Thanh-Dam Truong, "The dynamics of sex tourism", ''*Development and Change* 14(4), 1983, pp. 533~553; 크리스 로젝, 《여가와 문화》, 305~312쪽.

주변에서 보듯 성적 욕구를 상품서비스로 대체하는 사례들은 여러 이름으로 간판 갈이를 하며 성업 중이다. 황제관광(섹스 관광)에서부터 마사지 밀실, (2004년 성매매특별법 제정 이후) 대딸방, 거울방, 애인방, 테마방, 페티시 클럽, 인형체험방, ("손을 이용한 유사 성행위도 성매매 행위로 처벌할 수 있다"는 2006년 대법원 판결 이후) 키스방, 립다방(립카페), 샤워방, 귀청소방, 유리대화방, 하드코어노래방 같은 유사 성행위 업소까지 그 이름도 다양하다. 역삼, 선릉, 삼성, 논현, 종로, 광화문, 영등포, 여의도 일대 사무실 밀집 지역에 대거 분포한 이러한 신·변종 성매매 업소들은 한국 사회의 기형적인grotesque 장시간 노동문화와 맞물려 있는 하나의 생태계가 아닌가 싶다. 통상 사무실 밀집 지역에 분포하던 것이 요즈음은 대학가는 물론 학교와 주택가 주변, 아파트에까지 가리지 않고 퍼져 있다.*

상품서비스 형태의 유독한 오락은 개인적인 쾌락을 과장하고 타자에 가해지는 폭력을 수면 아래로 보이지 않게 만든다. 자신의 쾌락을 상품소비 형식으로 합리화하는 동시에 타자에 대한 폭력을 은폐하고 면죄부 처리한다.

---

* 〈욕망의 페티시 클럽… 업소의 정체는?〉, OBS경찰25시, 2014.2.6.; 〈신종성매매, 인형체험방 급습〉, 《울산종합일보》, 2007.1.8.; 〈男직장인들, 점심 때 가는 '샤워방' 알고 보니〉, 《중앙일보》, 2012.12.4.; 〈학교 주변서 변태영업 '귀청소방' 적발〉, 《뉴시스》, 2014.3.8.; 〈성매매특별법 7년: 페티시방·유리대화방… 성매매업소 '끊임없이 진화'〉, 《뉴시스》, 2011.9.22.; 〈아파트 5채 통째로 빌려 성매매 영업… 강남구, 성매매 업소 32곳 적발〉, 《경향신문》, 2015.11.4.

자기를 파괴하는 '침해적' 오락

침해적invasive 형태는 오락 수단을 취할 때 자신에게 상해를 미치는 정도까지 나아가는 경우를 가리킨다. 일례로 "해봐야 뭐 되겠어, 차라리 먹고 쓰러지자"는 식의 폭음을 들 수 있다. 사람들은 종종 타인과 분리되었다고 느끼고 또한 자신을 무가치하며 사회와 격리되었다고 생각한다. 이런 무가치하다는 감정은 신체적, 정신적 허용 한계를 넘어서까지 오락 수단을 취하도록 자극한다. '슬픔을 몰아내고' '무기력함을 지워버리기 위해' 흥분제 남용을 합리화하는 것처럼 말이다.* 알코올과 마약은 이런 침울한 감정을 지워내기 위한 수단으로 종종 또는 자주 활용된다. 자존감이 떨어진 자리에 '될 대로 되라'는 자포자기식의 순간적 쾌락이 채워지는 것이다.

그러나 침해적 형태는 오락을 자기 충족적인 방식으로 경험하는 것이 아니라, 자기 축소나 자기 파괴적인 방식으로 경험하는 경우다. 침해적 형태의 오락은 겉으로 보기에는 일견 사회적이고 조화로워 보일 수 있지만, 내적으로는 무가치하고 진정하지 못하다고 느끼는 경우가 다반사다. 결국 타자와의 관계에서 퇴각하거나 후퇴해retreat 자기만의 세계로 함몰해 들어간다. 왜냐하면 이 세계를 충족할 수 없고 진정성이 없는 곳으로 여기기 때문이다. 이는 사회관계를 움츠러들게 하고 혼자 하는 오락

* 크리스 로젝, 《여가와 문화》, 302쪽.

습관을 키운다. 그리고 많은 경우 고립된 형태를 띤다.*

자신의 무가치함을 지워내기 위한 약물과 알코올의 사용은 신체와 정신을 손상시키고 극단적인 경우 죽음에까지 이르게 한다. 바나비 콘라드의 압생트 연구는 음주와 자살, 음주와 자기학대 간의 연관성이 높다고 지적한다.** 알프레드 드 뮈세, 샤를 보들레르, 폴 베를렌, 아르튀르 랭보 같은 시인들과 에두아르 마네, 에드가 드가, 반 고흐, 폴 고갱, 툴루즈-로트렉, 장 베로, 빅토르 올리바, 파블로 피카소 같은 화가들 모두 한편으로는 상상의 세계를 확장하기 위해 다른 한편으로는 자신의 무가치감을 중화시키기 위해 압생트를 마셨다고 한다. 그러나 과도한 압생트 음주는 신체 건강을 해치는 것은 물론 내적 감각을 무디게 하고 상상력을 마비시키며 예술적 에너지마저 소진시켰다. 극단적인 경우 죽음에 이르기도 하는데, 압생트를 즐겼던 고흐의 경우 심한 환청과 환각 증세에 시달리다 자살로 생을 마감했다. 고흐를 동경했던 툴루즈-로트렉도 정신착란과 마비 증세를 겪다 고흐와 꼭 같은 37세의 나이로 사망했다.

우리는 인터넷상에서 재미나 스릴을 위해 자기 신체에 상해를 가하는 엽기 동영상류의 수많은 사례들을 볼 수 있다. 바카디 원샷하기, 보드카 원샷하기, 화주 마시기 동영상 또한 자

---

* Chris Rojek, "Postmodern work and leisure", Ibid., p. 61; 크리스 로젝, 《여가와 문화》, 302~304쪽.

** Barnaby Conrad III, *Absinthe: History in a Bottle*, Chronicle Books, 1997.

기파괴적인 형태의 재미 추구에 해당한다. 이외에 자기학대적인 동시에 가학적인 오락의 사례로는 '주먹 매칭 앱'을 활용한 길거리 주먹 싸움을 들 수 있다.*

참고로 침해적 형태의 자기파괴적인 오락은 아니지만 엽기 동영상류의 자학적인 영상물에 대한 꽤 높은 소비를 어떻게 이해해야 할까? 신체를 자학하는 동영상들을 호기심과 재미의 수단으로 삼는 것 또한 침해적 형태의 오락을 대리적으로 소비하는 건 아닌가 싶다. 아프리카TV BJ로 활동하다 영구정지 처분을 받고 페이스북에서 또한 영구정지 처분을 당해 유투브에서 활동하는 신태일은 독보적인 엽기 동영상을 올리는 것으로 유명하다. 그는 형광등 씹어먹기, 자동차 바퀴에 깔리기, 선인장 먹기, 콩알탄 씹기, 딱풀 먹기, 오줌 마시기, 용접 불통으로 세수하기, 젖꼭지에 폭죽 터트리기, 소화기 먹기 등 타의 추종을 불허하는 엽기 동영상을 올려 일약 SNS 스타가 됐다. 그런데 재밌는 건 영상을 올리기 전 '좋아요 10만을 넘으면'이라는 단서를 달고 목표 수치가 넘으면 공약을 실천하는 방식이다. 팔로어만 100만 명을 보유하고 있을 정도로 그의 엽기 동영상은 인기절정인데, 100만 명에 달하는 팔로어들은 '일상에서는 상상할 수 없는' 가학성과 피학성을 엿보기 위해 '좋아요'를 클릭하고 영상을 구독한다. 자학의 정도가 높을 수록 '좋아요'의 클릭수도 비례한다. 구독자가 요청한 미션을 수행하는 장면을 담은

* 〈당신의 주먹을 매칭해 드립니다〉, YTN, 2015.11.10.

신태일의 '대신맨' 동영상도 갈수록 미션의 강도가 세지고 있다. 직접 경험하는 형태의 침해적 오락은 아니지만 대리 형태로 또는 유사 형태로 침해적 오락을 소비하는 것이라고 말할 수 있다. 이렇게 극도의 자극을 담아낸 오락물의 생산과 소비를 '별종들'의 기이한 짓거리로만 보는 본질주의적 해석은 우리 사회에 만연한 가학-피학성의 일반성을 비켜 세우고 만다. 이는 우리 일상에 파고든 자극들, 그 자극의 가속화 정도를 보여주는 사례들이다.

집단 폭력으로 드러나는 '야생적' 흥분

야생적wild 형태는 여가 장면에서 흥분과 쾌락을 사회 규범이나 질서를 넘어서 집단적 폭력의 형태로 표출하는 경우를 가리킨다. 여기서 야생적이라는 표현은 청년문화를 설명하는 크리스 스탠리의 야생지대wild zone 논의에서 가져왔다.*

> 야생지대는 규제가 해제된 것이라 말할 수 있는 공간이다. 야생지대는 산업이 쇠퇴하면서 방치된 공간으로 '구획된다' ……

---

* Chris Stanley, "Not drowning but waving: Urban narratives of dissent in the wild zone", *The Clubcultures Reader*, Steve Redhead and Derek Wynne(ed.), Blackwell, 1997, pp. 36~54; 크리스 로젝, 《여가와 문화》, 314쪽.

> 이러한 공간은 법이 없는 것이 아니라 오히려 무법의 공간이다. …… 현대의 야생지대는 세계 대도시 내에 규제 불가능한 지점과 대안적인 소비 패턴을 반영한다. …… 무질서하고 탈규제된 공간으로서의 야생지대는 길들여진 지대tame zone인 합리화된 공간을 전복할 수 있는 연대와 욕망의 표출 가능성을 제공한다.

사람들은 종종 집단 속에 있을 때 더욱더 감정적인 흥분을 느낀다. 집단 속에서 감정의 물결에 휩싸이면 사람들은 집단적 정체성에 경도되곤 한다. 이러한 상황에서 사람들은 감정이나 행동에 대한 통제를 덜 느낀다.* 군중행동의 집합적인 흥분은 종종 사회적 한계선을 넘어 폭력적 충돌로 타오르기도 한다.

> 사람들이 함께 모여 있는 상황에서는 모든 개인적인 금지사항은 느슨해지고 원시시대의 유물처럼 각 개인 안에 깊숙이 잠복하고 있던 모든 잔인하고 야수적이며 파괴적인 본능은 자유 충동을 충족하기 위해 깨어난다.

훌리건의 폭력 행동은 야생적 형태로 가장 흔하게 언급되는 사례다. 박빙의 경기에서 표출되는 집합적인 흥분은 상대 팀에 대한 폭력 행동으로 이어지기도 한다. 특히 경기 후 장외 응원 가운데 폭력적 충동의 가능성이 높다. 더비전일 경우 그 열

---

* 크리스 로젝, 《여가와 문화》, 315쪽.

기는 더 뜨겁다. 폭력적 행위가 사회적 약자나 익명의 대상에게 투사되는 경우도 있다. 응원 낙서의 형태나 자동차 에워싸기의 형태, 많은 경우는 주변의 기물을 파손하는 형태로 이어진다.

영화 〈라이엇 클럽〉(2015)은 여가 장면에서 나타나는 집단적 폭력성의 분출을 극적으로 그리고 있다. 영화는 어느 명문대학 귀족 출신들의 이너 서클을 소재로 클럽 의례의 '기괴함'에 주목한다. 신입회원 환영차 한적한 시골에 있는 레스토랑의 룸을 빌려 비밀스런 만찬을 갖던 멤버들은 시끌벅적하게 노는 것을 넘어서 시간이 지날수록 가학적인 폭력성을 더해간다. 점점 수치심과 죄책감이라곤 없는 상태에 이른다. 정상과 비정상의 기준마저 흔들린다. 이 과정에서 가학적 오락과 재미를 식당 주인에게 투사하는데, 어느 순간 이들은 폭력성을 집단적으로 마구 표출한다.

5

정상과 비정상 사이의 회색지대

법·제도적 접근은 쾌락과 재미, 흥분과 스릴을 향한 한계 추구 행동들을 일탈이나 비행 또는 범죄로 불법화하곤 한다. 그런데 합법이냐 불법이냐는 식의 법·제도적 시선의 이분법적인 구분은 일상 행동과 한계 추구 행동 간에 존재하는 광범위한 회색지대의 독특성을 포착하지 못한다. 그렇기에 정상과 비정상 간의 연속성을 간과한다.

노동 욕구를 인간 동기의 근원으로 간주하는 호모 파베르 모델* 또한 정상과 비정상이라는 규범적 기준을 전제하고 정상의 바깥에 위치하는 형태들을 죄악, 부도덕, 질병으로 병리화한다. 여가를 사회의 어두운 측면을 개선하는 도구로 간주하는 호모 파베르 모델의 도구주의적인 시각은 여가를 노동과의 관계

---

* 호모 파베르 모델과 달리 요한 하위징아, 미하일 바흐친, 루이스 멈퍼드, 요셉 피퍼는 문화가 노동 욕구에서 시작한 것이 아니라 언어, 춤, 웃기, 연기, 모방, 의례, 놀이와 오락에서 시작되었다고 본다. 노동보다 여가가 문화의 핵심 요소라는 말이다. 자세한 내용은 크리스 로젝의《자본주의와 여가이론》, 115쪽을 참조하라.

를 제외하고는 어떤 의미도 갖지 못하는 것으로 여긴다. 결과적으로 여가의 스펙트럼을 좁히는 결과를 낳고, 다종다양한 형태의 여가를 설명하지 못한다.

한편 여가를 기능적으로 설명하는 접근은 한계적 행동을 사회적 기능에 부합하지 않는다는 이유로 저평가하거나 여가 스펙트럼에서 논외의 대상으로 처리해 '일상적인' 여가와의 연속성을 단절하는 경향을 보인다.

법·제도적 접근, 호모 파베르 모델, 기능주의적 설명처럼 한계적 행동을 불법, 비정상, 병적인 것, 비도덕적인 것, 치료 대상, 비기능적인 것으로만 간주한다면, 여가 스펙트럼의 반쪽 부분만을 이야기하는 것에 불과하다. 우리는 한계 추구 행동들을 일상 여가 장면의 주요한 특징으로 포착해 다룰 필요가 있다.

또한 우리는 정상과 비정상 간의 모호한 경계 행동들을 주변화·병리화·불법화하는 권력 네트워크의 작동 방식 그 자체를 의문시해야 한다. 다시 말해, 위반 실험이나 헌터 톰슨의 위반 경험처럼 여가 장면에 가로지르는 사회적 규제, 배제의 시선, 도덕적 처방의 작동 방식을 문제 제기해야 한다. 정상과 비정상의 경계를 구조화하는 장치들을 관찰하고, 그 장치들은 무엇을 정상으로 장려하고 무엇을 합법으로 인정하고 무엇을 기능적인 것으로 여기는지를 질문하고, 장치들에 내포된 권력의 작동 방식 그 자체를 분석할 필요가 있다.

국가, 자본, 미디어, 의료과학, 도덕질서, 종교교리 등 권력 네트워크가 여가 이벤트와 오락 욕구를 특정한 형태로 관리하는 방식들! 신체와 품행을 특정한 양식으로 계열화하는 방식들! 정상-비정상, 합법-불법, 가능-불가능의 경계를 특정한 기준으로 분류하는 방식들! 이러한 특정한 형태, 양식, 기준을 관찰하고 질문하고 분석해야 한다는 말이다.

한 사회에 새롭게 등장한 여가 양식은 그 사회의 구조 변동과 긴밀하게 맞물려 있고 동시에 새로운 질서로의 재편을 함축한다. 새로운 여가 양식은 기존의 것을 낡은 것이라는 이유로, 야만적이라는 이유로, 비과학적이라는 이유로, 효율적이지 못하다는 이유로, 노동력을 훼손한다는 이유로, 비위생적이라는 이유로 또는 사회질서에 맞지 않는다는 이유로 배제해나간다. 일련의 타자 배제는 지배 질서에 부합하는 인간형을 생산하는 과정이기도 하다.

지금까지의 논의에 기초해 우리는 압생트, 진, 몹 풋볼, 동물싸움, 길거리 권투, 성월요일, 시에스타, 스모, 마츠리, 남녀 혼욕, 동성애, 장발, 미니스커트, 우유주사, 주폭酒暴, 불량식품, 공공장소에서의 음주, 과다 노출 등이 왜 문제화됐는지를 질문해볼 수 있다. 그것들을 문제화하는 프레임은 무엇인지, 그 의도와 목표는 무엇인지, 어떤 맥락에서 문제화됐는지 질문해야 한다. 우리가 한계 추구 행동, 금지된 것, 말해질 수 없는 것을 다루는 이유는 정상과 비정상이라는 경계가 만들어지는 방식, 정상성이 생산되는 방식, 주체가 구성되는 방식을 문제 제기하는 데 있다. 다시 말해, 새로운 사회질서를 구축하는 과정에서 지배권력이 동원하는 기술, 장치, 담론, 전략, 프레임, 규범 등을 포착하고 그 권력 작용이 인간형의 생산과 어떻게 맞닿아 있는지 분석하는 일이다. 이는 동시에 지배 질서에 대한 저항의 가능성을 확장하는 작업이자 새로운 주체를 구성해나가는 작업이기도 하다.

결론을 대신하여

상식이 된 비정상성을 해체하자!

“대체 언제까지 이렇게 살아야 되나!”

주4일제가 미디어의 입에 오르내리고 있다. 주4일제를 도입하면 연평균 2,000시간을 넘는 장시간 노동의 벽을 허물어 일자리 창출, 일-가정의 균형, 출산율 제고가 가능해진다는 이야기들이 반복된다. 시기적으로 수상쩍은 것은 차치하고라도 제도와 현실 간 격차가 ‘큰’ 한국 사회의 극심한 시간 불평등 문제를 전혀 건드리지 않고 있어 미디어상의 주4일제는 포퓰리즘적 정책에 지나지 않는 일종의 판타지일 가능성이 높다. 제도만능주의식 제도 도입만으로는 시간 권리의 구현이 사실상 불가능하다. 실현 가능성을 높이는 길은 장시간 노동을 당연한 것으로 여기는 비정상성을 낯설게 하고 해체하는 데 있다.

장면1: “그래도 우리는 평균이에요!” 한 부품업체의 지회장과 인터뷰할 때 들었던 답변이다. 여기서 말하는 ‘평균’은 월 초과 노동시간만 60시간이 넘는데 이는 수요일만 빼고 매일 두 시간 잔업에 매주 특근을 포함한 수치다. 평균이란 표현 속에는 장시간 노동이 감내할 만한 것으로 크게 문제가 되지 않는 정도라는 인식이 깔려 있다. 물론 그것이 문제라는 점을 잘 알고 있지만 "어딘들 안 그렇겠어!"라는 자조가 장시간 노동을 문제 제기의 대상이 아니라 견딜 만한 것으로 용인하게 한다.

장면2: 직원들은 "그래도 이게 어디야!"라며 아쉬워하면서도 "이제 숨 좀 쉴 수 있게 됐다"는 안도감을 내비쳤다. 심지어 "이제야 인간다운 삶을 사는 것 같다"며 행복해하는 모습이 아직도 기억에 남는다. 한 공사 직원들과 인터뷰할 때 들었던 답변이다. 만족감과 감사함뿐만 아니라 신분 확인 기제로서 자긍심과 우월감도 엿볼 수 있던 인터뷰였다. 직원들이 입이 닳도록 칭찬했던 것은 리프레시 휴가제였다. 즉 연차휴가 앞뒤로 주말을 더해 10일가량을 '연속해서' 쉴 수 있는 제도다. 굳이 리프레시라는 이름을 붙이지 않고 쉴 수 있는 당연한 권리임에도 감사와 자긍심으로 이를 언어화하는 것은 우리의 '무효화된' 권리 상태를 반증하는 모습이 아닐까 싶다.

특정한 양상이 반복되면 하나의 패턴이 생겨나고 나아가 그것은 자연스러운 질서로 구축된다는 앙리 르페브르의 표현대로 당연하지 않은 것임에도 그것이 반복되면 하나의 상식으로 여겨지고 일종의 자연 상태를 구축하게 마련이다. 장면1과 장면2는 비상식적인 장시간 노동이 자연화된 사회의 일면들이다. 또한 제도와 현실 간의 격차가 상당히 큼에도 그 격차 자체가 일상이 된 사회, 당연하지 않은 것이 아무렇지도 않게 여겨지는 사회의 일상 풍경일 것이다.

노베르트 엘리아스는 사회구조와 감정구조는 긴밀하게 연동된다고 말한다. 장시간 노동이 일상이 된 사회에서 반복적으로 등장하는 표현들은 그 사회의 감정 상태를 드러낼 것이다. "다 그래, 당연한 거 아냐!" "다들 그러는데 어쩌겠어!"라는 냉소 섞인 탄식, "어쩔 수 없다"는 무기력, "대체 언제까지 이렇게 살아야 되냐!"라는 비관적인 태도, 또는 "유별나게 왜 그래!"라는 핀잔을 듣지 않는 수준에서 장시간 노동을 회피하는 전략, 역설적으로 자유시간을 스스로 포기하고 다시 일터로 회귀하는 모습까지! 시간의 권리가 온전히 작동하지 못하는 사회의 '웃픈' 감정 상태가 아닐까 싶다.

이런 상태에서는 자유시간의 가능성과 희망을 최대화하는 방향의 삶을 선택하고 실천하려는 표현들보다는 바람과 기대를 스스로 낮춤으로써 차라리 제약의 테두리(장시간 노동 체제)에 '잘' 적응하는 게 낫다는 순응주의적 표현들이 많을 수밖에 없다. "그래도 이게 평균이에요"라는 표현은 장시간 노동의 박탈 효과가 얼마나 고약한가를 인지하지 못하는 저인지 상태 또는 자유시간이 박탈됐다는 감각이 무뎌진 상태를 드러내는 것이 아니고 무엇이겠는가! 장시간 노동에 따른 박탈 효과는 굳이 여기서 언급하지 않아도 일상에서 흔하게 발견할 수 있다. 장시간 노동은 자유시간의 폭을 현저히 축소시켜 골병과 과로사의 위험성을 높이는 것은 물론 세계와의 교류 가능성과 상상의 가능성을 떨어트려 '다르게' 존재할 수 있는 가능성을 박탈

한다. 건강을 챙기고 스트레스를 해소하고 가족을 챙기는 일련의 방식들이 유독 상품집약적인 서비스에 의존하는 경향을 보이는 것도 시간 박탈감을 최대한 보상받으려는 몸부림 또는 박탈을 최소화하려는 회피 전략의 결과들이다.

낡은 질서에 덧대진 새로운 테크닉

시대나 사회마다 상식의 범주들이 있다. 상식의 범주들은 특정한 맥락 속에서 다양한 장치들을 통해 생산된다. 이를테면 발전국가 시기의 인간형인 근면 주체는 조국 근대화의 기치 아래 "잘살아보세"와 같은 구호, 새마을운동의 깃발, 근면 정신 교육, 모범 근로자상, 사회정화 프레임 등을 통해 만들어졌다. 이런 근면 주체는 희생(저임금-장시간 노동)을 감내하고도 내달릴 수 있도록 동원된 주체상이었다. 그런데 상식의 범주는 시대나 사회의 변동에 따라 마찬가지로 변화한다.

그렇지만 장시간 노동이라는 낡은 사물의 질서, 낡은 존재의 질서, 낡은 사회의 질서가 해체되지 않은 채 비정상 상태는 더욱 고착되고 있다. 저임금-장시간 노동은 과거 발전주의의 유물만은 아니다. 새로운 신자유주의 장치들이 비가시적인 방식으로 또는 자기 통치의 방식으로 장시간 노동이라는 비정상성을 재생산하고 있다. 현재의 과로사는 발전주의적 폭력과 신자유주의적 폭력이 중첩된 필연적 산물인 것이다.

2015년 한 해 직장인의 공감을 산 신조어 1위로 꼽힌 '메신저 감옥'이라는 표현처럼, 스마트폰이 도입된 이후 사람들은 퇴근을 하더라도 일상이 일의 요소에 의해 간섭받을 가능성에 항상 노출되고 있다. 크레이그 램버트는 이를 정보 시대의 '그림자 노동'이라 일컫는다. 일상에서 '업무 간섭' 정도가 높아진 만큼 스트레스가 증가하는 것은 물론 개인의 자유시간이나 여가시간이 더욱 단절적이고 파편화될 것이라 예측할 수 있다. 이는 길이의 관점을 넘어 '배치'의 관점에서 시간의 문제를 고민해야 할 지점이자 기술의 자본주의적(신자유주의적) 사용을 공동선의 관점에서 문제 삼아야 하는 지점이다.

한편, 성과 장치는 사람들 스스로 자기개발에 더욱 신경 쓰고, 자기평가에 엄격하고, 자기책임을 다하도록 내몰아 삶 전체를 생산의 매트릭스 안으로 끌어들이고 있다. 일명 자기계발하는 주체는 신자유주의 시대의 인간형이다. 자기계발하는 주체는 규율화된 근면 주체처럼 일터를 벗어난다고 해서 성과 평가로부터 자유로워지진 않는다. 일터 밖 일상에서도 자기분석·자기개발·자기평가·자기책임을 더욱 경쟁적으로 알아서 수행해야 할 운명에 놓여 있는 존재다. 자기계발이란 이름의 주술은 한 톨의 자유시간까지도 경쟁력을 드높이는 연료로 태워져야 함을 주문한다. 우리는 신기술의 파괴적 효과들과 모든 문제를 개인 내부의 문제로 환원하는 자기통치 장치의 문제적 요소들이 어떠한 태클 없이 일터와 일상에 파고들어 장시간 노동을 재생산하는 지점을 가시화하고 그 연결고리를 적극 차단할 필요가 있다.

비정상 상태에서 다른 삶을 발명한다는 건!

폭력적인 장시간 노동에 대한 개인들의 해법은 다양하다. 누구는 시간 관리를 더욱 효율화하는 방식을, 누구는 시간 절약 상품을 구매하는 방식을, 누구는 가사·육아·간병 등을 외주화하는 방식을 취한다. 그렇지만 이 모두는 상품서비스에 대한 의존성을 높일 뿐이지 시간 권리의 촉진과 관련된 것은 아니다. '상품서비스에 기댄' 개별적 해법들은 소비자본주의의 자장에서 맴돌게 할 뿐 장시간 노동이라는 비정상의 테두리를 문제 삼지 못한다. '일과 소비의 악순환'이라는 다람쥐 쳇바퀴에서는 다른 삶을 지향하기란 어렵다는 줄리엣 쇼어의 지적은 눈여겨볼 만한 대목이다.

공동선의 관점에서 시간 권리를 지향하는 언어들이 어느 사회, 어느 시기보다 더욱 요구되는 상황이다. 상품 소비에 기댄 개별화된 방식이나 제도만능주의식 제도 도입은 비정상성의 덩어리를 해체하는 데 한계가 있다. 물론 비정상성을 떠받치는 얽힌 고리들을 끊어내는 게 만만치만은 않다. 비정상성은 초자연적 힘에 의해 저절로 해체되는 것이 아니다. 할리우드식 영웅이 나타나 악의 요소를 모조리 제거하는 것도 아니다. 그렇다고 문제 해결의 만능키가 있는 것도 아니다. 비정상의 해체가 내재된 필연도 아니다.

비정상성의 얽힌 고리들의 배치를 하나씩 전환하는 작업이 필요할 텐데, 여기에는 1) 앞서 언급했던 신기술의 자본주의적 사용을 제한하는 조치와 경쟁적 성과 장치의 반인권적 요소들을 제거하는 작업이 필요하다. 2) 뿌리 깊게 배어 일상 속 알게 모르게 관통하고 있는 기존의 노동 규범들은 일상의 언어, 관계의 방식, 성공의 재현, 문화적 형태로 유통·소비되면서 삶의 폭, 삶의 방식, 상상의 가능성을 옥죈다. 기존 규범, 기존 판단 기준, 기존 인식틀의 당연함을 더욱 전면적으로 비판하고 거부할 필요가 있다. 3) 다른 상상/기획을 희석시키고 포위해버리는 담론들은 형태를 달리하면서 반복 출몰해 장시간 노동을 자연스럽게 만든다. 이에 대항하는 언어를 '발명'하는 작업 또한 반드시 뒤따라야 한다. 여기에는 '임금 노예제'나 '살인으로 간주되지 않는 살인' 같은 공격 화법을 동원해 사회구조적인 자유시간의 박탈을 폭력으로 간주해 그 폭력 양상을 드러내는 작업에서부터 '게으를 권리'나 '저녁 있는 삶'처럼 '다른 삶'의 선택 가능성을 높이는 작업들이 유용할 것이다. 4) 장시간 노동을 존속시키고 있는 큰 기둥인 임금 체계의 부적절함을 개혁하는 것을 포함해 새로운 소득구조를 요구하는 작업도 병행되어야 한다. 5) 이와 함께 제도 차원에서는 장시간 노동을 '대놓고' 조장하는 고질적인 제도들을 제거하고 제도의 현실성을 높이는 작업도 요구된다. 그렇지 않는다면 장시간 노동이라는 비정상성을 방기한다는 혐의에서 자유롭지 못할뿐더러 하루가 멀다

하고 발생하는 과로사의 행렬을 막을 수 없다.

상식으로 굳어진 비정상성을 해체한다는 건 아마도 혹자의 말처럼 "이교도가 되어야 할 각오"를 요구할지도 모른다. 다른 기획, 다른 욕망, 다른 실천, 다른 삶을 발명한다는 것은 아마도 "밟아본 적 없는 고향, 가나안 땅"으로 달려가려는 파라오 체제의 히브리인들이 품은 열망만큼이나 두려움을 수반하고 '믿음'을 요구할지도 모른다. 물론 "이게 사는 건가" "이렇게 살아야 하나"처럼 현재의 비정상 상태를 상대화하는 목소리들이 이곳저곳에서 꿈틀대고 있다. 이는 그 자체로 새로운 가능성의 조건일 수 있다. 일종의 자기에 대한 자유의 가능성이다. 이러한 맥락에서 우리는 비정상성의 당연함을 당연시하지 않는 목소리를 내야 하고 그것이 이어지도록 연결해야 한다.

제도 차원의 시간 단축이 시간 권리를 반드시 보장하지는 않는다. 시간 단축은 자유시간 그 자체가 아니라 실질적인 자유를 누리기 위한 조건 중 하나다. 단순히 시간 단축을 위한 노력뿐만 아니라 쉼을 적극적으로 실천할 필요가 있다. 월터 브루그만의 표현을 빌리자면, 쉼은 그 자체로 자유시간을 송두리째 앗아가버리는 신자유주의적 장시간 노동체제에 맞선 저항이기 때문이다. 나아가 이제까지와는 '다른 새로운 주체를 발명'하기 위해서는 쉼을 향한 감각과 역량을 자극·교육해야 한다. 근면 신화를 확대 재생산하는 '개미와 베짱이'류의 이데올로기만을 반복한다면 지금까지와는 다른 상상·욕망·경험·실천·존재할 수 있는 가능성을 발명하기란 어렵기 때문이다.

참고문헌

국내 문헌

강명관,《조선의 뒷골목 풍경》, 푸른역사, 2003.

강정인·정승현, 〈한국 현대정치의 근본언어〉,《한국정치연구》 20집 3호, 2011.

고미숙,《한국의 근대성, 그 기원을 찾아서: 민족·섹슈얼리티·병리학》, 책세상, 2004.

권명아,《음란과 혁명》, 책세상, 2013.

김금수, 〈프랑스에서 전개된 인민전선운동〉,《노동사회》 168호, 2013.

김라옥, 〈《바르톨로뮤 페어》의 엔딩에 관한 연구〉,《고전 · 르네상스 영문학》 20권 1호, 2011.

김라옥, 〈말볼리오와 곰 놀리기 시합〉,《Shakespeare Review》 39호 4권, 2003.

김백영,《지배와 공간》, 문학과지성사, 2009.

김세움·고선·조영준, 〈기술진보의 노동시장에 대한 동태적 영향〉, 한국노동연구원, 2005.

김영선,《과로 사회》, 이매진, 2013.

김영선,《잃어버린 10일》, 이학사, 2011.

김용우, 〈이탈리아 파시즘: 강제적 동의에서 문화적 동의로〉,《대중독재: 강제와 동의 사이에서》, 임지현 · 김용욱 엮음, 책세상, 2004.

김용의,《일본의 스모: 종교의례인가 스포츠인가》, 민속원, 2014.

김원,《박정희 시대의 유령들: 기억, 사건 그리고 정치》, 현실문화연구, 2011.

김준, 〈1970년대 여성 노동자들의 일상생활과 의식〉,《역사연구》 18호,

2002.
김택현,《차티스트 운동, 좌절한 혁명에서 실현된 역사로》, 책세상, 2008.
박상익, 〈칼라일의 회심〉,《의상철학》, 박상익 옮김, 한길사, 2008.
박천홍,《매혹의 질주 근대의 횡단》, 산처럼, 2003.
박홍수,《달리는 기차에서 본 세계》, 후마니타스, 2015.
방기중,《일제 파시즘 지배정책과 민중생활》, 혜안, 2004.
설혜심,《그랜드투어》, 웅진지식하우스, 2013.
설혜심 · 박형지,《제국주의와 남성성》, 아카넷, 2004.
송승철, 〈산업사회에 대한 인문적 대응: 문화와 사회 전통〉,《산업혁명과 기계혁명》, 서울대학교출판부, 1997.
송승철 · 윤혜준, 〈산업혁명의 재현〉,《산업혁명과 기계문명》, 서울대학교출판부, 1997.
신병현, 〈1960, 70년대 산업화 과정에서 노동자들의 사회적 정체성에 영향을 미친 주요 역사적 담론들: 근대화와 가부장적 가족주의 담론구성체를 중심으로〉,《산업노동연구》9권 2호, 2003.
안대회 외, 〈한 푼에 취하고 두 푼이면 만취: 영국 빈민을 사로잡은 진 광풍〉,《18세기의 맛》, 문학동네, 2014.
안정옥, 〈현대 미국에서 시간을 둘러싼 투쟁과 소비적 현대성〉, 서울대 박사학위 논문, 2002.
양동휴, 〈산업혁명〉,《산업혁명과 기계문명》, 서울대학교출판부, 1997
윤혜준, 〈기계의 철학과 기계문명의 이상〉,《산업혁명과 기계문명》, 서울대학교출판부, 1997.
이범, 〈생산력과 권력〉,《학회평론》8호, 1998.
이영석, 〈19세기 런던: 사회사적 풍경들〉,《안과밖: 영미문학연구》9호, 2000.
이영석, 〈언어, 공장, 산업화: 찰스 배비지와 앤드류 유어의 공장관을 중심으로〉,《사회와역사》56호, 1999.
이영석,《산업혁명과 노동정책》, 한울, 1994.
이옥순,《게으름은 왜 죄가 되었나》, 서해문집, 2012.
이주은, 〈빅토리안 회화의 인물상을 통해 본 근대 영국 사회의 특성〉, 이화

여자대학교 박사학위 논문, 2006.
이학수, 〈프랑스 인민전선 정부의 여가정책〉, 《한국프랑스학논집》 53집, 2006.
임채윤, 〈우리는 왜 주말을 기다리는가〉. SOCIO-LOGICAL 홈페이지, 2015. 06. 19.
조용욱, 〈사회상태, 사회적 정보, 사회조사: 영국, 1780~1914〉, 《영국연구》 4호, 2000.
최석호, 〈한국 사회의 여가변동에 관한 연구〉, 고려대학교 박사학위 논문, 2003.
최형익, 《칼 마르크스의 노동과 권리의 정치이론》, 한국학술정보, 2005.
한국노동조합총연맹, 〈통상임금 주요 합의사례 보고서〉, 2014.
허영란, 《일제시기 장시 연구: 5일장의 변동과 지역주민》, 역사비평사, 2009.
황병주, 〈박정희 체제의 지배 담론과 대중의 국민화〉, 《대중독재: 강제와 동의 사이에서》, 임지현 · 김용욱 엮음, 책세상, 2004.

번역 문헌

G. D. H. 콜, 《영국 노동운동의 역사》, 김철수 옮김, 책세상, 2012.
나리타 류이치, 《근대 도시공간의 문화경험》, 서민교 옮김, 뿌리와이파리, 2011.
노베르트 엘리아스, 《문명화과정 I》, 박미애 옮김, 한길사, 1996.
닝 왕, 《관광과 근대성》, 이진형 · 최석호 옮김, 일신사, 2004.
다케쿠니, 토모야스, 《한국 온천 이야기》, 소재두 옮김, 논형, 2006.
데라야마 슈지, 《책을 버리고 거리로 나가자》, 김성기 옮김, 이마고, 2005.
데이비드 빈드먼, 《윌리엄 호가스: 18세기 영국의 풍자화가》, 장승원 옮김, 시공사, 1998.
데이비드 하비, 《데이비드 하비의 맑스 『자본』 강의》, 강신준 옮김, 창비, 2011.

_________, 《모더니티의 수도 파리》, 김병화 옮김, 생각의나무, 2005.
_________, 《포스트모더니티의 조건》, 구동회·박영민 옮김, 한울, 2013.
데틀레프 포이케르트, 《나치 시대의 일상사: 순응, 저항, 인종주의》, 김학이 옮김, 개마고원, 2003.
로버트 오언, 《사회에 관한 새로운 의견》, 하승우 옮김, 지식을만드는지식, 2012.
로드 필립스, 《알코올의 역사》, 윤철희 옮김, 연암서가, 2015.
루이스 멈퍼드, 《기계의 신화 1: 기술과 인류의 발달》, 유명기 옮김, 아카넷, 2013.
리처드 세넷, 《뉴캐피털리즘》, 유병선 옮김, 위즈덤하우스, 2009.
리처드 D. 앨틱, 《빅토리아 시대의 사람들과 사상》, 이미애 옮김, 아카넷, 2011.
마샬 맥루한 · W. 테런스 고든, 《미디어의 이해: 인간의 확장》, 김상호 옮김, 커뮤니케이션북스, 2011.
마커스 레디커, 《악마와 검푸른 바다 사이에서》, 박연 옮김, 까치, 2001.
막스 베버, 《프로테스탄티즘의 윤리와 자본주의 정신》, 박성수 옮김, 문예출판사, 1996.
미셸 푸코, 《성의 역사: 앎의 의지》, 이규현 옮김, 나남, 1990.
미셸 푸코, 〈통치성〉, 《미셸 푸코의 권력이론》, 정일준 편역, 새물결, 1995.
미하엘 엔데, 《모모》, 한미희 옮김, 비룡소, 2009.
미하일 바흐친, 《프랑수아 라블레의 작품과 중세 및 르네상스의 민중문화》, 이덕형 · 최건영 옮김, 아카넷, 2001.
바바라 아담, 《타임워치: 시간의 사회적 분석》, 박형신·정수남 옮김, 일신사, 2009.
바바라 크뤽생크, 《시민을 발명해야 한다》, 심성보 옮김, 갈무리, 2014.
벤저민 클라인 허니컷, 《8시간 VS 6시간》, 김승진 옮김, 이후, 2011.
볼프강 쉬벨부쉬, 《철도 여행의 역사》, 박진희 옮김, 궁리, 1999.
새뮤얼 스마일즈, 《새뮤얼 스마일즈의 자조론》, 김유신 옮김, 21세기북스, 2006.
스코트 래쉬·존 어리, 《기호와 공간의 경제》, 박형준·권기돈 옮김, 현대미학사, 1998.
시모다 준, 《선술집의 모든역사》, 김지형 옮김, 어젠다, 2013.
시어도어 카진스키, 《산업사회와 그 미래》, 조병준 옮김, 박영률출판사, 2006.
실비아 페데리치, 《캘리번과 마녀》, 황성원·김민철 옮김, 갈무리, 2011.
아코스 폴리뉘, 〈산업혁명: 영국에 있어서 공장제의 성립〉, 헬무트 쉬나이더 외, 《노동의 역사: 고대 이집트에서 현대 산업사회까지》, 한정숙 옮김, 한길사, 1982.
앤디 앤드루스, 《1,100만 명을 어떻게 죽일까?》, 이은정 옮김, 에이미팩토리, 2012.
앤서니 기든스, 《포스트 모더니티》, 이윤희·이현희 옮김, 민영사, 1991.
에드워드 톰슨, 〈시간, 노동규율, 그리고 산업주의〉, 《학회평론》 8호, 1998.
__________, 《영국 노동계급의 형성》, 나종일 외 옮김, 창비, 2000.
에드워드 홀, 《생명의 춤》, 최효선 옮김, 한길사, 2000.
에릭 홉스봄, 《산업과 제국: 산업시대 영국 경제와 사회》, 전철환 옮김, 한벗, 1984.
__________, 《자본의 시대》, 김동택 옮김, 한길사, 1998.
에밀 뒤르켐, 《사회학적 방법의 규칙들》, 윤병철·박창호 옮김, 새물결, 2002.
오르테가 이 가세트, 《대중의 반역》, 황보영조 옮김, 역사비평사, 2005.
오카다 데스, 《돈가스의 탄생: 튀김옷을 입은 일본근대사》, 정순분 옮김, 뿌리와이파리, 2006.
요셉 피퍼, 《여가와 경신》, 김진태 옮김, 가톨릭대학교출판부, 2011.
요시미 순야, 《박람회: 근대의 시선》, 이태문 옮김, 논형, 2004.
장 보드리야르, 《소비의 사회》, 임문영 옮김, 계명대출판부, 1998.
__________, 《아메리카》, 주은우 옮김, 산책자, 2009.
제레미 리프킨, 《육식의 종말》, 신현승 옮김, 시공사, 2002.
제리 A. 제이콥스·캐슬린 거슨, 《시간을 묻다》, 국미애 외 옮김, 한울, 2010.

제프 일리, 〈파시즘과 인민전선: 후퇴의 정치학, 1930~1938〉, 《THE LEFT(1848~2000): 미완의 기획 유럽좌파의 역사》, 유강은 옮김, 뿌리와이파리, 2008.

제임스 글릭, 《빨리빨리: 초스피드 시대의 패러독스》, 석기용 옮김, 이끌리오, 2000.

제임스 밀러, 《미셸 푸코의 수난》, 김부용 옮김, 인간사랑, 1995.

제임스 서펠, 《동물, 인간의 동반자》, 윤영애 옮김, 들녘, 2003.

조경달, 《식민지기 조선의 지식인과 민중》, 정다운 옮김, 선인, 2012.

조르조 아감벤, 《호모 사케르》, 박진우 옮김, 새물결, 2008.

조지 L. 모스, 《대중의 국민화》, 임지현·김지혜 옮김, 소나무, 2008.

존 러스킨, 《베네치아의 돌》, 박언곤 옮김, 예경, 2006.

존 피스크, 《대중문화의 이해》, 박만준 옮김, 경문사, 2005.

지그문트 바우만, 《새로운 빈곤》, 이수영 옮김, 천지인, 2010.

__________, 《쓰레기가 되는 삶들》, 정일준 옮김, 새물결, 2008.

카를 마르크스, 《자본론 I (상)》, 김수행 옮김, 비봉출판사, 2015.

__________, 《자본론 I (하)》, 김수행 옮김, 비봉출판사, 2015.

콘라스 야라우슈, 〈독재의 정당화〉, 비교역사문화연구소, 《대중독재: 강제와 동의 사이에서》, 나인호 옮김, 책세상, 2004.

콜린 고든 외, 《푸코 효과》, 심성보 외 옮김, 난장, 2014.

크리스 로젝, 《여가와 문화》, 김영선·최석호·지현진 옮김, 리체레, 2011.

__________, 《자본주의와 여가이론》, 김문겸 옮김, 일신사, 2000.

__________, 《포스트모더니즘과 여가》, 최석호·이진형 옮김, 일신사, 2002.

크리시스, 《노동을 거부하라!: 노동 지상주의에 대한 11가지 반격》, 김남시 옮김, 이후, 2007.

테리 이글턴, 《악: 우리 시대의 악과 악한 존재들》, 오수원 옮김, 이매진, 2015.

토니 로빈슨·데이비드 윌콕, 《불량직업 잔혹사》, 신두석 옮김, 한숲, 2005.

폴 라파르그, 《게으를 수 있는 권리》, 조형준 옮김, 새물결, 2005.

프랑코 베라르디, 《프레카리아트를 위한 랩소디》, 정유리 옮김, 난장,

2013.
프리드리히 엥겔스, 《영국 노동자계급의 상태》, 박준식·전병유·조효래 옮김, 두리미디어, 1988.
피터 싱어, 《동물 해방》, 김성한 옮김, 연암서가, 2012.
하야미 아키라, 《근세 일본의 경제발전과 근면혁명》, 조성원·정안기 옮김, 혜안, 2006.
해리 브레이버만, 《노동과 독점자본》, 이한주·강남훈 옮김, 까치, 1989.
헨리 페트로스키, 《인간과 공학 이야기》, 최용준 옮김, 지호, 1997.

외국 문헌

Ackermann, Rudolph, *The Microcosm of London*, Published at R. Ackermann's Repository of Arts, 101 The Strand, 1808-1810, 1808.
Aitchison, Cara, Nicola E. MacLeod and Stephen J. Shaw, *Leisure and Tourism Landscapes: Social and Cultural Geographies*, Routledge, 2002.
Andrew, Ed, *Closing the Iron Cage: The Scientific Management of Work and Leisure*, Black Rose Books, 1981.
Bailey, Mark, "The 1844 Railway Act: A violation of laissez-faire political economy?", *History of Economic Ideas* 12(3), 2004.
Bailey, Peter, "Rational recreation: The social control of leisure and popular culture in Victorian England, 1830-1885", A thesis submitted in partial fulfilment of the requirements for the degree of doctor of philosophy, The University of British Columbia, 1974.
Baranowski, Shelley, *Strength through Joy: Consumerism and Mass Tourism in the Third Reich*, Cambridge University Press, 2007.
Bataille, Georges, *The Accused Share*, Zone Books, 1988.
Bataille, Georges, *The Trial of Gilles de Rais*, Amok, 1991.
Berg, Maxine, *The Machinery Question and the Making of Political Economy 1815-1848*, Cambridge University Press, 1980.

Bogdan, Robert, *Freak Show: Presenting Human Oddities for Amusement and Profit*, University of Chicago Press, 1988.

Borzello, Frances, *Civilizing Caliban: The Misuse of Art 1875-1980*, Routledge, 1987.

Browning, Elizabeth Barrett, "The cry of the children", *Blackwood's Magazine* August, 1843.

Carlyle, Thomas, "Signs of the times", The Victorian Web, 1829.

Castelow, Ellen, "Mother's ruin", Historic UK Homepage, 2013.

Chadwick, Edwin, *Report on the Sanitary Condition of Labouring Population of Great Britain*, Michael Walter Flinn(ed.), Edinburgh, 1965.

Conrad Ⅲ, Barnaby, *Absinthe: History in a Bottle*, Chronicle Books, 1997.

Critcher, Chas, "The politics of leisure: Social control and social development", *Work and Leisure: The Implications of Technological Change*, Tourism and Recreation Research Unit Conference Proceedings, Edinburgh. TRRU 4, 1982.

Cross, Gary, *Time and Money: The Making of a Consumer Culture*, Routledge, 1993.

de Grazia, Victoria, *The Culture of Consent: Mass Organisation of Leisure in Fascist Italy*, Cambridge University Press, 2002.

Diniejko, Andrzej, "Thomas Carlyle and the origin of the 'condition of England question'", The Victorian Web, 2010.

DOD, "The luddites' war on industry: A story of machine smashing and spies", *Do or Die* 6, 1997.

Driver, Cecil, *Tory Radical: The Life Of Richard Oastler*, Oxford University Press, 1946.

Ed Crews, "Once popular and socially acceptable: Cockfighting", *Colonial Williamsburg* Autumn, 2008.

Egan, Pierce, *Life in London*, British Library, 1823.

Elias, Norbert and Eric Dunning, "The quest for excitement in leisure", *Quest for Excitement: Sport and Leisure in the Civilizing Process*, Basil Blackwell,

1986.

Ewen, Stuart, *The Captains of Consciousness*, McGraw-Hill, 1976.

Fazio, James R., "Park and Other Recreational Resources", Hilmi Ibrahim and Jay Shivers(ed.), *Leisure: Emergence and Expansion*, Hwong, 1979.

Ferrell, Jeff, *Crimes of Style: Urban Graffiti and the Politics of Criminality*, Northeastern University Press, 1993.

Fine, Gary Alam and Lori Holyfield, "Secrecy, trust, and dangerous leisure: Generating group cohesion in voluntary organizations", *Social Psychology Quarterly* 59(1), 1996.

Gambles, Richenda, Suzan Lewis and Rhona Rapoport, "The invasiveness of paid work", *The Myth of Work and Balance*, Wiley, 2006.

Gary, Robert, *The Aristocracy of Labour in Nineteenth-Century*, Macmillan, 1981.

Gaskell, Elizabeth, *Mary Barton*, Champman and Hall, 1848.

Gaskell, Elizabeth, *North and South*, Champman and Hall, 1855.

Gaskell, Peter, *Artisans and Machinery: Moral and Physical Condition of the Manufacturing Population*, Parker, 1836.

Hamilton, Jill, *Thomas Cook: The Holiday-Maker*, Natl Book Network, 2005.

Hargreaves, John, "Introduction: Victims of slavery even on the threshold of our homes", *Slavery in Yorkshire: Richard Oastler and the Campaign against Child Labour in the Industrial Revolution*, University of Huddersfield Press, 2012.

Henricks, Thomas, *Disputed Pleasures: Sport and Society in Preindustrial England*, Greenwood Press, 1991.

Hobsbawm, Eric, "The Machine Breakers", *Past and Present* 1(1), 1952.

Holt, Richard, *Sport and the Working Class in Modern Britain*, Manchester University Press, 1990.

Jeffrey, Suzanne, "Rebels against the machine", *Socialist Review* 169, 1993.

Jennings, Rebecca, "1851: or, The adventures of Mr and Mrs Sandboys and family", University of Reading Special Collections Services, 2008.

Katz, Jack, *Seductions Of Crime: Moral And Sensual Attractions In Doing Evil*, Basic Books, 1988.

Kingsley, Charles, *Alton Locke*, Champman and Hall, 1850.

Krieken, Robert van, "Nobert Elias and process sociology", George Ritzer and Barry Smart(ed.), *Handbook of Social Theory*, SAGE Publications Ltd., 2001.

Leech, John, "Capital and labour", *Punch; or, The London Charivari* 5, 1843.

Leyton, Elliott, *Hunting Humans: The Rise of the Modern Multiple Murderer*, McLelland & Stewart, 1986.

Lyng, Stephen, "Edgework: A social psychological analysis of voluntary risk taking", *American Journal of Sociology* 95(4), 1990.

Lyng, Stephen, *Edgework: The Sociological of Risk-Taking*, Routledge, 2005.

Major, Suzan, "The million go forth: Early railway excursion crowds, 1840-1860", A thesis submitted for the degree of doctor of philosophy, The University of York, 2012.

Malcolmson, Robert, *Popular Recreations in English Society 1700-1850*, Cambridge University Press, 1973.

Mangan, James Anthony, *The Games of Ethic and Imperialism*, Viking, 1986.

Mangan, James Anthony, *Shaping the Superman: Fascist Body as Political Icon-Aryan Fascism*. Routledge, 1999.

Mayhew, Henry and George Cruikshank, *1851: or, The adventures of Mr and Mrs. Sandboys and family, who came up to London to "enjoy themselves", and to see the Great Exhibition*, D. Bogue, 1851.

Mayhew, Henry, *London Labour and the London Poor*, George Woodfall and Son, 1851.

Norris, Joel, *Serial Killers*, Doubleday, 1988.

Nyland, Chris, "Capitalism and work-time thought", John Hassard(ed.), *Sociology of Time*, Macmillan, 1990.

Oastler, Richard, "Slavery in Yorkshire", *Leeds Mercury*, 16 Oct, 1830.

O'Malley, Patrick and Stephen Mugford, "Crime, excitement and modernity",

Gregg Barak(ed.), *Varieties of Criminology*, Praeger, 1994.

Owen, Robert, *A New View of Society*, http://la.utexas.edu/users/hcleaver/368/368OwenNewViewtable.pdf, 1813-1816.

Painter, Borden, "Sports, education, and the new Italians", *Mussolini's Rome: Rebuilding the Eternal City*, Palgrave Macmillan, 2007.

Parker, Stanley, *Leisure and Work*, Allen & Unwin, 1985.

Passerini, Luisa, *Fascism in Popular Memory: The Cultural Experience of the Turin Working Class*, Cambridge University Press, 1987.

Perkins, David, "In the beginning of animal rights", *Romanticism and Animal Rights*, Cambridge University Press, 2003.

Phillips, Richard, *Modern London*, Richard Phillips, 1804.

Pron, Nick, *Lethal Marriage: the Unspeakable Crimes of Paul Bernardo and Karla Homolka*, McLelland-Bantam, 1995.

Reid, Douglas, "The decline of Saint Monday 1766-1876", *Past and Present* 71(1), 1976.

Reid, Douglas, "Weddings, weekdays, work and leisure in urban England 1791-1911: The decline of Saint Monday revisited", *Past and Present* 153(1), 1996.

Rigauer, Bero, *Sport and Work*, Columbia University Press, 1981.

Ritzer, George, *Enchanting a Disenchanted World: Continuity and Change in the Cathedrals of Consumption*, SAGE Publications, Inc., 1999

Rojek, Chris, "Postmodern work and leisure", John Trevor Haworth and Anthony James Veal(ed.), *Work and Leisure*, Routledge, 2004.

Sale, Kirkpatrick, "Lessons from the Luddites", *The Nation* 5(Jun), 1995.

Sale, Kirkpatrick, *Rebels against the Future: The Luddites and their War on the Industrial Revolution: Lessons for the Computer Age*, Basic Books, 1996.

Sale, Kirkpatrick, "The achievements of 'General Ludd': A brief history of the Luddites", *The Ecologist* 29(5) Aug/Sep, 1999.

Springhall, John, *Youth, Empire and Society*, Croom Helm, 1977.

Stanley, Chris, "Not drowning but waving: urban narratives of dissent in the wild zone", Steve Redhead and Derek Wynne(ed.), *The Clubcultures Reader*, Blackwell, 1997.

Stebbins, Robert, Amateurs, *Professionals, and Serious Leisure*, McGill-Queen's University Press, 1992.

Stedman-Jones, Gareth, *Languages of Class*, Cambridge University Press, 1983.

Thompson, Hunter, *Hell's Angels: A Savage Journey to the Heart of the American Dream*, Warner, 1966.

Truong, Thanh-Dam, "The dynamics of sex tourism", *Development and Change* 14(4), 1983.

Turner, Victor, *The Ritual Process*, Chicago University Press, 1969.

Turner, Victor, *Blazing the Trail*, University of Arizona Press, 1992.

Ure, Andrew, *The Philosophy of Manufactures*, Charles Knight, Ludgate Street.

Wilensky, Harold, "Careers, lifestyles, and social integration", *International Social Science Journal* 12, 1961.

Williams, Raymond, "Masses", *Keywords: A Vocabulary of Culture and Society*, Fontana Press, 1983.

Wymer, Norman, *Sport in England*, George Harrap, 1949.

Yeo, Eileen and Edward Palmer Thompson, *The Unknown Mayhew*, Schocken Books, 1972.

영화

〈그리스〉(1978)

〈노예 12년〉(2013)

〈라이엇 클럽〉(2015)

〈맨인블랙3〉(2012)

〈모던타임스〉(1936)

〈미스터 터너〉(2014)

〈베테랑〉(2015)

〈신성일의 행방불명〉(2005)
〈써로게이트〉(2009)
〈오블리비언〉(2013)
〈올리버 트위스트〉(2005)
〈와일드 인 더 스트리츠〉(2012)
〈왕의 남자〉(2005)
〈이유 없는 반항〉(1955)
〈인타임〉(2011)
〈장고: 분노의 추적자〉(2013)
〈주피터 어센딩〉(2015)
〈책을 버리고 거리로 나가자〉(1971)
〈킹스맨〉(2015)
〈핑거스미스〉(2005)
〈하늘을 걷는 남자〉(2015)

드라마

〈북과 남〉(2004)
〈왕좌의 게임〉(2015)
〈어프로프리어트 어덜트〉(2011)
〈파라다이스〉(2011)

기사

〈설 자리 좁아지는 투우… 이러다 소멸?〉, KBS, 2016.3.5.
〈욕망의 페티시 클럽… 업소의 정체는?〉, OBS경찰25시, 2014.2.6.
〈등산복은 한국 사람?… 해외여행 복장 '논란'〉, SBS, 2016.5.8.
〈그것이 알고 싶다: 위험한 초대남, 소라넷은 어떻게 괴물이 되었나〉, SBS,

2015.12.26.
〈청바지에 운동화? 위험천만한 도심 등산로〉, SBS, 2013.10.27.
〈아파트 5채 통째로 빌려 성매매 영업… 강남구, 성매매 업소 32곳 적발〉, 《경향신문》, 2015.11.4.
〈동물자유연대, 소싸움진흥법 발의안 즉각 폐기해야〉, 《뉴스1》, 2015.11.12.
〈성매매특별법 7년: 페티시방 · 유리대화방… 성매매업소 '끊임없이 진화'〉, 《뉴시스》, 2011.9.22.
〈학교 주변서 변태영업 '귀청소방' 적발〉, 《뉴시스》, 2014.3.8.
〈2000원에 목숨 건 질주… 사각지대 몰리는 '배달의 청년'〉, 《머니투데이》, 2015.4.6.
〈성폭력 음란 온상 '소라넷' 폐지운동 확산, 왜〉, 《미디어오늘》, 2015.11.8.
〈소라넷은 남녀를 떠나 모든 사람을 위험에 내몬다〉, 《미디어오늘》, 2015.12.27.
〈유럽 10대들 사이에 '해피 슬래핑' (이유 없는 폭력, 살해) 확산〉, 《세계일보》, 2006.10.19.
〈투우는 동물 학대, 스페인 좌파 지방정부 폐지 앞장서〉, 《연합뉴스》, 2015.8.4.
〈신종성매매, 인형체험방 급습〉, 《울산종합일보》, 2007.1.8.
〈일요일 근무 기피 새 풍조: 공장, 가게, 음식점까지 휴일이면 인력난〉, 《조선일보》, 1990.2.26.
〈男직장인들, 점심때 가는 '샤워방' 알고 보니〉, 《중앙일보》, 2012.12.4.
〈직장인 72%, "나는 타임푸어족"… 원인은 '슈퍼맨 콤플렉스'〉, 《중앙일보》, 2015.8.20.
〈숫자로 보는 직장인 일중독〉, 《참여와혁신》, 2015.9.30.
박홍수, 〈식민지 철도는 일본군부터 나르기 시작했다〉, 《프레시안》, 2014.11.16.
〈女운전자 에워싸고 여자다! 여자다!… 월드컵 거리응원 추태〉, 《쿠키뉴스》, 2010.6.13.